PROCESSO CIVIL AMBIENTAL

Marcelo Abelha Rodrigues

PROCESSO CIVIL AMBIENTAL

5.ª edição
Revista, atualizada
e ampliada

2021

www.editorajuspodivm.com.br

www.editorajuspodivm.com.br

Rua Território Rio Branco, 87 – Pituba – CEP: 41830-530 – Salvador – Bahia
Tel: (71) 3045.9051
• Contato: https://www.editorajuspodivm.com.br/sac

Copyright: Edições JusPODIVM

Conselho Editorial: Eduardo Viana Portela Neves, Dirley da Cunha Jr., Leonardo de Medeiros Garcia, Fredie Didier Jr., José Henrique Mouta, José Marcelo Vigliar, Marcos Ehrhardt Júnior, Nestor Távora, Robério Nunes Filho, Roberval Rocha Ferreira Filho, Rodolfo Pamplona Filho, Rodrigo Reis Mazzei e Rogério Sanches Cunha.

Diagramação: Isabella Giordano *(giordano.bella@gmail.com)*

Capa: Marcelo S. Brandão *(santibrando@gmail.com)*

• A Editora *JusPODIVM* passou a publicar esta obra a partir da 4.ª edição.

R696p   Rodrigues, Marcelo Abelha.
            Processo Civil Ambiental. / Marcelo Abelha Rodrigues – 5. ed. rev. ampl. e atual. – Salvador: Editora JusPodivm, 2021.

           320 p.

           ISBN: 978-65-5680-131-5

           1. Direito ambiental. 2. Direito Processual Civil. Rodrigues, Marcelo Abelha. II. Título.

CDD 341.347

Todos os direitos desta edição reservados a Edições *Jus*PODIVM.

É terminantemente proibida a reprodução total ou parcial desta obra, por qualquer meio ou processo, sem a expressa autorização do autor e das Edições *Jus*PODIVM. A violação dos direitos autorais caracteriza crime descrito na legislação em vigor, sem prejuízo das sanções civis cabíveis.

Existem sempre muitas pessoas que merecem meu agradecimento, que de forma direta ou indireta contribuíram e contribuem para que eu pudesse terminar mais este trabalho.

A Deus pai todo poderoso e à minha família e amigos... sempre, incondicionalmente.

Contudo, como é um livro de processo e meio ambiente, ou melhor, processo civil ambiental, eu preciso registrar, até por lealdade ideológica, o meu mais sincero e humilde agradecimento a três mestres, meus professores/educadores formais ou informais, cuja cátedra, aulas, leitura, obras, textos, ensaios, diálogos e até na forma como são, fazem e atuam na ciência processual e a ambiental, acabaram se tornando decisivos – uma espécie de espinha dorsal intelectual – na forma de eu enxergar o direito processual ambiental.

José Carlos Barbosa Moreira, Nelson Nery Jr., Antonio Herman de Vasconcellos e Benjamin, muito obrigado!

NOTA DO AUTOR À 5.ª EDIÇÃO

Como eu disse na nota à edição anterior eu fiz um compromisso comigo mesmo de buscar, incessantemente, um elo indivisível entre o direito material e o direito processual ambiental. Isso se revela muito fortemente neste livro, e, a ideia foi "comprada" pela querida editora Juspodivm. Não basta dizer que o processo é um instrumento, que é um método de resolução de conflitos e na prática não moldá-lo ao direito material que ele visa tutelar.

Além deste compromisso, estabeleci outro. O de tentar ao máximo ser compreendido, sem floreios, indo direto ao ponto sem perder a profundidade que o tema exige.

Em tempos "líquidos", de leituras que se restringem a sites de busca, fiquei muito feliz que a edição do processo civil ambiental tenha se esgotado com relativa lepidez. Sinal de que há muitos que desejam ir além da superfície, sem desmerecer a importância das informações rápidas.

Não preciso repetir que a edição é conforme o CPC e nele constam posições sobre os temas mais importantes atinentes ao direito ambiental, e, confesso, tenho me aproximado cada vez mais de um discurso que passa pela análise dos casos concretos, ou seja, a postura do direito jurisprudencial sobre o tema.

Desejo a todos uma boa leitura, e agradeço pelo carinho, pelas mensagens de apoio, pelas críticas, enfim, esse contraditório é sensacional.

Vitória, 20.09.2020

Abraços
Marcelo Abelha
marceloabelha@cjar.com.br

NOTA DO AUTOR À 2.ª EDIÇÃO

Para a nova edição fiz questão de manter a linha adotada desde o início no processo civil ambiental: é um livro que estabelece um vínculo real entre o direito material ambiental e o direito processual civil.

Segundo pensamos, quando se fala em tornar concreta a relação do direito material e a técnica processual é necessário descer amiúde nas peculiaridades do direito material para assim descobrir melhor a técnica que seja apta a protegê-lo. É o que tentei fazer neste processo civil ambiental, e, percebi que teve ampla aceitação do público, já que inauguramos esta nova etapa editorial.

Como de praxe agradeço aos leitores pelo contraditório e submeto-lhes novamente à apreciação a segunda edição revisada, atualizada e ampliada. Agradeço a Editora Revista dos Tribunais pelo profissionalismo ímpar e excelência nos trabalhos editoriais.

Vitória, fevereiro de 2011.

Marcelo Abelha Rodrigues

PREFÁCIO À 1.ª EDIÇÃO

Já escrevi, e agora repito, que não sou muito amigo de prefácios. Vejo no prefácio algo como um biombo que se interpõe entre o leitor e o livro, retardando o momento em que o olhar daquele alcançará este. Não pude, todavia, recusar o amável convite de Marcelo Abelha Rodrigues para prefaciar esta sua nova contribuição à literatura jurídica brasileira.

Dois fatores concorreram para minha aceitação – um de ordem subjetiva, outro de índole objetiva. O primeiro reside no laço de amizade que, vencendo a distância dos anos, se estabeleceu entre nós, firmado a cada dia pelas manifestações de carinho com que me distingue o jovem colega. O segundo, na alta qualidade da produção científica com que vem ele enriquecendo a nossa doutrina.

Marcelo ocupa, sem dúvida, lugar na primeira fila da sua geração de juristas. Alia sólida preparação técnica à desenvoltura com que enfrenta problemas novos. Sua exposição é sempre clara e – raridade nestes dias... – escrita em bom português.

Duas searas vinha ele lavrando paralelamente: o direito processual civil e o direito ambiental. Dedicou a cada qual um livro, a que deu o título modesto de *Elementos*. Era praticamente inevitável que, mais cedo ou mais tarde, os filões confluíssem numa corrente. Marcelo rende culto a ambos os seus amores, sem trair nenhum dos dois.

A parte inicial do livro é dedicada ao direito ambiental. Começa o autor por traçar a evolução doutrinária e legislativa desse ramo do direito no Brasil, ressaltando as componentes ideológicas que predominaram em cada uma das fases. Passa depois a enumerar e a explicar os princípios do direito ambiental brasileiro – e, logo no primeiro período, consola muitos desgostos deste leitor setuagenário quando põe em relevo "a importância dos princípios para uma ciência". Igual consolo vem no capítulo intitulado "Conceitos gerais do direito ambiental" – a justa reação contra os excessos do conceptualismo levaram parte da doutrina, e não só entre nós, a outro excesso, o da anatematização dos conceitos, em razão da qual se disseminou uma praga: falar à exaustão sem esclarecer (talvez sem sequer saber...) *de que* se está falando.

A partir do Capítulo V vem o processo ao primeiro plano: Marcelo passa em revista a problemática processual ligada à proteção do ambiente. Começa por acentuar a função do processo civil como "técnica a serviço do direito material" – importante, por exemplo, para caracterizar a necessidade de tratamento diferenciado para as "situações de urgência", tão comuns na matéria. Salienta a prioridade que se deve atribuir à "tutela mais coincidente possível" com a regra de direito material e estuda os instrumentos técnicos de que dispõe o processo para proporcionar a "tutela específica" e a "reparação *in natura*". Em seguida, consagra muitas páginas ao exame da influência que a preocupação com a tutela do ambiente forçosamente exerce sobre institutos fundamentais e temas relevantíssimos do processo civil: o devido processo legal ambiental, o acesso à justiça, a ação popular ambiental, a ação civil pública ambiental, a tutela de urgência, o direito probatório (novo consolo para quem sempre se bateu por uma posição *ativa* do órgão judicial na colheita de provas), a liquidação do dano, a efetivação dos provimentos ambientais, as peculiaridades da coisa julgada em tema ambiental.

Sem prejuízo de sua originalidade e da independência de seu pensamento, o trabalho de Marcelo lança raízes na análise e na avaliação crítica de vasta literatura. Dificilmente lhe terá escapado livro ou artigo importante na produção doutrinária brasileira e na de não poucos países estrangeiros. Mas bem andou em não multiplicar as citações inseridas no texto, que costumam tornar

PREFÁCIO À 1.ª EDIÇÃO

pesada a leitura. Preferiu indicar a bibliografia pertinente, reduzindo aos casos indispensáveis as referências incidentais.

Marcelo teve a generosidade de mencionar alguns escritos meus, de décadas atrás. Em certa época, sob a influência da doutrina italiana, onde o assunto começava a fervilhar, e que pude conhecer de perto graças a uma estada de meses em Florença, tentei mostrar a estudiosos brasileiros e estrangeiros as potencialidades da nossa ação popular como instrumento de tutela dos chamados interesses difusos e coletivos, entre os quais os relativos ao ambiente. Voltei, aqui e ali, ao tema, com artigos e conferências. Hoje, porém, a produção científica brasileira já deixou para trás, e longe, a contribuição que eu possa ter dado na matéria. O tempo é de outros – como o autor deste trabalho.

Faltaria com o respeito à honestidade intelectual de Marcelo – e à minha própria – se dissesse que concordo com tudo quanto se contém na obra. O visível (e louvável) entusiasmo com que enfrentou temática bastante complexa e em grande parte inexplorada entre nós levou-o por vezes a ousadias em que me parece difícil acompanhá-lo. É natural, e uma função provocadora assenta bem a obra pioneira em boa medida.

Por outro lado, muito me agradaria que o autor dedicasse maior atenção aos aspectos *culturais* do ambiente, que não raro vêm assumindo no Brasil proporções negativas verdadeiramente alarmantes e são capazes de gerar problemática específica, a exigir remédios também específicos de prevenção ou repressão, por exemplo, em relação aos maus-tratos que sofre a todo instante a língua portuguesa. Recorde-se que a Constituição de 1988 lhe atribui em termos expressos a condição de "idioma oficial" da República, em disposição (art. 13, *caput*) que precede a enumeração dos respectivos símbolos: a bandeira, o hino, as armas e o selo nacionais (art. 13, § 1.º). Não haverá modo de coibir o emprego desnecessário de barbarismos encontradiços até em textos oficiais? Aqui fica a sugestão para a próxima edição do livro, que não deixará de vir.

É hora de afastar o biombo e abrir ao leitor o acesso ao texto. Resta-me felicitar calorosamente Marcelo pelo que conseguiu realizar – e formular votos de que ainda mais venha a conseguir.

Março de 2008.

José Carlos Barbosa Moreira

SUMÁRIO

CAPÍTULO 1

A EVOLUÇÃO JURÍDICA E LEGISLATIVA DO DIREITO AMBIENTAL NO PAÍS 23

CAPÍTULO 2

PRINCÍPIOS DO DIREITO AMBIENTAL BRASILEIRO 31

1. Introito 31
2. Princípio da ubiquidade 32
3. Princípio do desenvolvimento sustentável 32
4. Princípio do poluidor-usuário pagador (PUP) 37
    4.1 Premissas para compreensão do PUP 37
    4.2 Subprincípios de concretização do PUP 41
        4.2.1 Aspectos gerais 41
        4.2.2 A prevenção 41
        4.2.3 Precaução 42
        4.2.4 Responsabilização civil, penal e administrativa 43
        4.2.5 Função sócio ambiental da propriedade privada 44
        4.2.6 Usuário pagador 45
5. Princípio da participação 46

CAPÍTULO 3

CONCEITOS GERAIS DO DIREITO AMBIENTAL 49

1. Ecologia e o direito ambiental: conceitos fundamentais   50

  1.1 Introdução 50

  1.2 Meio ambiente 51

  1.3 Compreensão de conceitos fundamentais de ecologia para a perfeita identificação do direito fundamental ao equilíbrio ecológico 53

    1.3.1 Conceito e origens 53

    1.3.2 Os fatores espaciais e temporais e os níveis organizacionais de estudo da ecologia   54

    1.3.3 Os diferentes níveis organizacionais dos componentes bióticos e do fator espacial .. 56

    1.3.4 Outros termos e expressões das ciências ecológicas tratados na legislação ambiental brasileira 58

2. O direito constitucional ao meio ambiente ecologicamente equilibrado 60

3. Os componentes (recursos) ambientais como conteúdo do *equilíbrio ecológico* 62

4. O bem ambiental (equilíbrio ecológico – com seus componentes) e suas características (titularidade, indivisibilidade, regime jurídico de uso comum, reflexibilidade e instabilidade) 68

5. O conceito de poluidor 75

6. O conceito de poluição 78

  6.1 Poluição e meio ambiente 78

  6.2 Poluição e efeitos da poluição 80

  6.3 Poluição sob a perspectiva da antijuridicidade ambiental 81

CAPÍTULO 4

O NOVO PAPEL DO ESTADO FRENTE AOS BENS AMBIENTAIS – UM NOVO REGIME JURÍDICO 85

CAPÍTULO 5

PROCESSO CIVIL E A CONCRETIZAÇÃO DO DIREITO FUNDAMENTAL AO EQUILÍBRIO ECOLÓGICO 93

1. Estado Democrático de Direito e o processo como método (democrático) de sua atuação 93

2. Processo e realização dos direitos fundamentais 100

3. A unidade e inteireza do direito objetivo como valor fundamental do Estado brasileiro e o papel da tutela jurisdicional: a segurança, isonomia, confiança e tempestividade da tutela pela valorização dos precedentes das cortes de cúpula 102

4. Os conflitos de massa e a tutela jurídica 107

    4.1 Sociedade de massa, homem-massa, conflitos de massa 107

    4.2 Interesses coletivos *lato sensu*: o equilíbrio ecológico visto como bem difuso 111

5. Conflitos de interesses e técnica processual 118

    5.1 As crises jurídicas 118

    5.2 Crises jurídicas ambientais 122

        5.2.1 Os litígios ambientais: maior incidência dos deveres ambientais 122

        5.2.2 Os deveres ambientais e a tutela mais coincidente possível com a regra de direito material 124

        5.2.3 A impossibilidade da maior coincidência possível e a reparação específica 124

5.2.4 As técnicas processuais para obtenção da tutela específica e da reparação in natura 125

CAPÍTULO 6

O DIREITO AO EQUILÍBRIO ECOLÓGICO E SEUS REFLEXOS NOS INSTITUTOS FUNDAMENTAIS DO DIREITO PROCESSUAL CIVIL 133

1. O novo CPC e o meio ambiente 134

2. Razões sociais e jurídicas que justificaram o CPC de 2015 135

3. Direito de ação e meio ambiente 142

3.1 Princípio do acesso à justiça e tutela do meio ambiente 142

3.2 Ação popular ambiental 150

3.2.1 Origens 150

3.2.2 Requisitos fundamentais 151

3.2.3 A legitimidade ativa e passiva na ação popular 153

3.2.4 A posição do Ministério Público 154

3.2.5 Pedido na ação popular 155

3.2.6 Coisa julgada *secundum eventum probationis* *155*

3.2.7 Ação popular e tutela ambiental 156

3.3 Ação civil pública ambiental 158

4. Solução consensual dos conflitos ambientais: termos de compromisso ambiental e compromisso de ajustamento de conduta à ordem jurídica ambiental 159

5. Legitimidade para agir e tutela do equilíbrio ecológico 164

6. Elementos da demanda ambiental 177

6.1 Partes 178

6.2 Pedido e causa de pedir 182

6.3 Competência, conexão, continência e litispendência nas lides ambientais 188

    6.3.1 Introito 188

    6.3.2 O local do dano 189

    6.3.3 A modificação da competência 197

6.4. Tutela de urgência nas demandas ambientais ... 201

    6.4.1. Introito 201

    6.4.2 Aspectos gerais 204

    6.4.3 O fenômeno da urgência 206

    6.4.4 A fungibilidade e a temporariedade das tutelas de urgência prestadas mediante antecipação do provimento judicial 209

    6.4.5 Temporariedade 210

    6.4.6 Fungibilidade 212

    6.4.7 A probabilidade do direito nas tutelas de urgência mediante adiantamento do provimento jurisdicional 214

    6.4.8 Estabilidade da medida de urgência 216

    6.4.9 Tutela de urgência cautelar e a tutela de urgência antecipatória 223

    6.4.10 Momento de concessão da tutela urgente 224

    6.4.11 A tutela de urgência antecipada requerida em caráter antecedente 225

    6.4.12 A tutela de urgência cautelar requerida em caráter antecedente 228

    6.4.13 Técnicas mandamentais e executivas *lato sensu* e tutela ambiental 230

6.5 Direito probatório e meio ambiente 232

6.5.1 Introito 232

6.5.2 O ônus da prova: regras de distribuição .. 236

6.5.3 Meios de prova e meio ambiente 254

6.5.4 O problema da insuficiência da prova nas lides ambientais 258

6.6 Liquidação do dano ambiental 272

6.6.1 A importância da dimensão subjetiva e objetiva na liquidação do dano ambiental . 272

6.6.2 A reparação integral e a delimitação do marco temporal e espacial do dano ambiental 273

6.6.3 Dano ambiental (coletivo) e danos individuais reflexos 273

6.6.4 Efeitos do dano ambiental 277

6.6.5 O procedimento liquidatório 280

6.7 Efetivação dos provimentos ambientais 282

6.7.1 Considerações iniciais 282

6.7.2 Norma jurídica concreta ambiental 282

6.7.3 Efetivação dos títulos executivos extrajudiciais 283

6.7.4 Termo de ajuste de conduta e obrigações de fazer ilíquidas 283

6.7.5 Cumulação de obrigações contidas no título e execução 284

6.7.6 A multa nos termos de ajustamento de conduta 285

6.7.7 Execução de obrigação de não fazer contida em título extrajudicial 285

6.7.8 Execução de título extrajudicial e tutela de urgência 286

6.7.9 Execução de títulos executivos judiciais 286

6.8 Responsabilidade patrimonial e desconsideração da personalidade jurídica 290

6.8.1 Considerações preliminares 290

6.9 Coisa julgada e meio ambiente 295

6.9.1 Características do meio ambiente 295

6.9.2 Os reflexos na coisa julgada ambiental 297

BIBLIOGRAFIA 303

Capítulo 1

A EVOLUÇÃO JURÍDICA E LEGISLATIVA DO DIREITO AMBIENTAL NO PAÍS

Antes de mais nada, cabe dizer que o direito ambiental brasileiro (conjunto de regras e princípios, formais e materiais, que regulam esta ciência) é recente. Muito embora seus componentes e até seu objeto de tutela estejam ligados à própria origem do ser humano, não se pode negar que o tratamento do tema visto sob uma perspectiva autônoma, altruísta e com alguma similitude com o sentido que se lhe tem dado atualmente não é tão primevo assim. É por isso que se diz que o *direito ambiental* é uma ciência nova. Noviça, mas com os objetos de tutela tão velhos...

Como todo e qualquer processo evolutivo, a mutação no modo de se encarar a proteção do meio ambiente é feita de marchas e contramarchas, motivo pelo qual não se pode identificar, com absoluta precisão, quando e onde terminou ou se iniciou uma fase diversa do ser humano encarar a proteção do meio ambiente. Na verdade, esse fenômeno pode ser metaforicamente descrito como uma *mudança do ângulo visual com que o ser humano passa a enxergar o meio ambiente*.

Porquanto os bens ambientais (água, fauna, flora, ar etc.) já tenham sido objeto de proteção jurídico-normativa desde a antiguidade, importa dizer que, salvo em casos isolados, o que se via era uma tutela mediata do meio ambiente, tendo em vista que o entorno e seus componentes eram vistos pelo ser humano ora como um *bem economicamente considerado*, ora como algo adjacente à proteção da saúde do próprio ser humano.

Durante muito tempo os componentes ambientais foram relegados a um papel secundário e de subserviência ao ser humano, que, colocando-se no eixo central do universo, cuidava do entorno como se fosse senhorio de tudo. É debaixo dessa visão que surgem as primeiras "normas ambientais" no ordenamento jurídico brasileiro. Esse período pode ser aproximadamente identificado como da época do descobrimento até a segunda metade do século XX.

Nessa *fase,* o meio ambiente tinha uma proteção secundária, mediata, fruto de uma concepção egoísta e meramente *econômica*. O ambiente não era tutelado de modo autônomo, senão apenas como um bem privado, com o maior intento de proteger o interesse privado e financeiro do bem *pertencente* ao indivíduo. Essa modalidade de proteção constitui *técnica mediata* de proteção do meio ambiente, e pode ser vislumbrada no antigo Código Civil brasileiro, e revogado em 2002, nas normas que regulavam o direito de vizinhança (arts. 584, 554, 555, 567 etc.).

Bastava uma rápida e aleatória leitura do Código Civil anterior para se perceber, claramente, que a preocupação com os bens ambientais foi de índole exclusivamente individualista, sob o crivo do direito de propriedade e tendo em vista o interesse econômico que tal bem representa para o homem.

Tais bens, tidos como *res nullius*, passavam a ser vistos como algo de valor econômico, e por tais motivos mereceriam uma tutela. Entretanto, pode-se perceber que, conquanto sua tutela fosse voltada para uma finalidade utilitarista ou econômica, é inegável que o só fato de receberem uma proteção do legislador já é um sensível sinal de que o homem passava a perceber que os bens ambientais só tinham valor econômico porque seu estado de abundância não era eterno ou *ad infinitum*. A valoração econômica de um bem está ligada à sua *oferta* e à *essencialidade*. Sendo um bem essencial, com oferta limitada ou limitável, certamente

Capítulo 1 • A evolução jurídica e legislativa do direito ambiental no país

que o legislador já vislumbrava a possibilidade do esgotamento dos recursos naturais e, de certa forma, a incapacidade do meio ambiente de absorver todas as transformações (degradações) provocadas pelo homem.

O segundo momento também é marcado pela ideologia *egoística e antropocêntrica pura*. Não há preocupação de tutelar imediatamente o meio ambiente, senão apenas quando isso representasse algum ganho para o ser humano. Também marcada por uma proteção jurídica espaçada, fragmentada e atomizada, a *segunda fase* ainda recebia os influxos da fase anterior.

A *segunda fase* foi marcada por uma sensível preocupação do ser humano em relação aos bens ambientais vitais, na medida em que passava a associá-los à proteção da saúde. Ainda sob uma visão egoística, tendo o homem como personagem central e para onde deveriam convergir todos os benefícios das normas de proteção do ambiente, a "legislação ambiental" podia ser tipificada pela sua preponderância na tutela da *saúde e qualidade de vida humana*. Portanto, o legislador, claramente, já reconhecia a insustentabilidade do ambiente e a sua incapacidade de assimilar a poluição produzida pelas atividades humanas.

A tutela da saúde é o maior exemplo, e reconhecimento, de que o *homem*, ainda que para tutelar a si mesmo, deveria *repensar* sua relação com o ambiente que habita. A maior prova disso é que a *legislação ambiental* passou a ter como eixo a tutela da saúde do ser humano, reconhecendo, pois, que o desenvolvimento econômico desregrado era nefasto à existência de um ambiente sadio.

Enfim, mudou-se o plano de tutela; acordou-se para o problema, mas o paradigma ético-antropocêntrico continuava sob o mesmo eixo, inalterado e imutável. O homem continuava a assistir ao espetáculo da primeira fila, vendo apenas a si mesmo, sem enxergar os demais personagens, e, pior de tudo, sem identificar que o personagem único e principal é *o conjunto equilibrado de interações* decorrentes da participação de todos os personagens. Nessa fase nem se poderia cogitar da proteção dos bens ambientais se não houvesse, de modo claro e evidente, algum benefício direto e imediato ao ser humano. A diferença da fase anterior é que "a *bola da vez*" deixava de ser o *fim econômico do bem ambiental* e passava a recair sobre a *saúde humana*, causando a aparente confusão de que a tutela da saúde e a tutela do meio ambiente fossem a mesma coisa.

Destacam-se nesse período, que pode ser didaticamente delimitado de 1950 a 1980, o Código de Caça (Lei 5.197/1967), o Código Florestal (Lei 4.771/1965), o Código de Mineração (Dec.-lei 227/1967), a Lei de Responsabilidade Civil por Danos Nucleares (Lei 6.453/1977) etc.

A rasa leitura desses diplomas permite a franca identificação de uma preocupação do legislador com o *aspecto da saúde*, embora não se possa desconsiderar o fato de que ainda sobrevivia (como ainda hoje ocorre) o aspecto econômico-utilitário da proteção do bem ambiental.

A mudança de paradigma ético-jurídico que marca a introdução de uma *terceira fase* da legislação ambiental brasileira está em franco desenvolvimento.

Identifica-se apenas o seu início, e seu término ainda não está previsto. Corre-se contra o tempo para evitar que a mudança de comportamento seja demasiadamente tardia e o processo de recuperação do meio ambiente seja irreversível. De qualquer forma, essa *mudança de paradigma* veio substituir a fase de associação da tutela do meio ambiente à saúde humana. O início dessa *terceira fase*, que vivemos, teve início em 1981, tendo por marco delimitador a Lei da Política Nacional do Meio Ambiente (Lei 6.938/1981).

O seu início, portanto, deu-se com a Lei 6.938/81, mas ainda não chegou ao seu fim. Tendo em vista o fato de se tratar de uma mudança de comportamento (modo de ser e agir) do indivíduo, fica patente que não é feita e nem alcançada pela edição de um "simples decreto" ou "por mera vontade do legislador". Na verdade, essa "nova postura", ou "nova mentalidade" de se enxergar o meio ambiente nasceu de um *amadurecimento forçado* do ser humano, que, pela contingência do destino quase irreversível que

Capítulo 1 • A evolução jurídica e legislativa do direito ambiental no país

se aproxima, corre contra o tempo, para evitar que ele seja seu próprio algoz.

O leitor deve estar se perguntando o que a Lei 6.938/1981 tem de diferente. Por que ela é considerada tão importante e até mesmo um *marco* de uma nova fase de se enxergar o meio ambiente? Talvez, poderíamos até dizer ser uma das maiores conquistas já feitas pela legislação ambiental brasileira – e que, a rigor, só se poderia falar em *direito ambiental* a partir do advento dessa lei.

A Lei 6.938/1981 introduziu um novo tratamento normativo para o meio ambiente. Primeiro porque deixou de lado o tratamento atomizado em prol de uma visão molecular, considerando o entorno como um bem único, imaterial e indivisível, de tutela autônoma (art. 3.º, I). O conceito de meio ambiente adotado pelo legislador extirpa a noção antropocêntrica, deslocando para o eixo central de proteção do ambiente *todas as formas de vida*. Adota, pois, inegável concepção *biocêntrica*, a partir da proteção do entorno globalmente considerado (*ecocentrismo*). Há, ratificando, nítida intenção do legislador em colocar a *proteção da vida* no plano primário das normas ambientais. Repita-se: *todas as formas de vida*.

Tal como foi dito, a Lei 6.938/1981 representou o início de um verdadeiro "direito ambiental". A proteção do meio ambiente e de seus componentes *bióticos* e *abióticos* (recursos ambientais) compreendidos de uma forma unívoca e globalizada deu-se a partir desse diploma. O fato de marcar uma nova (ou primeira!) fase do direito ambiental deve-se, basicamente, aos seguintes aspectos:

a) Adotou um novo paradigma ético em relação ao meio ambiente, colocando, no eixo central do entorno, a proteção a todas as formas de vida. Encampou, pois, um conceito biocêntrico (art. 3.º, I).

b) Ao adotar uma visão *holística* do meio ambiente, fez com que o ser humano deixasse de estar *ao lado* do meio ambiente e ficasse *inserido* nele, como parte integrante, dele não podendo ser dissociado. Albergou, portanto, uma posição autônoma do meio ambiente, considerando-o

27

como um objeto de tutela autônomo, um bem imaterial. Deixando de ser mero apêndice ou simples acessório em benefício particular do homem, passou a permitir que os bens e componentes ambientais fossem protegidos independentemente dos benefícios imediatos que poderiam trazer para o ser humano.

c) Cuidou da proteção jurídica do meio ambiente estabelecendo conceitos gerais e figurando como verdadeira *norma geral* em prol do ambiente, nos exatos termos preconizados pelo art. 24, § 1.º, da CF/1988. Uma vez assumindo o papel de *norma geral ambiental,* isso implica dizer que suas diretrizes, objetivos, fins e princípios *devem ser mantidos e respeitados,* de modo que sirva de parâmetro, verdadeiro piso legislativo para as demais normas ambientais, seja de caráter nacional, estadual ou municipal.

d) Estabeleceu diretrizes, objetivos e fins para a proteção ambiental, formando uma política ambiental que passou a ser um eterno programa de respeito e proteção ambiental.

e) Seguindo a esteira das legislações mais recentes, tentou criar um microssistema de proteção ambiental, na medida em que contém, no seu texto, os princípios fundamentais, diretrizes, fins e objetivos, conceitos gerais, tutela civil, administrativa e penal do meio ambiente. Quanto à proteção civil, fixou a regra da responsabilidade civil objetiva por dano causado ao meio ambiente, e os que daí tenham sido ocasionados a terceiros. Tal regra foi mais tarde absorvida pela Constituição Federal, como se pode inferir da regra contida no art. 225, § 3.º. Quanto à tutela administrativa, identificou os órgãos públicos ambientais que compõem a estrutura administrativa com função implementadora das normas ambientais (hoje SISNAMA), estabelecendo as funções de cada um desses órgãos. Ainda, arrolou os instrumentos não jurisdicionais de tutela do ambiente, com uma lista (art. 9.º) vanguardista de medidas típicas

Capítulo 1 • A evolução jurídica e legislativa do direito ambiental no país

do exercício do poder de polícia dos entes políticos, por intermédio dos órgãos componentes do SISNAMA. Dentre tais medidas destacam-se a *avaliação de impacto ambiental*, o *zoneamento ambiental*, o *licenciamento ambiental*, a *criação de espaços ambientais especialmente protegidos, os instrumentos econômicos*, etc. Sob o ponto de vista penal, a lei foi bem mais tímida, reservando apenas um dispositivo (art. 15), mas pelo menos, como já foi dito anteriormente, desvinculou a defesa do meio ambiente da tutela da saúde, tal como fazia o Código Penal brasileiro. Foi justamente porque o legislador da Lei 6.938/1981, não obstante os avanços trazidos em prol da proteção ambiental, tinha deixado a desejar em relação à proteção penal e administrativa e sido omisso quanto à tutela processual (jurisdicional) que a Lei de Ação Civil Pública (Lei 7.347/1985) e a Lei de Crimes Ambientais (Lei 9.605/1998) vieram suprir esta e aquela lacuna, respectivamente.

f) Com o advento da Constituição Federal de 1988, a Lei 6.938/1981 passou a ter uma relação umbilical com o texto constitucional, especialmente o art. 225, fazendo com que surgisse uma *política global do meio ambiente*, de modo que a Constituição Federal explicitou os princípios ambientais confeccionados pela Lei 6.938/1981. Pode-se dizer, com certeza, que há uma sucessiva e intermitente relação simbiótica entre as normas citadas, e que a Lei 6.938/1981 foi recepcionada pelo texto constitucional, merecendo algum reparo em relação às regras de competência legislativa e material sobre o meio ambiente, tal como no caso do art. 10, o que se justifica pelo fato de que a Constituição Federal atual modificou sobremaneira a sistemática de competência legislativa e implementadora antes existente na Constituição contemporânea à época que foi confeccionada a referida lei.

Muito se discutiu em tempos recentes sobre a criação de um Código Ambiental para o nosso país e, há ardorosos defensores de sua criação e outros que são contrários. A grande verdade é que existe um reconhecimento da doutrina como um todo de que a legislação ambiental é realmente muito esparsa e isso dificulta sobremaneira aos operadores do direito que lidam com o direito ambiental, cada vez mais e mais presente no cotidiano jurídico de todos os segmentos jurídicos.

A grande questão é saber se, do ponto de vista ambiental, vale a pena correr o risco de se criar um Código que revogue a legislação esparsa, nele concentrando toda a matéria ambiental, e, nessa toada, acabe por destruir inúmeras vitórias e conquistas ambientais – legislativa e jurisprudencial – alcançada ao longo de muitos anos. Aliás, serve de exemplo o absurdo Código Florestal Brasileiro (Lei 12.651) que praticou inúmeros retrocessos ambientais na legislação ambiental que o antecedia.

Como se sabe, a questão ambiental está atrelada a limitação de direitos (propriedade em sentido lato) e o poder econômico não perderia a oportunidade de manipular – no âmbito do processo legislativo – meios e alternativas que pudessem diminuir os ganhos obtidos. Eis aí o xis da questão que torna tão complexa a decisão de se criar ou não um Código Ambiental. Eis que, diante desse impasse, temos defendido que seja feita uma Consolidação da Legislação Ambiental, para que torne mais preciso e seguro o trabalho do operador do direito e informe o cidadão a respeito da totalidade das regras ambientais, viabilizando seu cumprimento integral. Enfim, sou contra a criação de um Código, porque o risco dos retrocessos legislativos não vale a pena.

Capítulo 2

PRINCÍPIOS DO DIREITO AMBIENTAL BRASILEIRO

Sumário: 1. Introito – 2. Princípio da ubiquidade – 3. Princípio do desenvolvimento sustentável – 4. Princípio do poluidor-usuário pagador (PUP): 4.1 Premissas para compreensão do PUP; 4.2 Subprincípios de concretização do PUP: 4.2.1 Aspectos gerais; 4.2.2 A prevenção; 4.2.3 Precaução; 4.2.4 Responsabilização civil, penal e administrativa; 4.2.5 Função sócio ambiental da propriedade privada; 4.2.6 Usuário pagador – 5. Princípio da participação.

1. INTROITO

Parece ser desnecessário dizer da importância dos princípios para uma ciência. Pode-se afirmar que uma ciência só pode ser assim considerada se for informada por princípios fundamentais que norteiem e direcionem as suas regras. A classificação que aqui se expõe tem apenas caráter didático e é por mim proposta da seguinte maneira: 1) princípio da ubiquidade; 2) princípio do desenvolvimento sustentado; 3) princípio do poluidor pagador; e 4) princípio da participação. Obviamente, tais princípios se apresentam como postulados máximos de abstração, donde derivarão outros subprincípios que lhe darão rendimento.

2. PRINCÍPIO DA UBIQUIDADE

O princípio da *ubiquidade* reflete muito bem o conceito semântico da palavra que lhe empresta o significado. Ubíquo é sinônimo de onipresente, que está em todo lugar. Este princípio é visto de duas formas: a) num primeiro enfoque, os recursos ambientais, por serem de índole planetária, fazem com que o meio ambiente seja visto de forma global, já que o dano que se causa aqui é sentido em qualquer lugar – não há como impedir que o rio deixe de contaminar o leito, as plantas, a fauna marinha etc., que servirão de vetores da poluição[1]. Por isso exige-se uma cooperação global entre as nações e daí se tem desenvolvido o direito ambiental internacional; b) sob outro enfoque, tal princípio exige que os bens ambientais sejam horizontalmente analisados, isto é, todo e qualquer direito subjetivo, de índole privada, deve pedir obediência ao direito ambiental. Qualquer liberdade pública ou propriedade privada deve ceder espaço à proteção dos bens ambientais, dado o seu caráter global e horizontal.

3. PRINCÍPIO DO DESENVOLVIMENTO SUSTENTÁVEL

O segundo princípio, diz respeito ao *desenvolvimento sustentado*. Separando os dois vocábulos que o compõem, tem-se que a palavra *desenvolvimento* é tomada com o seguinte significado na língua portuguesa: "1. Ato ou efeito de desenvolver-se. Adiantamento, crescimento, aumento. Progresso. 2. Estágio econômico, social, político de uma comunidade, caracterizado por altos índices de rendimento dos fatores de produção, i.e., os recursos naturais, o capital e o trabalho". Portanto, verifica-se que é inata,

---

1. "Fumaça de incêndios na Austrália deve dar a volta completa ao mundo, mostra Nasa: fumaça deve retornar à Austrália depois de circundar a Terra; em metrópoles como Sydney e Melbourne, poluição causa riscos à saúde pública". Disponível em https://g1.globo.com/natureza/noticia/2020/01/14/fumaca-de-incendios-na-australia-devem-dar-a-volta-completa-ao-mundo-mostra-nasa.ghtml. Acessado em 18 de janeiro de 2020.

ao ser humano, a ideia de se desenvolver, aumentar e expandir, seja no aspecto social, econômico, filosófico ou moral etc.

Já a palavra "sustentado" é oriunda do verbo "sustentar", que por sua vez significa "conservar, manter, impedir a ruína ou a queda, proteger, equilibrar-se etc. Confrontando um vocábulo com outro, vê-se que, enquanto desenvolver-se se centra na ideia de crescimento econômico e tecnológico (e, portanto, necessariamente de transformação dos elementos que compõem o meio, ou seja, o ambiente que vivemos), a de sustentabilidade liga-se à noção de proteção e manutenção. Assim, considerando que os bens a serem explorados ou transformados são escassos e, mais ainda, que esses bens são responsáveis pela manutenção de uma qualidade de vida, não é difícil supor ou antever que, dependendo da tônica que se dê a esse desenvolvimento, é bem possível que num futuro breve não exista matéria-prima que alimente o crescimento econômico e, por corolário lógico, também a qualidade de vida. Deve-se encontrar um ponto de equilíbrio para o desenvolvimento, já que o mesmo bem que é matéria-prima do desenvolvimento é também peça essencial à sadia qualidade de vida dos seres. Por isso, de que adianta um desenvolvimento desregrado, despreocupado com a conservação do bem ambiental, desvinculado da manutenção da qualidade de vida? O desenvolvimento sustentável é o que atende às necessidades atuais, sem comprometimento da possibilidade de as gerações futuras conseguirem atender às suas próprias necessidades.

Este princípio foi expressamente abraçado pelo legislador constitucional, v.g., no art. 170, VI, e em diversos instrumentos da política nacional do meio ambiente, especialmente a lei de zoneamento e o estudo prévio de impacto ambiental. Deve ser enfocado sob três ângulos se analisado sob uma perspectiva de índole econômica e desenvolvimentista: 1) evitar a produção de produtos supérfluos e agressivos ao meio ambiente; 2) estimular o consumidor em relação à necessidade de evitar o consumo de bens "inimigos" do meio ambiente; 3) estimular o uso de "tecnologias limpas" no exercício da atividade econômica. Infelizmente este princípio tem sido utilizado para abrigar um desenvolvimento que nada tem de sustentado ou equilibrado. A sustentabilidade do meio ambiente – com a compensação e neutralização da poluição causada pelo desenvolvimento – é algo inerente ao desenvolvimento sustentável, e, registre-se, o fato de vivermos sob uma sociedade de risco e reconhecer que não há atividade econômica totalmente limpa, isso jamais – jamais, frise-se – é um fato que legitima o desenvolvimento a qualquer custo, senão exatamente o contrário.

Como corolário lógico do princípio do desenvolvimento sustentável deriva a *proibição do retrocesso (não regressão) ambiental* que por muitos tem sido tratado como princípio autônomo, talvez pela premente necessidade de se mostrar presente ante uma tentativa discreta, aqui e alhures, de se regredir na tutela do meio ambiente, em prol do desenvolvimento econômico.

O desenvolvimento sustentável, como dito, permite que se consagre um equilíbrio entre o *direito ao desenvolvimento* e a *proteção do meio ambiente para as presentes e futuras gerações*. À medida que se permite esse modelo desenvolvimentista, é dado um passo irretroativo, nas conquistas já alcançadas em prol do ambiente e da sociedade. Assim, tomemos como exemplo os catalisadores nos automóveis. Para quem não sabe esses catalisadores foram desenvolvidos nos idos da década de 1970 e tem uma importante função converter, em até 98%, os gases nocivos dos automóveis em gases inofensivos ao meio ambiente. Esses equipamentos começaram a surgir em carros no Brasil como itens opcionais e a partir do PROCONVE (Programa de Controle da Emissão Veicular), fixou-se por intermédio da Portaria 346/2008, que este item não seria mais uma *opção* para uma exigência dos novos veículos. Ora, este é um exemplo de desenvolvimento sustentável, que equilibra o binômio *economia e ecologia* e traz uma conquista, uma consagração ao direito fundamental ao equilíbrio ecológico. Ora, seria possível uma nova portaria, lei, decreto, emenda constitucional que permitisse que os novos veículos fossem comercializados sem os catalisadores?

Da mesma forma, seria possível admitir que se surgisse ou desenvolvessem novas práticas culturais que fossem cruéis com os animais violando a jurisprudência ambiental firmada pelo STF que reconheceu como cruel e inconstitucional a farra do boi e a rinha de galo?[2]

Alguém cogitaria admitir que determinados agrotóxicos já banidos do mercado brasileiro em razão do risco e males que causam à vida e ao meio ambiente pudessem retornar às lavouras, ainda que fosse uma determinação de lei, decisão judicial, emenda constitucional, portaria, resolução, etc. Enfim, alguém admitiria que a ANVISA, por exemplo, readmitisse o *metamidofós*, proibido em centenas de países e usado nas lavouras de algodão, amendoim, batata, feijão, soja, tomate e trigo, e cientificamente causador de prejuízos para o feto, sistemas neurológico, imunológico, reprodutor e endócrino?

Parece-nos que NÃO é a imediata e intuitiva resposta a todas estas questões e nenhuma dificuldade temos reconhecer a resposta negativa porque sendo a tutela do meio ambiente a proteção da própria vida, ou seja, um direito fundamental com status de cláusula pétrea (art. 60, § 4º, IV da CF/88), não se pode admitir, sob pena de ferir direitos fundamentais do ser humano e princípios fundamentais do Estado Democrático Brasileiro (art. 1º, III da CF/88) que determinadas conquistas (não meramente econômicas, mas atreladas à proteção da vida) sejam retrocedidas ou regredidas.

Eis aí a proibição do retrocesso ou da não regressão em matéria ambiental. Toda proteção que se conquista em matéria ambiental representa um ganho, um direito adquirido fundamental

---

2. Por meio da emenda Constitucional n.º 96/2017 o Congresso Nacional incluiu o §7º ao artigo 225 em evidente revide à decisão do STF que reconheceu a vaquejada como prática cruel com os animais (art. 225, §1º, VII) na ADI n.º 4.983. Após a emenda constitucional da "vaquejada" houve novas ADIs (n. 5728 e 5772), que ainda estão em curso e cujos objetos são justamente a EC 96/2017.

que não admite retroação, sob pena de violação da dignidade do ser humano.

E, nem se argumente que o princípio da proibição do retrocesso causa um aumento dos custos da atividade econômica e que a sociedade é que arcaria com o aumento desses custos. Tal argumento é uma inversão mesquinha dos valores republicanos, afinal de contas as conquistas ambientais já reconhecidas pelo poder público (legislativo, judiciário ou executivo) são feitas justamente em prol da vida e da qualidade de vida da população, e, recorde-se que em matéria ambiental é o poluidor o responsável pela internalização dos custos do empreendimento e das externalidades ambientais. Não se pode admitir que se abra mão das conquistas atreladas aos direitos fundamentais da população em troca de um regresso para atender ao interesse econômico (privado), num retorno à típica máxima da privatização do lucro e a socialização do prejuízo, que, nestes exemplos representaria uma violação à dignidade da coletividade.

A proibição do retrocesso é na verdade uma derivação lógica da proteção das garantias fundamentais petrificadas no texto constitucional, e, sem sombra de dúvida, serve como elemento preliminar para qualquer iniciativa da legitimidade dos atos do poder público (legislativa, executiva e judiciária) que pretendem reduzir ou regredir ou retroceder nas conquistas no passado em relação ao núcleo duro da garantia fundamental à proteção do equilíbrio ecológico (processos ecológicos essenciais, ecossistemas frágeis ou a beira de colapso, função ecológica dos microbens ambientais, proteção dos biomas brasileiros, impedimento de atividades, métodos e substancias que apresentem risco à vida e ao meio ambiente, etc.).[3]

---

3. Os precedentes judiciários pro ambiente conferem uma *produção normativa da jurisdição extraordinária* (STJ e STF) no Brasil, e, são conquistas que se acumulam nos direitos adquiridos ambientais que, não apenas por isso (art. 5º, XXXVI -XXXVI – a lei não prejudicará o direito adquirido, o ato jurídico perfeito e a coisa julgada), mas por serem fundamentais à proteção de todas as formas de vida, não poderão ser tolhidos, reduzidos

Capítulo 2 • Princípios do direito ambiental brasileiro

4. PRINCÍPIO DO POLUIDOR-USUÁRIO PAGADOR (PUP)

4.1 Premissas para compreensão do PUP

O terceiro princípio é o mais famoso deles e, por incrível que possa parecer, o menos compreendido. Trata-se do *poluidor pagador* como foi originariamente denominado ou como recentemente tem sido conhecido poluidor-usuário-pagador (também apelidado pelas suas iniciais – PUP). O princípio do poluidor/usuário pagador é um postulado com raízes inspiradas no direito econômico, que passou por substancial mudança quando veio a constituir-se num dos postulados mais nobres e sérios do direito ambiental. Para a sua correta compreensão devem-se entender as regras de externalidades negativas típicas de direito econômico.

A externalidade pode ser positiva ou negativa, quando no preço do bem colocado no mercado não estão incluídos os ganhos e as perdas sociais resultantes de sua produção ou consumo, respectivamente. Basta pensar na seguinte hipótese: quando uma empresa de recipientes plásticos coloca seu produto no mercado, será que o preço final que foi dado ao seu produto levou em consideração o custo social da sua produção? Enfim, considerando que o referido produto será um resíduo sólido de dificílimo reaproveitamento (pelas desvantagens técnicas e econômicas) e que, portanto, será um fator de degradação ambiental, é de se questionar se o valor do bem colocado no mercado tem em si o valor do denominado custo social. Definitivamente não, pois, segundo a teoria econômica das externalidades, o efeito negativo ou positivo não pode ser agregado ao valor do produto por ser impossível de ser medido.

---

ou diminuídos pelo Poder Público (Art. 1º A República Federativa do Brasil, formada pela união indissolúvel dos Estados e Municípios e do Distrito Federal, constitui-se em Estado Democrático de Direito e tem como fundamentos: III – a dignidade da pessoa humana; art. 60. (...)§ 4º Não será objeto de deliberação a proposta de emenda tendente a abolir: IV – os direitos e garantias individuais.).

Em outro exemplo de externalidade negativa, basta pensar numa rede de lanchonetes que se instale próxima ao acostamento de uma via pública. Nesse caso, pergunta-se: os produtos que são ali vendidos têm embutido nos seus preços o custo social de um aumento do trânsito no local, da poluição sonora, da poluição visual etc.? Ainda, é justo que aqueles que não compram os produtos sejam "consumidores" desse efeito social negativo?

Em outro exemplo, imagine um conjunto de bares e restaurantes que ocupe uma determinada área residencial da cidade fazendo daquela região um ponto gastronômico local onde normalmente ocorre uma aglutinação de pessoas nas noites de finais de semana. A pergunta a ser respondida é a seguinte: é justo que a externalidade negativa sobre o trânsito caótico da região seja suportada por todos e o titular do estabelecimento seja apenas beneficiado?

Em mais outro exemplo, imagine um shopping center que se instale numa região e todo o trânsito local se torne um caos em razão do fluxo de carros que aumentará absurdamente? Por que não internalizar este custo social negativo ao empreendedor?

É cediço que o preço de um bem colocado no mercado só teria uma medida correta (um valor justo) se no valor (no preço) que lhe fosse atribuído estivessem computados todos os ganhos sociais advindos de seu consumo e, também, quando se computassem *todas as perdas sociais surgidas com a produção desse mesmo bem*, além, é claro, os custos de sua produção.

Outrossim, não sendo internalizados os custos, em especiais os sociais negativos, certamente o produtor de um bem (instalação de uma fábrica, por exemplo) terá um produto colocado no mercado que não será por todos adquirido, mas cujo custo social será suportado, inclusive, por quem não adquiriu o referido produto. Sob outra ótica, poder-se-ia dizer que há um enriquecimento do produtor/fabricante/empreendedor à custa de um efeito negativo suportado pela sociedade, já que não teria colocado no custo do seu produto esse desgaste suportado pela sociedade. É daí que surge a expressão "privatização de lucros e socialização das perdas" para designar este fenômeno.

É daí, da compreensão econômica do fenômeno, o ponto de partida para a interpretação jurídica do princípio do poluidor/usuário pagador que busca implementar o sentido teleológico deste axioma. E a interpretação jurídica não permite uma imediata *internalização* do custo social.

Frise-se que *não é* simplesmente internalizar o custo, embutir no preço, e assim produzir, comercializar ou mercanciar produtos que sabidamente são degradantes do meio ambiente, nas suas diversas etapas da cadeia de mercado. Enfim, não pretende a interpretação jurídica permitir que se compre o direito de poluir mediante a internalização do custo social. A interpretação jurídica deste princípio leva a uma atuação anterior à realização da atividade ou prestação do serviço potencializador de causar externalidades negativas ambientais.

O que o princípio pretende é redistribuir equitativamente as externalidades ambientais, se de fato mostrar-se viável, possível e suportável para a sociedade uma determinada atividade, ainda que se tenha internalizado as externalidades ambientais negativas. Enfim, desde que associado as técnicas e instrumentos ambientais como o licenciamento, estudos ambientais diversos, etc., o poluidor/usuário pagador é de uma eficiência incomparável.

Ora, se estas são suportadas pela sociedade, em prol do lucro do responsável pelo produto que em alguma fase da cadeia de mercado é degradante do meio ambiente ou diminui o exercício do uso comum dos componentes ambientais, nada mais justo que todos os custos de prevenção, precaução, correção na fonte, repressão penal, civil e administrativa, que são despendidos pelo Estado (ficção jurídica representativa do povo), a quem incumbe a gestão dos componentes ambientais, sejam suportados pelo responsável das externalidades ambientais.

É exatamente por isso que o *poluidor pagador* não é, como se poderia imaginar, *apenas* um princípio corretivo, senão porque a sua intenção é justamente evitar o dano, evitar o risco de dano, e, quando isso não for possível, punir o responsável pela repressão e reparação do prejuízo causado. Por isso ele se espraia para os seguintes aspectos:

a) para sobrecarregar o preço do produto que causa a externalidade ambiental negativa, desestimulando a sua produção e estimulando o uso de tecnologias limpas que, embora sejam aparentemente mais caras, acabam sendo mais baratas quando comparadas aos produtos degradantes que terão de internalizar os custos ambientais negativos;

b) para publicizar no mercado de consumo quais produtos causam externalidades ambientais negativas e, a partir daí, determinar uma educação ambiental para que o consumidor privilegie os produtos verdes e as tecnologias limpas;

c) para fazer com que os responsáveis pelos custos sociais sejam, por isso mesmo, responsáveis pelos custos estatais de prevenção, precaução e correção na fonte; reprimir (civil, penal e administrativamente) aqueles que são os responsáveis pelas externalidades ambientais negativas;

d) para carrear os custos do "empréstimo" dos componentes ambientais àqueles que, embora não sejam poluidores, mas apenas usuários, causam uma sobrecarga ao uso invulgar dos componentes ambientais, devendo pagar pelo uso incomum de bens que são de uso comum e do povo.

Portanto, mais do que longínqua, é errada a ideia de que o poluidor pagador seja um passaporte para a poluição, bastando apresentar um visto de compra (internalização do custo) para que se tenha então o direito de poluir. Repetindo: esse princípio "tem uma estrutura aberta, permitindo, desse modo, que a sua execução seja feita através de instrumentos econômicos, seja através de instrumentos de responsabilidade civil, ou ainda de outros instrumentos".[4]

---

4.   1.Beniamino Caravita, I principi della politica comunitaria in materia ambientale, *Rivista Giuridica Dell'Ambiente* 2/214.

Capítulo 2 • Princípios do direito ambiental brasileiro

4.2 Subprincípios de concretização do PUP

4.2.1 Aspectos gerais

Este princípio é concretizado por subprincípios, tais como a prevenção, a precaução, a responsabilidade (civil, penal ou administrativa), a função socioambiental da propriedade privada e o usuário pagador. Essa concretização do PUP torna-se possível quando o operador do direito vale-se dos instrumentos jurisdicionais, legislativos e administrativos de tutela do ambiente. Aliás, registre-se, são nestes últimos – instrumentos administrativos – e, em especial nos licenciamentos ambientais, que se consegue obter, com maior potencialidade e rendimento, o verdadeiro papel do poluidor/usuário pagador. Embora seja igualmente possível invocar e fazer prevalecer o referido princípio com técnicas jurisdicionais e legislativas, a grande verdade é que é, pois, no licenciamento ambiental que reside o habitat normal e natural de implementação do princípio do poluidor/usuário pagador. No licenciamento ambiental fica muito nítida a concretização da *função socioambiental da propriedade privada*, do usuário pagador, da precaução ambiental, da prevenção e da responsabilização ambiental.

4.2.2 A prevenção

O subprincípio da *prevenção* constitui um dos mais importantes axiomas do direito ambiental. A sua importância está diretamente relacionada ao fato de que, se ocorrido o dano ambiental, sua reconstituição é praticamente impossível. O mesmo ecossistema jamais pode ser revivido. Uma espécie extinta é um dano irreparável. Uma floresta desmatada causa uma lesão irreversível à mesma diversidade que possuía. Enfim, com o meio ambiente, decididamente, é melhor prevenir do que remediar.

O vocábulo prevenção (*prae + venire* = vir antes) atrela-se à cautela, à precaução, ou seja, conduta tomada no sentido de evitar o risco ambiental. Seguindo essa esteira, o legislador

41

constitucional não hesitou em dizer que o princípio da *prevenção* é postulado expresso, como se vê no art. 225, quando afirmou que se impõe, ao Poder Público e à coletividade, o dever de defender e preservar o meio ambiente para as presentes e futuras gerações. Considerando que o dano ambiental é quase sempre irreversível, o vocábulo *proteção* utilizado pelo art. 225 da CF/1988 não deve ser tomado somente no sentido reparatório, mas principalmente, e precipuamente, no sentido preventivo, justamente porque a ideia de proteção e preservação se liga à conservação da qualidade de vida para as futuras gerações.

Têm importantíssimo papel na proteção e preservação do meio ambiente os instrumentos de tutela ambiental, que são divididos em administrativos e jurisdicionais. Exemplos dos primeiros são o licenciamento ambiental (e respectivo Estudo Prévio de Impacto Ambiental), o zoneamento industrial (Lei 6.803/1980), o tombamento administrativo, as sanções administrativas de interdição de atividades, o manejo ecológico, as auditorias ambientais, a gestão ambiental etc. Na seara jurisdicional destacam-se os instrumentos de tutela de urgência, tais como liminares antecipatórias dos efeitos do mérito e medidas cautelares, sempre com eficácia mandamental e executiva *lato sensu*. Dentre os remédios propriamente ditos, merecem comentários a ação civil pública e a ação popular.

4.2.3 Precaução

Precaução não é a mesma coisa que a prevenção, atrelando-se a algo anterior à prevenção. Prevenimo-nos contra o dano que conhecemos. Precavemo-nos contra o risco desconhecido. É nesse sentido que se situa o princípio da precaução.

Tem-se utilizado o postulado da precaução quando se pretende evitar um risco mínimo ao meio ambiente nos casos de incerteza científica acerca da degradação do meio ambiente. Assim, quando houver dúvida científica sobre a potencialidade do dano ao meio ambiente em qualquer conduta a ser tomada (exemplo, liberação e descarte de organismo geneticamente modificado no

Capítulo 2 • Princípios do direito ambiental brasileiro

meio ambiente, utilização de fertilizantes ou defensivos agrícolas, instalação de atividade ou obra etc.), incide o princípio da precaução para prevenir o meio ambiente de um risco futuro.

Em última análise, trata-se de impedir que a incerteza científica milite contra o meio ambiente, evitando que no futuro, com o dano ambiental ocorrido, se verifique que a conduta não deveria ter sido permitida. O princípio da prevenção (precaução) ambiental tem importantíssima consequência, que é a de fazer com que o ônus da prova seja sempre do proponente do empreendimento, devendo demonstrar que não há o risco ambiental, ou seja, a atividade não deve ser permitida sob alegação de que nada se conseguiu provar contra ela. Há algum tempo temos defendido que o artigo 170, VI da CF/88 impõe uma presunção de que toda atividade econômica causa impacto ao meio ambiente, de forma que isso implica no âmbito do processo civil a incidência do art. 374, IV, ou seja, "não dependem de prova os fatos em cujo favor milita a presunção legal de existência ou veracidade".

4.2.4 Responsabilização civil, penal e administrativa

O subprincípio da *responsabilidade* aplica-se nas esferas civil, penal e administrativa. Quanto às duas últimas, é de se destacar o advento da Lei 9.605/1998, que regula aspectos penais e administrativos das sanções e infrações ambientais[5]. Entretanto, é no âmbito da responsabilidade civil que a doutrina tem encontrado os maiores obstáculos.

Não obstante a adoção da responsabilidade civil objetiva (art. 14, § 1.º, da Lei 6.938/1981), inclusive para os danos por

---

5. O conceito de poluidor é adequado à responsabilidade civil (aquele que direta ou indiretamente causa degradação ambiental), pois há um link entre o art. 3º, IV e o artigo 14, §1º da Lei da Política Nacional do Meio Ambiente. Já a responsabilidade administrativa é o transgressor (art. 14, *caput* da Política Nacional do Meio Ambiente que se liga à noção de infrator (aquele que viole as regras jurídicas de uso, gozo, promoção, proteção e recuperação do meio ambiente, art. 70, *caput* da Lei 9.605).

ricochete derivados do dano ambiental, diversos obstáculos têm sido colocados como óbices à efetivação desse subprincípio. Antes disso, pode-se dizer que esse postulado se centra nos aspectos da responsabilidade civil objetiva, na reparação *in natura* e na solidariedade dos poluidores. Porém, como se disse, existem óbices seríssimos à sua efetivação. O primeiro diz respeito à identificação do poluidor, como nos casos de danos anônimos. O segundo diz respeito ao nexo de causalidade, ou seja, a prova da relação de causa e efeito, que fica demasiadamente difícil quando se está diante do fenômeno da poluição, dadas as variantes de tempo e espaço. O terceiro diz respeito à solvabilidade do poluidor, ou seja, não basta descobrir o poluidor, mas saber se ele tem condições de arcar com o prejuízo causado ao meio ambiente.

Contra essas situações apresentam-se as seguintes soluções, que também são custosas e de dificílima implementação: fundos ambientais, solidarização dos poluidores, seguros ambientais, o incidente de desconsideração da personalidade jurídica etc.

4.2.5 Função sócio ambiental da propriedade privada

Já o subprincípio da *função socioambiental da propriedade privada* tem assento expresso na Constituição de 1988, nos arts. 5.º, XXIII, 170, III e VI, e 186, I. No Código Civil brasileiro, está descrito no art. 1.228. Esse princípio decorre da regra lógica de que os bens ambientais têm regime de bem público e, como tal, todos os componentes do meio ambiente (recursos ambientais) existem em prol da vida e da manutenção do Planeta, de forma que a função ecológica deve ser preservada e se sobrepõe a qualquer outra utilidade que se pretenda dar ao mesmo bem, seja ela coletiva ou privada. Assim, como os bens ambientais servem, ao mesmo tempo, à função ecológica e à função econômica, tem-se que o exercício da propriedade sobre um bem ambiental é restringido, na configuração do direito, aos limites estabelecidos pela função ecológica que o próprio bem possui. Assim, por exemplo, não é toda vegetação inserta numa fazenda de um particular que poderá ser desmatada, porque existem restrições inerentes ao

Capítulo 2 • Princípios do direito ambiental brasileiro

próprio exercício da propriedade privada, restrições essas que são ditadas pela função ecológica do bem ambiental. Por isso, áreas de preservação permanente, de reserva legal e demais outras restrições estabelecidas pelo legislador são legítimas e dão conformação interna ao direito de propriedade. Se a propriedade rural deve atender à função ambiental como por exemplo, recuperar/manter a área de reserva legal e preservação permanente, a propriedade urbana deve, por exemplo, atender aos ditames do plano diretor urbano. A política econômica, enraizada no capitalismo (propriedade, trabalho e capital), é igualmente limitada pelas exigências de manutenção do equilíbrio ecológico, nos ditames dos arts. 170, VI, e 225 da CF/1988. Na ordem constitucional brasileira a propriedade deve atender a uma função (socioambiental), sendo absolutamente ultrapassado e obsoleto o conceito clássico formado sob égide do CCB de 1916. Domínio e propriedade não se confundem e aquele só pode ser exercido se estiver adequado à função sócio ambiental do segundo.

4.2.6 Usuário pagador

O último subprincípio do poluidor pagador é o do *usuário pagador*, que está diretamente relacionado à ideia de conservação para as futuras gerações da mesma quantidade de bem ambiental hoje existente (art. 4.º, IV, da Lei 6.938/1981). O princípio do usuário pagador decorre da regra lógica de que todos que tomam o bem ambiental emprestado, pretendendo lhe dar um uso incomum, ou seja, um uso que não esteja atrelado ao seu papel ecológico, devem pagar pelo empréstimo, independentemente de causarem ou não poluição. Isso quer dizer que todo poluidor é um usuário pagador, mas nem todo usuário é um poluidor, posto que é perfeitamente possível, embora raro, que seja utilizado o bem ambiental para uma finalidade econômica ou cultural e desse uso não resulte degradação ao meio ambiente. Sobre o preço que deve ser pago pelo empréstimo do bem ambiental, sua estipulação é tarefa complexa, porque se deve levar em consideração o custo de manutenção e a disponibilidade do bem ao uso comum.

A forma de recebimento da quantia pode se dar por receita originária do Poder Público, com fixação de um preço público, ou por intermédio de receita derivada, ou seja, pela fiscalidade ambiental. A contribuição para intervenção no domínio econômico parece ser a "melhor forma" de se arrecadar dinheiro pela fiscalidade ambiental, já que, pela sua função e natureza, os impostos, as taxas e as contribuições de melhoria não são adequados para resolver o problema do custo do empréstimo ambiental. Outrossim, registre-se, a extrafiscalidade é, em nosso sentir, um importante meio de se regular o mercado e criar um comportamento da sociedade com consciência ecológica. Diminuir impostos para produtos amigos do meio ambiente, ou serviços que utilizem tecnologias limpas, pode ser um importante mecanismo de educação ambiental.

5. PRINCÍPIO DA PARTICIPAÇÃO

Por fim, destaca-se o quarto e último princípio do direito ambiental, que é o da participação ou solidariedade. Este, diríamos, é o princípio do presente e a solução para o nosso futuro. Não se trata de um princípio em que os resultados são alcançados a curto prazo. Entretanto, se isso pode parecer uma desvantagem, por outro lado, é certo que esses resultados tendem a se perpetuar por mais tempo, porque construídos em bases sólidas.

O princípio da participação tem suas raízes na sociologia política e se reflete, resumidamente, na atuação (participação) da sociedade civil, que adota comportamentos queridos pelo legislador e exige que o Poder Público faça a sua parte em relação às políticas públicas. Vem insculpido na Constituição Federal de 1988 (art. 225), quando diz que é dever do Poder Público e da coletividade proteger o meio ambiente para as presentes e futuras gerações. Isso vem evidenciar dois flancos do princípio: um egoísta, do indivíduo para consigo mesmo, refletido num dever de não prejudicar o meio ambiente; outro altruísta, do indivíduo para com a sociedade, refletido num dever de implementar a

Capítulo 2 • Princípios do direito ambiental brasileiro

política ambiental para além da sua esfera individual, com atitudes e comportamentos comissivos e proativos em favor da proteção do meio ambiente.

Diante disso, vê-se que tal princípio, erigido à condição de postulado internacional e, como se disse, explicitamente adotado pela Constituição Federal de 1988, foi abraçado pelo legislador, permitindo a atuação da coletividade nos diversos setores políticos, a saber: a) participação individual e b) participação em grupo, mediante "representação" por entes governamentais e não governamentais.

Essa participação na "tomada de decisões afetas ao meio ambiente" pode ser feita por diversos instrumentos, seja mediata, seja imediatamente. Podem ser citadas como exemplos as ações coletivas, especialmente a ação popular ambiental, em que qualquer cidadão é parte legítima para anular ato lesivo ao patrimônio público e ao meio ambiente; a ação civil pública, seja por intermédio das associações civis ou pelo *Parquet* (Ministério Público), sendo que neste último caso o cidadão deve representar ao referido ente para que apure e, se for o caso, ajuíze a ação civil e/ ou penal competente. Ainda, pode-se citar a participação popular nas ONG, com importantíssimo papel de "fiscalização paralela", com inegável função alardeadora, além de tantas outras pouco conhecidas pela sociedade, tais como o apoio e a execução de projetos que sejam favoráveis à proteção do ambiente e à criação de uma conscientização ecológica pela sociedade civil.

Ainda, há a participação popular nos instrumentos administrativos de defesa do meio ambiente, seja por provocação da Administração Pública (Lei 9.605/1998), seja por atuação direta, como nos casos de audiências públicas em processos de licenciamento ambiental, como exigência para a formação do EIA/RIMA.

Embora as chances de acesso e participação tenham sido bastante aumentadas nas últimas duas décadas, é fato que se espera para um futuro próximo uma verdadeira explosão da cooperação da sociedade nesse fenômeno de conscientização ecológica. O grande *boom* acredita-se que deverá ocorrer com um incremento cada vez maior e mais acelerado de dois elementos que são implementadores do princípio da participação: a informação ambiental e a educação ambiental.

Não há como participar, ou até esperar que a coletividade participe, se não ocorrer uma efetiva informação e educação ambiental da população. Entretanto, longe de se imaginar ou restringir a informação e a educação a aspectos formais, como por exemplo, a educação no ensino fundamental, ou ainda a informação obrigatória da população (via jornal) nos licenciamentos ambientais, ou ainda das audiências públicas etc., é preciso dar um passo a mais. Na verdade, o grande salto acontecerá se de fato houver a verdadeira informação e educação do "consumidor ambientalista", ou seja, seria democrático, justo e escorreito se todos os produtos e serviços prestassem a verdadeira informação sobre o grau de impactação do produto e da embalagem que ele o conserva, permitindo que o consumidor pudesse optar por adquirir produtos que fossem menos impactantes do meio ambiente. Desta forma – informação e educação ambiental consumerista – é que se conseguiria obter resultados pródigos em relação à mudança de comportamento em relação à formação de uma consciência ecológica. As outras formas de informação e educação ambiental são importantes para a participação popular em prol do ambiente, como por exemplo, ter informação precisa sobre os processos de licenciamento e em especial sobre os de grande porte e dos impactos que determinado empreendimento pode causar, informações sobre monitoramento das atividades e empreendimentos, os riscos que determinados produtos e serviços podem causar, a informação de quais são os maiores poluidores do país por tipo de atividade, da Região e da localidade onde vive, etc. Só assim é possível permitir uma participação efetiva em prol da proteção do meio ambiente.

Capítulo 3

CONCEITOS GERAIS DO DIREITO AMBIENTAL

Sumário: 1. Ecologia e o direito ambiental: conceitos fundamentais: 1.1 Introdução; 1.2 Meio ambiente; 1.3 Compreensão de conceitos fundamentais de ecologia para a perfeita identificação do direito fundamental ao equilíbrio ecológico: 1.3.1 Conceito e origens; 1.3.2 Os fatores espaciais e temporais e os níveis organizacionais de estudo da ecologia; 1.3.3 Os diferentes níveis organizacionais dos componentes bióticos e do fator espacial; 1.3.4 Outros termos e expressões das ciências ecológicas tratados na legislação ambiental brasileira – 2. O direito constitucional ao meio ambiente ecologicamente equilibrado – 3. Os componentes (recursos) ambientais como conteúdo do equilíbrio ecológico – 4. O bem ambiental (equilíbrio ecológico – com seus componentes) e suas características (titularidade, indivisibilidade, regime jurídico de uso comum, reflexibilidade e instabilidade) – 5. O conceito de poluidor – 6. O conceito de poluição: 6.1 Poluição e meio ambiente; 6.2 Poluição e efeitos da poluição; 6.3 Poluição sob a perspectiva da antijuridicidade ambiental.

1. ECOLOGIA E O DIREITO AMBIENTAL: CONCEITOS FUNDA-MENTAIS

1.1 Introdução

Tomando de análise a legislação constitucional e infracons-titucional do meio ambiente percebe-se uma série de termos técnicos de presença vulgar no estudo da ecologia, pois não há como dissocia-los do linguajar jurídico. Sabendo disso, o próprio legislador tem se preocupado em criar em muitas leis ambientais uma espécie de "glossário" com conceitos explicativos dos tais *termos técnicos de ecologia*, não apenas para otimizar os trabalhos do operador do direito, mas também para estabelecer o padrão conceitual tomado pelo legislador sobre determinado tema. São várias as leis que utilizam de tal expediente, podendo conferir, por exemplo, o Código Florestal (Lei n.º 12.651/12), a Lei do SNUC (Lei n.º 9.985/00), etc.

Num livro que pretende se dedicar a proteção jurisdicional do direito ao meio ambiente ecologicamente equilibrado no direito brasileiro é condição *sine qua non* que sejam apresentados e compreendidos certos conceitos que são íntimos à ecologia – a começar pelo conceito de meio ambiente – sob pena de que se assim não o fizer tonar-se-á impossível a perfeita conexão entre o processo e o direito material. Exatamente por isso que neste tópico iremos nos debruçar sobre esses conceitos básicos como meio ambiente, ecossistema, bioma, recursos ambientais, etc., afinal de contas, de nada adianta ter a ferramenta processual, se não se sabe ou não se conhece o direito para o qual ela deve servir.

Eis aí a importância da *adequação* do método (processo) à solução de direito material. Assim como não é adequado usar um martelo de carne para pregar um prego, também não será adequado um processo que não esteja ajustado ao fim ao qual ele se destina. Precisamos entender as peculiaridades do direito ao meio ambiente ecologicamente equilibrado para forjar a fer-ramenta processual adequada, pois do contrário será ineficiente, inútil e ineficaz.

1.2 Meio ambiente

A identificação do que seja meio ambiente ecologicamente equilibrado ou simplesmente meio ambiente é imprescindível pois do contrário sequer será possível identificar o que vem a ser direito fundamental ao meio ambiente.

O artigo 225 da CF/88 estabelece no capítulo VI (do meio ambiente) um direito de todos ao meio ambiente ecologicamente equilibrado, bem de uso comum do povo e essencial à sadia qualidade de vida, impondo-se ao Poder Público e à coletividade o dever de defendê-lo e preservá-lo para as presentes e futuras gerações.

No entanto, muito embora tenha dito que exista um direito cujo *objeto* é o meio ambiente ecologicamente equilibrado e cujos sujeitos *titulares* são todos, povo, coletividade, presentes e futuras gerações, deixando à mostra que se trata de um direito difuso por excelência (art. 81, parágrafo único, I do CDC), ele não identifica o que vem a ser "meio ambiente ecologicamente equilibrado" ou "equilíbrio ecológico" ou simplesmente "meio ambiente", deixando esta tarefa para o legislador infraconstitucional.

É de se observar que qualquer tentativa de se definir o meio ambiente, para fins jurídicos, será contribuição de *lege ferenda*, uma vez que de *lege lata* há expressa previsão conceitual do instituto. Vejamos o art. 3º, I, da Lei n. 6.938/81:

> "Art. 3º Para os fins previstos nesta Lei, entende se por:
>
> I – meio ambiente, o conjunto de condições, leis, influências e interações de ordem física, química e biológica, que permite, abriga e rege a vida em todas as suas formas; (...)."

Como já se disse anteriormente, no conceito de meio ambiente citado acima, o legislador demonstra que se o operador do direito não dominar determinados conceitos de ecologia, certamente não conseguirá lidar de forma escorreita com o direito ambiental.

Porquanto as palavras "meio" e "ambiente" signifiquem o entorno, aquilo que envolve, o espaço, o recinto, a verdade é que quando os vocábulos se unem, formando a expressão "meio ambiente", não vemos aí uma redundância como sói dizer a maior parte da doutrina, senão porque cuida de uma entidade nova e autônoma, diferente dos simples conceitos de *meio* e de *ambiente*. O alcance da expressão é mais largo e mais extenso do que o de simples ambiente ou entorno.

Portanto, a expressão "meio ambiente", como se vê na conceituação do legislador da Lei n.º 6.938/81, não retrata apenas a ideia de espaço, de simples ambiente. Pelo contrário, vai além para significar, ainda, o conjunto de relações (físicas, químicas e biológicas) entre os componentes vivos (bióticos) e não vivos (abióticos) presentes nesse ambiente e que são responsáveis pela manutenção, pelo abrigo e pela regência de todas as formas de vida nele existentes.

Tentando traduzir o conceito a um linguajar comum, podemos dizer que a proteção do direito ao meio ambiente implica proteção do espaço, do lugar, do recinto, que abriga, que permite e que conserva todas as formas de vida.

Entretanto, esse espaço não é algo simples, senão porque é resultante da combinação, da relação, do intercâmbio e da interação química, física e biológica de diversos componentes vivos e não vivos que nele se situam e que o formam: os elementos bióticos e os abióticos. Em palavras mais claras é reconhecer que a água, o solo, o ar, a fauna, a flora, a diversidade genética, enfim, todos os recursos ambientais com vida e sem vida (microbens ambientais) se misturam, se combinam, se interagem em reações químicas, físicas e biológicas de forma que daí resulta num *produto* chamado meio ambiente ecologicamente equilibrado ou simplesmente equilíbrio ecológico ou mais simples ainda meio ambiente (macrobem ambiental).

O meio ambiente corresponde a uma interação de tudo que, situado nesse espaço, é essencial para a vida com qualidade em todas as suas formas. Logo, a proteção do meio ambiente

Capítulo 3 • Conceitos Gerais do Direito Ambiental

compreende, mas não se limita, a tutela de um meio biótico (todos os seres vivos) e outro abiótico (não vivo), porque é dessa interação, entre as diversas formas de cada meio, que resultam a proteção, o abrigo e a regência de todas as formas de vida.

1.3 Compreensão de conceitos fundamentais de ecologia para a perfeita identificação do direito fundamental ao equilíbrio ecológico

1.3.1 Conceito e origens

O vocábulo ecologia é formado pela junção de duas palavras gregas: oikós = casa e logos = estudo. Por aí se pode intuir ou compreender que a Ecologia é a ciência que estuda a nossa casa, sendo esta (casa) compreendida como o ambiente em que vivemos.

O nome ecologia surgiu pela primeira vez com Ernst Heinrich Philipp August Haeckel em sua obra Generelle Morphologie der Organismen. E. Haeckel graduou-se inicialmente em medicina, tendo inclusive alcançado o título de doutor, mas não foi nesta área que popularizou-se. Assumindo ser um declarado admirador do trabalho de Charles Darwin que veio a conhecer em 1864, foi na biologia que teve grande destaque, já que depois de se formar médico e pouco exercer a sua profissão, retornou à Universidade de Jena (Alemanha) para dedicar-se ao estudo da embriologia, microscopia e anatomia comparada. A sua proximidade com Johannes Müller, então já reconhecido como um notável fisiologista, permitiu avançar no campo da zoologia.

Entretanto, embora o nome ecologia tenha surgido com E. Haeckel a história relata que o primeiro grande estudioso do tema teria sido Tírtamo um dos mais notáveis filósofos gregos, sucessor de Aristóteles na presidência da Escola peripatética. Tírtamo foi conhecido como Teofrasto, nome que lhe foi dado por Aristóteles para exaltar as suas qualidades de orador. Mesmo tendo estudos na metafísica, na ética, na gramática, merecem destaque seus tratados *historia plantarum* (originalmente em 10 volumes) e de *causis plantarum* (originalmente em oito livros) ambos na área da botânica.

A grande verdade é que não se pode atribuir apenas a uma pessoa ou a um acontecimento o nascimento da ecologia moderna, até porque a sua interdisciplinaridade exigiu que houvesse o desenvolvimento em diversos setores como a matemática, a química, a economia, a fisiologia, a botânica, a psicologia comportamental, a genética, a embriologia, a microscopia, a física, etc.

1.3.2 Os fatores espaciais e temporais e os níveis organizacionais de estudo da ecologia

Para se compreender o estudo da ecologia – e em especial poder projetá-lo na intelecção do direito ambiental da flora – é preciso perceber que "o estudo das relações entre os seres vivos e o ambiente no qual vivem" deve ser feito de forma organizada sob pena de não se compreender o enorme leque de nuances que esta ciência lida.

É preciso compreender o todo para que se possa estudar por partes e vice-versa; tal como se monta um quebra cabeça. Antes de iniciar a montagem observa a imagem que será construída e a partir daí une-se cada peça àquela que a ela corresponde. Cada peça é essencial para o todo; e o todo se forma a partir de cada peça.

O primeiro passo para compreensão e estudo da ecologia é reconhecer que o objeto cognitivo que estamos lidando são as inúmeras e complexas relações entre os componentes bióticos e abióticos e o meio onde se situam.

É preciso conhecer a parte para se chegar ao todo; é preciso identificar cada componente biótico (da bactéria ao elefante; do musgo à árvore centenária) e cada componente abiótico (do elemento químico que compõe o mineral até a cadeia rochosa) para em seguida compreender como são as relações entre si e o meio no qual se inserem.

Assim, quando se fala em ecologia necessariamente o objeto cognitivo é algo dinâmico, em constante evolução e movimento,

Capítulo 3 • Conceitos Gerais do Direito Ambiental

onde dois fatores influenciam e atuam como variáveis decisivas em todo e qualquer fenômeno ecológico: espaço e tempo.

É por isso que se diz que é preciso estudar a ecologia seguindo níveis de organização, ou seja, numa *escala temporal, espacial e hierárquica*. Levar em consideração o *fator tempo* é essencial para a compreensão das relações ecológicas pois, por exemplo, o tempo de vida de uma árvore é enorme quando comparado com o tempo de vida de um fungo que se adere ao seu caule. Variados processos ecológicos se formam em torno desta árvore durante o seu nascimento até depois da sua morte com a sua decomposição. Há uma interação complexa e variadíssima de acordo com o seu tempo e momento de vida e de morte. É claro que quanto mais tempo se dedica a análise dos processos ecológicos maior a exauriência em relação ao conhecimento dos processos ecológicos. Um determinado processo ecológico pode ser analisado e compreendido em minutos, horas, dias, semanas, estações do ano, anos, décadas, etc.

O *fator espacial* também é essencial para a compreensão da ecologia, pois a área de um ecossistema não é padronizável, podendo variar o número de processos ecológicos que nela ocorre à medida que se amplia a referida área. Assim, tanto pode ser um caule de uma árvore, como dito há pouco, como também pode ser uma grande área da floresta na qual a tal árvore se situa. Não por acaso em relação ao nível organizacional do fator espacial há uma escalada lógica marcada pelos conceitos de nicho ecológico, habitat, ecossistema, bioma e biosfera. Todos estes nomes referem-se ao espaço no qual se desenvolvem relações entre os componentes bióticos e abióticos que neles se situam. A cada passo em cada um desses degraus, amplia-se o horizonte de estudo e a relação entre os seres vivos e o meio onde vivem.

Assim, como o tempo e o espaço submetem-se um nível organizacional, numa escalada lógica do menor para o maior, o mesmo se faz em relação ao universo dos componentes bióticos, que é organizado a partir do conceito de genes, depois para células, depois para os tecidos, em seguida para órgãos, depois os organismos, depois as espécies, depois as populações, em seguida as comunidades até alcançar o maior nível que é o da biosfera.

1.3.3 Os diferentes níveis organizacionais dos componentes bióticos e do fator espacial

Existem diferentes níveis hierárquicos de organização dos seres vivos.

Parte-se dos átomos e moléculas, passa-se pela célula, pelo organismo, pela comunidade, ecossistema até alcançar a biosfera. Cada um desses níveis de organização é objeto de estudo para a biologia.

A ecologia é a parte da biologia que estuda as relações dos seres vivos entre si e destes com o meio onde vivem. Por isso, o ponto de partida da ecologia são as espécies, seguindo-se as populações, as comunidades, os ecossistemas, os biomas até a biosfera. Observe-se que parte-se do menor ponto (indivíduo) para culminar com as relações entre indivíduos e o meio onde vivem.

Assim, tomando por espécie o conjunto de indivíduos semelhantes que se reproduzem naturalmente gerando indivíduos férteis, então tem-se que quando esse conjunto de espécies vivem numa mesma área num mesmo período denomina-se de população. Por sua vez o conjunto de populações de variadas espécies que vivem numa mesma área física em um mesmo período denomina de comunidades.

Agora, em relação ao fator espacial, ao ambiente onde vivem os seres vivos pode-se dizer que o termo biótopo (bio = vida, topos = lugar), que nada mais é do que a área física nela compreendida os componentes abióticos como água, solo, etc., onde determinada comunidade vive, interage entre si e com o meio. E, dentro desta área física pode-se identificar o habitat que é o lugar específico onde uma espécie pode ser encontrada. Num mesmo biótopo existem variados habitats que abrigam as suas respectivas espécies. Já a porção mais restrita de um habitat onde encontram-se as condições bióticas e abióticas necessárias para a existência de um organismo ou espécie denomina-se de nicho ecológico.

Capítulo 3 • Conceitos Gerais do Direito Ambiental

Percebe-se que os níveis organizacionais de estudo da ecologia não permitem realizar o isolamento dos seres vivos, do fator espacial e do fator temporal, justamente porque estes são três fatores essenciais para a compreensão do fenômeno ecológico.

Não é por acaso que o conceito ecossistema é o conjunto formado por todas as comunidades que vivem e interagem em determinado biótopo, ou tentando ser mais simples, são as relações e interações envolvendo os componentes bióticos (comunidades) e abióticos em determinado tempo e região. São as relações do meio com as comunidades que nele vivem. No conceito estão as três variáveis essenciais que são objeto de estudo da ecologia.

É preciso ter em mente que os ecossistemas não se submetem a uma delimitação política, ou seja, não é o homem que determina onde começa e onde termina um ecossistema, mas sim as características naturais do meio e da comunidade de que nele vive e interage. Assim, não é tarefa fácil fixar os limites de um ecossistema, daí porque normalmente se convenciona em distingui-lo em convenciona-se em separar dois grandes ecossistemas: terrestres (florestas, montanhas, pastagens, etc.) e aquáticos (lagos, mangues, rios, mares e oceanos). Há ecossistemas em espaços mínimos como no caule da árvore como dito acima, e outros que levam em consideração uma floresta inteira.

Os ecossistemas não se confundem com os biomas, pois, num bioma normalmente existem vários ecossistemas, porém com um certo grau de homogeneidade das comunidades vegetais e animais que neles vivem. Esse grau e homogeneidade é definido pela linearidade do clima e da vegetação existente.

Ainda que dentro de um mesmo bioma existam vários ecossistemas e ainda que num mesmo bioma exista uma linearidade de clima e vegetação determinadas comunidades ocupam áreas mais específicas de um bioma formando um ecossistema próprio. As áreas de transição de um ecossistema para o outro num mesmo bioma ou em biomas diversos é o que se denomina de ecótono.

Por fim, é preciso dizer que todos os seres vivos (biota) ocupam apenas o que se denomina de biosfera, ou seja, a superfície

57

da Terra, os rios, os lagos, mares e oceanos e parte da atmosfera, justamente porque neste meio é que existem condições de sobrevivência para as espécies terrestre e aquáticas.

1.3.4 Outros termos e expressões das ciências ecológicas tratados na legislação ambiental brasileira

Não foram apenas os nomes de ecossistema, equilíbrio ecológico, biota, recurso ambiental etc., que fazem parte do cotidiano da ecologia que estão presentes na legislação ambiental brasileira, antes o contrário. Existem inúmeros outros termos utilizados no direito ambiental brasileiro que necessitam da compreensão de um mínimo conceitual de ecologia para serem adequadamente entendidos.

Assim, no próprio texto constitucional encontraremos as expressões *processos ecológicos essenciais, manejo ecológico das espécies, diversidade e a integridade do patrimônio genético, função ecológica*. Já na legislação infraconstitucional há uma riqueza ainda maior de termos e expressões vulgarmente utilizadas na ecologia, tendo cada uma delas um conceito próprio.

Assim, por exemplo, na Lei do Sistema Nacional de Unidades de Conservação iremos encontrar os recursos hídricos e edáficos, natureza geológica, geomorfológica, espeleológica, arqueológica, paleontológica e cultural, habitats, conservação in situ de populações, processos ecológicos naturais, ecossistemas naturais de grande relevância ecológica, reprodução de espécies ou comunidades da flora local, fauna residente ou migratória, atributos abióticos e bióticos, ecossistemas naturais de importância regional ou local, exemplares raros da biota regional, estabilidade do ecossistema, regeneração natural dos ecossistemas, zona de amortecimento e dos corredores ecológicos.

Por sua vez, na Lei da Mata Atlântica (Lei n.º 11428/06) também iremos encontrar diversos termos e expressões intimas da ciência ecológica, a saber: bioma mata atlântica, formações florestais nativas e ecossistemas associados, manguezais, as

Capítulo 3 • Conceitos Gerais do Direito Ambiental

vegetações de restingas, campos de altitude, brejos interioranos, encraves florestais, vegetação nativa, estágio primário, estágios secundário inicial, médio e avançado de regeneração, pousio, espécies exóticas e invasoras, enriquecimento ecológico, fisionomia, estratos predominantes; distribuição diamétrica e altura; existência, diversidade e quantidade de epífitas; existência, diversidade e quantidade de trepadeiras; presença, ausência e características da serapilheira; sub-bosque; diversidade e dominância de espécies; espécies vegetais indicadoras, subprodutos florestais.

Já na Lei de Concessão Florestal (Lei n.º 11.284/06) iremos encontrar, por exemplo: pesquisa florestal faunística e edáfica, emissão evitada de carbono, produto florestal, etc.

No Código Florestal Brasileiro iremos encontrar, por exemplo, termos e expressões como: integridade do sistema climático, vereda, fitofisionomia de savana, solos hidromórficos, palmeira arbórea Mauritia flexuosa – buriti emergente, dossel, agrupamentos de espécies arbustivo-herbáceas, ecossistema litorâneo, terrenos baixos, ação das marés, vasas lodosas, mangue, influência fluviomarinha, solos limosos, regiões estuarinas, apicuns, salgados, regiões entremarés superiores, linha de costa, processo de sedimentação, marés de sizígias, entre tantos outros nomes típicos das ciências ecológicas.

Para que possamos ter um mínimo de conhecimento e compreensão do que fala o legislador ambiental brasileiro, temos que ter sedimentado aqueles conceitos e expressões mencionados no tópico anterior sobre ecossistema, população, habitats, nicho ecológico, etc. Sem a compreensão destes fenômenos não é possível entender o que seja o direito fundamental ao equilíbrio ecológico, sob pena de reduzi-lo apenas à dimensão individual de acesso aos recursos ambientais. Enfim, o macrobem ambiental (equilíbrio ecológico) resulta da combinação e interação da função ecológica dos microbens ambientais (recursos ambientais).

2. O DIREITO CONSTITUCIONAL AO MEIO AMBIENTE ECOLOGICAMENTE EQUILIBRADO

Após tudo quanto foi exposto tem-se que quando a Constituição Federal, pilar máximo das normas jurídicas, expõe na cabeça do art. 225 que todos têm direito a um meio ambiente ecologicamente equilibrado e que o meio ambiente é um bem de uso comum do povo, certamente está definindo a um só tempo a existência de um direito e "identificando" nesse direito os seus *titulares* e o seu *objeto*.

O *objeto* de tutela é, sem dúvida, o meio ambiente ecologicamente equilibrado, portanto, um bem jurídico imaterial, indivisível pela sua própria natureza, inalienável etc., que corresponde a um bem que já existia antes mesmo de o homem existir. Um bem tutelado juridicamente que não foi construído pelo ser humano.

O "meio ambiente ecologicamente equilibrado" é um bem imaterial resultante (é, literalmente, o produto) da combinação de diversos fenômenos e reações (de ordem química, física e biológica) provocados por diversos fatores e componentes presentes no planeta Terra. Embora esses componentes ambientais não sejam, isoladamente, o bem ambiental constitucionalmente tutelado no art. 225, certamente recebem proteção ambiental do ponto de vista constitucional, porque têm o que se denomina de função ambiental ou função ecológica, na medida em que se constituem em ingredientes imprescindíveis para a formação do meio ambiente ecologicamente equilibrado. Esses "ingredientes" que, misturados (química, física e biologicamente) entre si formam o equilíbrio ecológico, são os recursos ambientais (fauna, flora, ar, água etc.), que, por sua vez são os microbens ambientais. A condição de microbem ambiental decorre do fato de que são ingredientes essenciais para a produção do equilíbrio ecológico, este sim o objeto do direito constitucional estatuído no artigo 225, *caput* da CF/88.[1]

---

1. Uma leitura macroscópica do art. 225 permite enxergar a tutela do macrobem no *caput* e dos microbens nos parágrafos e incisos subsequentes. Daí porque o legislador fala em *função ecológica* em alguns incisos do

Capítulo 3 • Conceitos Gerais do Direito Ambiental

Todos temos o direito ao meio ambiente ecologicamente equilibrado, macrobem descrito no artigo 225, *caput* da CF/88, mas este direito só pode ser concretizado se a função ecológica de todos os microbens (recursos bióticos e abióticos) forem protegidas.

Deflui-se do que foi exposto que o conceito de meio ambiente previsto no art. 3.º, I, da Lei 6.938/1981, e compartilhado pelo texto constitucional, tem por finalidade (aspecto teleológico) a proteção, o abrigo e a preservação de todas as formas de vida, sendo que, para se chegar a esse desiderato, deve-se resguardar o equilíbrio do ecossistema (conjunto de condições, leis, influências e interações de ordem química, física e biológica).

A observação de Antonio Herman V. e Benjamin, como de praxe, foi certeira, ao dizer que, "do texto de lei, bem se vê que o conceito normativo de meio ambiente é teleologicamente biocêntrico (permite, abriga e rege a vida em todas as suas formas), mas ontologicamente ecocêntrico (conjunto de condições, leis, influências e interações de ordem química, física e biológica).

Dessa forma, o legislador constituinte disse, expressamente, que o direito de todos recai sobre um meio ambiente ecologicamente equilibrado. Portanto, esse, o equilíbrio ecológico, é exatamente o bem jurídico (imaterial) que constitui o objeto de direito a que alude o texto constitucional. Ora, tendo em vista que o meio ambiente ecologicamente equilibrado é formado por um conjunto de interações entre fatores bióticos e abióticos, certamente a proteção desses elementos sob uma perspectiva ambiental se justifica como forma de proteger o meio ambiente ecologicamente equilibrado.

Observe-se que não se deve apequenar o direito constitucional ao meio ambiente ecologicamente equilibrado (macrobem) que a todos pertence, reduzindo-o ao direito fundamental de cada

---

§1º. É o reconhecimento de que o direito ao equilíbrio ecológico não se alcança sem a proteção dos ingredientes (microbens) que o formam.

cidadão respirar um ar puro, banhar-se em rios que não estejam poluídos, nadar em mares que não estejam contaminados, etc. O direito fundamental individual de acesso a cada um dos recursos ambientais considerados isoladamente (à água, ar, elementos do solo, etc.) não se confunde (e não reduz) não elimina, e nem mesmo reduz, o direito de todos ao equilíbrio ecológico na sua dimensão indivisível e coletiva. O todo é o meio ambiente ecologicamente equilibrado, a parte são os recursos ambientais que em conjunto e misturados formam esse equilíbrio.

Numa escalada, pode-se dizer que se protege a função ecológica dos elementos bióticos e abióticos (microbens) e sua respectiva interação, para se alcançar a proteção do meio ambiente ecologicamente equilibrado (macrobem constitucional), porque este bem é responsável pela conservação de todas as formas de vida.

Torna-se, portanto, necessário elucidar quais são esses elementos bióticos e abióticos. A identificação deles resulta, em última análise, na identificação do conteúdo, da alma, da essência do meio ambiente ecologicamente equilibrado. Mas desde já se pode afirmar que, dada a imprescindibilidade do bem ambiental para a vida, deve haver uma correspondência entre esses elementos e a sua necessariedade ao abrigo e à conservação de todas as formas de vida.

3. OS COMPONENTES (RECURSOS) AMBIENTAIS COMO CONTEÚDO DO *EQUILÍBRIO ECOLÓGICO*

Embora já tenha sido conceituado o *meio ambiente* e identificado o *direito a um meio ambiente ecologicamente equilibrado*, como um bem jurídico imaterial e autônomo cuja oportunidade de uso e fruição é dada a todos, mostra-se necessário identificar quais os *componentes* desse objeto jurídico imaterial que é o *equilíbrio ecológico*, que, sabe-se, é responsável pela conservação de todas as formas de vida.

Capítulo 3 • Conceitos Gerais do Direito Ambiental

Enfim, é necessário saber quais são os fatores ou elementos (componentes ambientais) que, interagindo entre si, formam o bem ambiental de que estamos cuidando.[2]

Considerando que o meio ambiente sadio e equilibrado constitui um direito do homem, cuja tarefa é manter o entorno *ecologicamente equilibrado* (dever do Poder Público e da coletividade) para as futuras gerações, torna-se interessantíssimo o estudo dos componentes desse bem ambiental (do *equilíbrio ecológico*), porque o próprio homem, sujeito de direitos, é parte indissociável do ecossistema e deve respeitar a sua função e papel na manutenção do seu equilíbrio, sob pena de exterminar tudo que está a sua volta, inclusive a si mesmo.[3]

Assim, cumpre-nos dizer que o meio ambiente é formado por um conjunto de elementos bióticos e abióticos que, interagindo entre si, abrigam e permitem todas as formas de vida. Logo, feita essa afirmação, torna-se óbvio que todos *esses elementos* (bióticos e

---

2. "A Constituição, no art. 225, declara que todos têm direito ao *meio ambiente ecologicamente equilibrado*. Veja-se que o objeto do direito de todos não é o meio ambiente em si, não é qualquer meio ambiente. O que é objeto do direito é o meio ambiente qualificado. O direito que todos temos é à qualidade satisfatória, o equilíbrio ecológico do meio ambiente. Essa qualidade é que se converteu num bem jurídico. A isso que a Constituição define como *bem de uso comum do povo* e essencial à sadia qualidade de vida" (José Afonso da Silva, *Direito ambiental constitucional* cit., p. 56).

3. Por estar simbioticamente ligado à sadia qualidade de vida, temos que a tutela mediata do meio ambiente envolve a proteção da própria vida (art. 5.º, *caput*, da CF/1988), daí por que se pode fazer uma relação finalística entre a tutela dos bens ambientais (fatores bióticos e abióticos em interação) e o direito à vida. Todavia, não se tutela apenas a sobrevivência, mas sim a vida com qualidade, vida saudável. Justamente pela umbilical relação, ou seja, pela sua *essencialidade* à sadia qualidade de vida, o direito ao ambiente ecologicamente equilibrado é um direito que constitui ponto de partida para o exercício de outros direitos. Enfim, situa-se num degrau anterior à grande maioria dos direitos subjetivos, que lhe devem, inclusive, obediência. A estreita ligação e a dependência da vida com o meio ambiente fazem desse direito um limitador natural dos demais direitos subjetivos do homem.

abióticos) interajam também com o ser humano, porque inserido nesse ambiente, permitindo, pois, a manutenção da nossa vida.

Mas já pôde ser visto que os componentes ambientais não existem apenas para servir ao homem. Pelo contrário, o homem faz parte dessa cadeia, mas, pelo seu papel central, tem o dever de proteger a salubridade desses elementos que se integram e interagem, justamente para assegurar a manutenção do equilíbrio do ecossistema, até porque, se assim não fizer, será diretamente afetado por isso.

Portanto, embora os componentes bióticos e abióticos constituam bens fruíveis pelo ser humano, essa utilização não é exclusiva nem deve ser egoisticamente considerada em favor do homem, como se tudo e todos os recursos ambientais estivessem à nossa disposição. Isso não ocorre porque tais bens constituem pilares, verdadeiras peças essenciais à manutenção do equilíbrio do ecossistema, motivo pelo qual a sua fruição não deve ser exclusiva dos homens, menos ainda com relação às demais formas de vida.[4] O que se tutela na proteção do meio ambiente é o *entorno ecologicamente equilibrado* (ecocêntrico), muito embora o homem exerça papel de personagem principal nesse "espetáculo". É tão principal esse papel que assume a responsabilidade positiva e negativa com relação ao meio ambiente, qual seja a de lutar pela sua conservação e impedir a sua destruição. O texto constitucional fala expressamente num *direito de todos* e um *dever de proteção e preservação* também de todos. A função ecológica dos recursos ambientais precede às demais funções que o homem venha a lhes atribuir, simplesmente porque o equilíbrio do ecossistema é a base da vida, a base do Planeta. É por isso que a propriedade deve ser compatível com a função ecológica, que as atividades econômicas devem ter por princípio a proteção do meio ambiente, etc.

Os referidos componentes são, por assim dizer, os ingredientes necessários (imprescindíveis) à formação do *equilíbrio*

---

4. Nesse sentido, José Afonso da Silva, *Direito ambiental constitucional,* cit., p. 56.

Capítulo 3 • Conceitos Gerais do Direito Ambiental

ecológico, daí por que poderiam ser perfeitamente denominados de *elementos ou fatores responsáveis* pelo equilíbrio ecológico, e apenas assim é que se poderia intitulá-los de *bens ambientais*.

A diferenciação é importantíssima, na medida em que a proteção de um desses componentes só será feita sob um enfoque ambiental sob a perspectiva da sua participação na manutenção do equilíbrio ecológico, e, entenda-se, para que não pairem dúvidas, que essa proteção não deve levar em consideração apenas a parcela do componente lesado, mas a sua atuação no equilíbrio ecológico (*a sua função ecológica*).[5]

É por isso que a agressão a um dos bens componentes do *equilíbrio ecológico* (por exemplo, a poluição da água) pode ensejar um prejuízo individual (perda da atividade econômica) e um prejuízo social (perda do turismo), mas também causará uma perda ecológica (afetação do equilíbrio ecológico), sendo que apenas o *meio ambiente ecologicamente equilibrado* é que constitui o objeto de tutela do direito ambiental. É preciso ter a grandeza da compreensão de que quando se polui um recurso ambiental (por exemplo às águas do Rio Doce), isso causa a um só tempo: a) um desequilíbrio ao ecossistema do qual o rio é um componente e b) um desequilíbrio ao próprio ecossistema que ele mesmo (o rio) constitui.

Uma árvore tanto é, ela mesma, um ou alguns ecossistemas, como também atua como ingrediente para um ecossistema maior do qual ela seja um componente biótico. Não há a menor condição de identificar a árvore como um componente ambiental isolado, estático, sem nela identificar a condição ecossistema fim e ecossistema meio de um outro ecossistema. Isso é fundamental para se dimensionar o prejuízo ambiental.

Esse prejuízo ao equilíbrio do entorno sempre terá consequências extrapatrimoniais (sem excluir as eventuais perdas

---

5. A expressão "função ecológica" e este entendimento se depreendem do texto constitucional no art. 225, § 1.º, VII.

patrimoniais), mas sua reparação e/ou compensação deve levar em consideração, literalmente, todas as consequências que todas as formas de vida (atuais e futuras) sofrerão por causa da referida degradação.[6]

Por isso nos parece uma ingênua tolice tentar reduzir o direito ao meio ambiente ecologicamente equilibrado à dimensão individual de fruição dos referidos fatores bióticos e abióticos. Há uma dimensão coletiva que está diretamente ligada à higidez do equilíbrio ecológico e que protege todas as formas de vida.

Imaginar que um sujeito do Acre não tenha nenhum interesse em proteger o ambiente marinho do Rio Guaíba (RS) ou que um morador do Mato Grosso não tenha nenhum interesse que seja recuperado o Rio Doce (ES) é reduzir, simploriamente, o direito ao meio ambiente ecologicamente equilibrado à dimensão individual de cada um dos recursos ambientais como se resultasse da *fruição singular de cada cidadão desses microbens*. Por mais difícil que possa entender, ou mais longínquo que possa parecer, o equilíbrio ecológico é um bem ubíquo e os ecossistemas se comunicam, em razão do tempo e do espaço, de forma que o que acontece no vizinho mais longe é sentido, mais cedo ou mais tarde, bem perto da nossa casa.

Por isso que atualmente se pensa, em matéria ambiental, em uma releitura dos conceitos de soberania e limites especiais de tutela do meio ambiente, sendo necessário o incremento de uma política global com vistas a uma atuação local.[7]

---

6. É interessante observar que a reparação dos danos ambientais deve contemplar não só (quando possível) a restauração integral do meio ambiente degradado, mas também os prejuízos patrimoniais e extrapatrimoniais decorrentes da privação/destruição do bem ambiental por todo o período que ele esteve desequilibrado em decorrência do ato do poluidor. Apenas para citar como exemplo, não é satisfatório obter a restauração da qualidade do ar degradado por uma siderúrgica, mas também todo prejuízo coletivo – patrimonial e extrapatrimonial – decorrente da privação da qualidade do ar antes de o mesmo ser restaurado.

7. "A conservação do meio ambiente não se prende a situações geográficas ou referências históricas, extrapolando os limites impostos pelo homem.

Capítulo 3 • Conceitos Gerais do Direito Ambiental

É claro que os componentes ambientais bióticos e abióticos (fauna, flora, água etc.) são bens que servem tanto ao ecossistema natural (todas as formas de vida), quanto ao social (ser humano), mas deve-se lembrar que, quando atuam em prol daquele, no papel de componente ou fator biótico ou abiótico, têm uma função imprescindível à manutenção do Planeta, de todas as formas de vida, de modo que a sua proteção sob a ótica ecológica (ambiental), por razões lógicas, éticas, legais ou outras que se apresentem, devem preceder a qualquer outra.

É importante perceber que – de posse de conceitos fundamentais de ecologia – sempre haverá interesse do habitante da cidade de São Paulo em proteger as Ararajubas da Amazônia (tipo de papagaio em extinção), porque de alguma forma este microbem contribui, em parcela maior ou menor, para a manutenção do equilíbrio do ecossistema que é essencial a todas as formas de vida.

Enxergar nesta hipótese citada acima uma suposta "ausência de interesse" sob a rasa e equivocada perspectiva de que a proteção deste animal em nada afetaria o referido habitante da cidade de São Paulo, é como reduzir o seu direito ao equilíbrio ecológico à simples fruição, sob regime de uso comum (não exclusivo, isonômico e proporcional) dos microbens ambientais, ou ainda, num cenário também canhestro, reduzir o seu direito ao equilíbrio ecológico ao espaço onde habita. Essa máxima de superfície não se sustenta ante a dimensão coletiva do direito ao equilíbrio ecológico, quando se reconhece que todos os recursos naturais (inclusive a Ararajuba) contribuem para a que o meio ambiente seja equilibrado e assim abrigue, proteja e reja todas as formas de vida para as presentes e futuras gerações. O equilíbrio ecológico deve ser visto num *espaço* planetário e não só no *tempo* presente, mas para as futuras gerações.

Para concluir, deve-se deixar claro que o meio ambiente natural, não construído pelo homem, possui um espectro de

---

A natureza desconhece fronteiras políticas. Os bens ambientais são transnacionais" (REsp nº 588.022/SC, Rel. Min. JOSÉ DELGADO, DJ de 05/04/2004).

abrangência e proteção mais nobre e mais largo que o *meio ambiente artificial*, que, em última análise, deve se conformar às regras e exigências do meio ambiente natural. A seguinte frase definiria bem o que se quer dizer: não há possibilidade de haver meio ambiente artificial sem um meio ambiente natural (ou seus componentes),[8] mas o inverso é perfeitamente possível, já que foi o homem que chegou depois. Isso não significa que os bens e equipamentos públicos não possam e não devam ser protegidos processualmente com os mesmos remédios coletivos (ação civil pública, ação popular, habeas data, mandado de segurança, etc.), mas apenas o direito material a ser protegido possui raízes distintas e como tal deve ser considerado.

4. O BEM AMBIENTAL (EQUILÍBRIO ECOLÓGICO – COM SEUS COMPONENTES) E SUAS CARACTERÍSTICAS (TITULARIDADE, INDIVISIBILIDADE, REGIME JURÍDICO DE USO COMUM, REFLEXIBILIDADE E INSTABILIDADE)

O direito ambiental se ocupa da proteção do *equilíbrio ecológico*. Este é o *bem de uso comum do povo* a que alude o texto do art. 225 da CF/1988. Este é o bem jurídico (imaterial) que é essencial à vida de todos nós e que tem um regime jurídico de *uso comum ou vulgar*.

Porém, o *equilíbrio ecológico* só existe porque ele é, na verdade, um produto da combinação (química, física e biológica) de diversos fatores, bióticos (fauna, flora e diversidade biológica) e abióticos (ar, água, terra, clima etc.) que, interagindo entre si, resultam no tal *equilíbrio ecológico*.

Portanto, embora o objeto de proteção do direito ambiental seja o *equilíbrio ecológico* (macrobem), ele também cuida,

---

8. Em uma das vertentes do conceito de poluição (atividades que afetam o bem-estar, a segurança e os aspectos econômicos da população), o meio ambiente artificial é tutelado a partir do meio ambiente natural.

Capítulo 3 • Conceitos Gerais do Direito Ambiental

inexoravelmente, da *função ecológica* exercida pelos *fatores ambientais bióticos e abióticos (microbens)*.

Indivisibilidade

O macrobem é indivisível, já que não há como se *repartir ou excluir de quem quer que seja o equilíbrio do ecossistema*, embora seja possível pensar em fruição dos microbens (recursos ambientais) sempre sob um regime jurídico de uso comum.

Assim, o macrobem é naturalmente indivisível e o microbem permite-se o uso comum, fruição vulgar sem que comprometa o uso isonômico dos demais titulares do direito. Dizer que é *naturalmente* indivisível significa afirmar que o bem ambiental não se reparte, sem que isso represente uma alteração das suas propriedades ecológicas. Trata-se de bem *dado* ao ser humano, e que já existia no Planeta antes mesmo da existência dos homens.[9]

Ubiquidade

Mas não é só. Além de indivisível pela sua própria *natureza*, o macrobem ambiental é também *ubíquo*. A ubiquidade significa que o bem ambiental não encontra fronteiras espaciais e temporais. Em razão da interligação química, física e biológica dos microbens ambientais, não é possível ao ser humano estabelecer limites ou paredes que isolem os fatores ambientais no tempo e no espaço. Ora, quem nunca ouviu dizer que a poluição é transfronteiriça e pode ser sentida anos e anos depois de ter

---

9. A indivisibilidade está diretamente atrelada a sua condição jurídica de bem inapropriável e inexclusivo, possuindo um regime jurídico, quando possível, de fruição comum do microbem ambiental (uso comum do povo). Por isso, qualquer solução jurídico-processual que se pretenda dar em prol do meio ambiente deve ter como alvo precípuo uma tutela *in natura* (restauração, reparação etc.), pois esta é a única de forma de conservar o aspecto altruísta do bem ambiental que é servível a todos. A tutela pecuniária não tem, nem de longe, esse papel altruísta da tutela *in natura*, que é muito mais próxima do papel original do bem ambiental.

sido criada? Ora, aquilo que se faz no nosso quintal é sentido no quintal do vizinho e vice-versa. Isso decorre da ubiquidade do bem ambiental, da sua onipresença.

Instabilidade

Além de indivisível e ubíquo, o *equilíbrio ecológico* é altamente instável, ou seja, é algo extremamente sensível. Tem-se aí a *instabilidade* do bem ambiental. Isso mesmo. Tão sensível que qualquer variação de algum de seus microbens (componentes bióticos ou abióticos), ou uma simples variação de tempo ou espaço, pode lhe causar um sério desequilíbrio. Por isso, mesmo aquelas atividades ou obras que normalmente apresentam mínimo ou quase nenhum impacto no meio ambiente podem, dependendo das circunstâncias de tempo e espaço, desequilibrar o equilíbrio ecológico. Tal como se fosse um copo cheio de água até o limite do derramamento, será uma gota mínima – que isoladamente seria incapaz de encher um milímetro do copo – que terá o poder de derramar boa parte da água represada no copo. De igual forma se passa com o equilíbrio ecológico. Muitas vezes a mesma atividade, de mínimo potencial lesivo ambiental, que poderá ser exercida no início de uma microbacia, não poderá ser exercida a poucos quilômetros dali. Tempo, espaço e variações dos fatores ambientais propiciam, por menores que sejam, alterações e desequilíbrios ecológicos no ambiente.

Essencialidade

Não há como se afastar a *essencialidade* do bem ambiental, na medida em que o *equilíbrio ecológico* é essencial à manutenção, conservação e abrigo, sadio, de todas as formas de vida. Isso mesmo, não há vida digna e com qualidade num meio ambiente desequilibrado ecologicamente. Essa *essencialidade*, para as presentes e futuras gerações, sem dúvidas, irá refletir, sensivelmente, na forma do poder público e a coletividade lidar com o equilíbrio ecológico, seja para protegê-lo e preservá-lo, seja para restaurá-lo dos prejuízos que lhes sejam causados.

Infungibilidade

Outra propriedade do bem ambiental (equilíbrio ecológico e as funções ambientais de seus componentes) é o fato de que tal bem é, além de essencial, também é *infungível*, ou seja, não pode ser substituído por qualquer outro, simplesmente porque é singular, único e nenhum outro bem tem as suas características ou pode suprir a sua ausência. Dado este aspectos, somados às outras características retro e infra mencionadas, é que o regime jurídico de proteção deste bem não é de mera *reparabilidade* dos danos que lhes sejam causados, mas de uma proteção antecipada, uma proteção que evite até mesmo o risco, tal como determina o artigo 225, § 1º V da CF/88 ao dizer que compete ao poder público *controlar a produção, a comercialização e o emprego de técnicas, métodos e substâncias que comportem risco para a vida, a qualidade de vida e o meio ambiente.*

Perenidade

Também é característica do bem ambiental, a sua *perenidade*, no sentido de que a sua importância para a proteção de todas as formas de vida não cessa nunca, ou seja, sempre será preciso manter o equilíbrio ecológico, e, por conta disso, um dano cometido ao meio ambiente sempre irradiará efeitos permanentes e até acentuados com o passar do tempo, sendo necessário a sua restauração (provocada ou natural) para que se reconquiste o reequilíbrio perdido. Enfim, o prejuízo ambiental torna-se perene, na exata proporção da importância do equilíbrio ecológico para todas as formas de vida. E, neste particular, quem se omite ou perpetua um dano ambiental, como por exemplo um proprietário que adquire e mantém uma área de preservação degradada, certamente que em razão da *perenidade* do equilíbrio ecológico, também está cometendo um ato injurídico em desfavor do meio ambiente, ainda que um terceiro seja responsável originariamente pelo desequilíbrio ecológico.

Incognoscibildiade

Além disso, as propriedades dos bens ambientais, porque não são fruto da criação humana, já que surgiram antes da existência do homem, não são totalmente conhecidos pelo ser humano, que dia após dia descobre suas novas potencialidades e características. São bens *incognoscíveis*. Todos os dias as pesquisas científicas descobrem novas regras e funções (não apenas ecológicas) dos microbens ambientais. O ser humano ainda não conseguiu dominar nem entender todos os papéis desenvolvidos pelos bens ambientais. É o que poderíamos chamar de desconhecimento científico, pela coletividade, das funções exercidas pelos microbens ambientais.

Direito e dever difuso

Outro aspecto importante para o desenvolvimento da nossa exposição é saber que o equilíbrio do ecossistema pertencem a *todos*, ou seja, a titularidade do "equilíbrio ecológico" (equilíbrio que resulta da combinação química, física e biológica dos componentes ambientais bióticos e abióticos), segundo a determinação constitucional (art. 225, *caput*), é do *povo*, e, por isso mesmo, trata-se de um direito metaindividual, em que as pessoas são indetermináveis e ligadas entre si pela circunstância de fato de serem, obviamente, titulares do meio ambiente ecologicamente equilibrado. A possibilidade de uso comum (fruição individual) dos microbens que formam o equilíbrio ecológico não desnatura e nem reduz a natureza do macrobem constitucional (equilíbrio ecológico). Além de um direito difuso, o texto constitucional impõe o reconhecimento de um *dever difuso de proteção e preservação* do meio ambiente. Retira-se do *caput* do artigo 225 da CF/88 que o Poder Público e a Coletividade têm o dever jurídico de proteger e preservar o meio ambiente ecologicamente equilibrado. De plano, afirma-se categoricamente que este dever implica em uma tutela jurídica do Poder Executivo (administrativa), do Poder Legislativo (legislativa) e do Poder Judiciário (tutela jurisdicional penal e não penal) – que tenham por alvo prioritário

Capítulo 3 • Conceitos Gerais do Direito Ambiental

a precaução, a precaução, enfim medidas que evitem um mal, que inibam situações danosas ao meio ambiente. Por outro lado, reconhece o dever jurídico fundamental da coletividade de proteção e preservação do equilíbrio ecológico. Considerando que o dever jurídico constitucional imposto à coletividade e ao Poder Público de proteger e preservar o meio ambiente implica em um fazer negativo e um fazer positivo (não poluir e despoluir; não impactar e desimpactar, não destruir e reconstruir, etc.) não será incomum que a maior parte das tutelas jurídicas veiculadas por meio de ação civil pública – ações coletivas ambientais – intentem a tutela de deveres de fazer e não fazer, justamente para atender ao mandamento constitucional.

O uso comum – solidariedade dos bens ambientais

Por fim, outra consideração de ordem material diz respeito ao fato de que, embora o bem ambiental seja indivisível e a sua titularidade seja do povo, o regime jurídico de fruição desse dos microbens que o compõem são é de uso comum, porque é ele essencial à sadia qualidade de vida. Trata-se de enxergar uma dimensão individual do direito ao meio ambiente ecologicamente equilibrado, ou, com maior rigor, o direito sobre o uso comum dos microbens ambientais. Resulta ainda da expressão "uso comum" o reconhecimento da situação jurídica de que os componentes ambientais (bióticos e abióticos) não são exclusivos, são inalienáveis, e, como são de necessidade geral, precisam ser geridos e regulamentados pelo Poder Público, tal como afirma o § 1.º do art. 225, pois seria verdadeiramente impossível esperar que tais bens, preciosos do ponto de vista ecológico, social e econômico, ficassem ao sabor da proteção e gestão privada. É só por isso que se fala em bens públicos (regidos pelo Poder Público).[10] Mais que

---

10. Nesse sentido ver Hely Lopes Meirelles (*Curso de direito administrativo*, p. 426-428) – quando assevera: "Os bens públicos, em sentido amplo, são todas as coisas, corpóreas ou incorpóreas, imóveis, móveis e semoventes, créditos, direitos e ações que pertençam, a qualquer título, às

isso, determina o dispositivo um espaço negativo, no sentido de que o uso incomum de tais microbens não pode sacrificar o direito fundamental coletivo ao macrobem ambiental que protege, abriga e rege todas as formas de vida. Essa é a característica da solidariedade do uso comum dos microbens ambientais.

Reflexibilidade

Exatamente porque esses microbens e o macrobem ambiental são essenciais à vida de todos os seres vivos, e também porque esses mesmos microbens que compõem o meio ambiente são matéria-prima para tantas outras atividades artificiais (econômicas, sociais e culturais), não será incomum ocorrer que a lesão ao equilíbrio ecológico cause, reflexamente, lesão a outros direitos privados. Eis aí o caráter da *reflexibilidade* do bem ambiental. É o tal dano por ricochete ou indireto. Assim, se uma grande empresa exploradora de petróleo é responsável pelo derramamento de óleo numa praia, é possível que, além do prejuízo ambiental (degradação do meio ambiente e equilíbrio ecológico), ocasione também lesão a direitos de índole privada, por exemplo, aos pescadores, que são impedidos de exercer a profissão em razão da degradação, ou às pessoas em geral, que se contaminaram ao se banhar naquelas águas. O mesmo se diga de uma empresa responsável pela barragem de contenção de rejeitos de minério que se rompe e atinge todo o entorno à sua volta causando prejuízos individuais e coletivos, patrimoniais ou extrapatrimoniais que extrapolam a lesão ao macrobem equilíbrio ecológico.

---

entidades estatais, autárquicas, fundacionais e paraestatais" – e Lúcia Valle Figueiredo (*Curso de direito administrativo*, p. 340). Maria Sylvia Zanella Di Pietro prefere utilizar a expressão "domínio público", em sentido menos amplo do que aquele levantado por Hely Lopes Meirelles, para designar os "bens afetados a um fim público, os quais, no direito brasileiro, compreendem os de uso comum do povo e os de uso especial" (*Direito administrativo*, p. 371). Ver, ainda, Massimo Severo Giannini, *Diritto amministrativo*, vol. 1, p. 106.

Capítulo 3 • Conceitos Gerais do Direito Ambiental

5. O CONCEITO DE POLUIDOR

O art. 225 da CF/1988 estabelece que o *meio ambiente ecologicamente equilibrado* é um bem de *uso comum do povo*, atribuindo-lhe, portanto, natureza jurídica de direito difuso com titularidade indeterminável. Por outro lado, o mesmo art. 225 deixa clara a imposição a todos (Poder Público e coletividade) do dever *positivo e negativo* de proteger e preservar o meio ambiente. Assim, se *todas as pessoas do povo* podem usar e gozar do meio ambiente ecologicamente equilibrado, essas mesmas pessoas são responsáveis pela sua guarda e proteção. Nesse dispositivo constitucional, portanto, resta claro quem pode assumir a condição de poluidor.

A Lei da Política Nacional do Meio Ambiente conceitua *poluidor* como "a pessoa física ou jurídica, de direito público ou privado, responsável, direta ou indiretamente, por atividade causadora de degradação ambiental" (art. 3.º, IV). Também na mesma lei vamos encontrar outro termo que precisa ser distinguido do de poluidor para não acarretar confusões na regra da responsabilização. Trata-se do *transgressor*. O artigo 14, *caput* da PNMA determina que sem prejuízo das penalidades definidas pela legislação federal, estadual e municipal, o não cumprimento das medidas necessárias à preservação ou correção dos inconvenientes e danos causados pela degradação da qualidade ambiental sujeitará os transgressores a uma série de sanções administrativas tais como multa, perda ou restrições de benefícios ou incentivos fiscais, etc. Deve-se entender como *transgressor* aquele que pratica a infração administrativa ambiental, qual seja, toda ação ou omissão que viole as regras jurídicas de uso, gozo, promoção, proteção e recuperação do meio ambiente nos termos do art. 70 da Lei 9.605. Observe-se que para fins da responsabilização administrativa ambiental apenas o transgressor pode ser punido, ao passo que para fins de responsabilidade civil é o poluidor obrigado, independentemente da existência de culpa, a indenizar ou reparar os danos causados ao meio ambiente e a terceiros, afetados por sua atividade. O poluidor é aquele que direta ou indiretamente causa a poluição e transgressor é aquele que diretamente (comissiva ou omissivamente) viola as regras jurídicas de uso, gozo, promoção, proteção e recuperação do meio ambiente.

Associando este conceito legal com o que está descrito no art. 225, *caput*, da CF/1988, verifica-se que *qualquer pessoa*, física ou jurídica, pode se enquadrar no conceito de poluidor, e assim ser responsabilizada nos termos previstos no art. 225, § 3.º, da CF/1988.

A importância de se definir *poluidor* é capital para se identificar o legitimado passivo nas ações civis ambientais, ou seja, aquele que sofrerá os efeitos materiais da decisão proferida nas referidas demandas. O legitimado passivo das ações de responsabilidade civil ambiental é um poluidor. E, por sua vez, o poluidor é aquele que, de forma direta ou indireta, pratica atos contra o meio ambiente, causando desequilíbrio ecológico. Esta atitude tanto pode derivar de uma conduta comissiva ou omissiva. Às vezes uma omissão de informação acerca dos riscos ambientais já pode ser tomada como causadora do impacto ao meio ambiente. A importância legal do conceito de *poluidor* reside no fato de que o legislador estabeleceu que será poluidor a pessoa que *direta ou indiretamente* cause degradação ao meio ambiente. Tal fato é importantíssimo para a efetividade do direito ao meio ambiente, porque não raramente torna-se praticamente impossível identificar o poluidor, enfim, aquele que fez a atividade que causou a degradação do meio ambiente. Basta, portanto, a *relação indireta* entre a atividade e a degradação do meio ambiente. Isso tem enorme relevância no estudo do nexo causal e, portanto, nas regras de ônus da prova nas demandas ambientais (responsabilidade objetiva). A tal *relação indireta* que vincula o poluidor à degradação não encontra limite espacial ou temporal e deve ser interpretada sob a perspectiva da *causalidade adequada*, ou seja, saber se há nexo etiológico, se existe uma relação de causa e efeito entre o poluidor e a degradação. Recorde-se ao causar o dano (direto ou indireto) ao meio ambiente (equilíbrio ecológico), certamente que os microbens ambientais também serão

Capítulo 3 • Conceitos Gerais do Direito Ambiental

danificados e automaticamente estará comprometida a dimensão individual de uso e gozo comum dos microbens que foram o direito ao meio ambiente ecologicamente equilibrado. Assim, por exemplo, ao poluir um rio, não apenas o ecossistema ictiológico estará comprometido (biota do rio), mas o ecossistema do que o Rio é uma parte integrante. Além disso, sob a perspectiva do microbem água, inúmeras lesões individuais e coletivas também podem ser verificadas a partir das restrições ou prejuízos causados pela impossibilidade de uso comum do microbem.

De outra parte, adota-se aí a regra da *solidariedade entre os poluidores*, porque será considerado como poluidor tanto aquele que atuou de forma direta para a degradação do meio ambiente, como aquele que atuou de forma indireta para tanto. Do ponto de vista da coletividade, portanto, é irrelevante de que forma direta ou indiretamente o poluidor tenha degradado o meio ambiente.

Assim, todas as pessoas que de alguma forma causaram degradação do meio ambiente são responsáveis solidariamente pelo desequilíbrio ecológico e por isso respondem solidariamente pelos prejuízos causados ao meio ambiente. As eventuais ações de regresso interessam apenas ao poluidor e aos demais responsáveis, e só podem ser exercidas em ações próprias e autônomas, pois a Política Nacional do Meio Ambiente (PNMA) estabeleceu a regra da *responsabilidade civil objetiva*, que, regra geral, não admite a discussão da culpa nas ações em que dita responsabilidade é invocada.

Outro aspecto, de relevo, em relação ao conceito de poluidor é que a atividade poluente decorre de ato do ser humano, seja ele pessoa física ou jurídica. As degradações do meio ambiente causadas pelos fenômenos ambientais (queimadas causadas por raios, erupções vulcânicas etc.) não são atos de poluição, embora causem degradação do meio ambiente. Assim, toda poluição causa degradação, mas nem toda degradação é causada por poluição.

Ainda, verifica-se que o conceito de poluidor não está atrelado à noção de conduta lícita ou ilícita. Pelo conceito legal da Política Nacional do Meio Ambiente, o legislador apenas estabeleceu como *poluidor* aquele que cause degradação do meio ambiente, sem vincular tal ato como sendo lícito ou ilícito. É que, se a responsabilidade penal e administrativa depende da *ilicitude* da conduta, da transgressão das regras ambientais, o mesmo não se diga em relação à responsabilidade civil. Logo, pode haver poluidor que aja licitamente e poluidor que aja ilicitamente. Civilmente, ambos respondem pelos prejuízos ambientais, mas penal e administrativamente só os que agirem de forma ilícita (transgressores).

Por fim, deve-se dizer que o conceito de poluidor estabelece um vínculo entre um *sujeito* e uma atividade que cause *degradação* ao meio ambiente, levando a acreditar que só poderiam responder às demandas ambientais as pessoas que tivessem causado, efetivamente, a degradação do meio ambiente, dando uma ideia de que a tutela jurisdicional só poderia ocorrer quando o desequilíbrio ecológico já tivesse sido causado. Essa ideia não deve prosperar porque, no direito ambiental, prevalece a máxima de que, em relação ao meio ambiente, é "melhor prevenir do que remediar", já que o retorno ao estado anterior é quase sempre impossível. Por isso, a mera potencialidade de lesão ou de ilícito ambiental enseja de imediato a tutela jurisdicional preventiva, e, neste caso, ocupará o polo passivo da demanda aquele sujeito que pratique ou pretenda praticar atividade potencialmente causadora de degradação do meio ambiente.

6. O CONCEITO DE POLUIÇÃO

6.1 Poluição e meio ambiente

Existe uma relação biunívoca e lógica entre os conceitos de meio ambiente, de degradação ambiental, de poluidor e de recursos ambientais. Todavia, o mesmo não se diga em relação ao conceito de poluição, que destoa, ontologicamente, das premissas estabelecidas pelo próprio legislador.

O legislador estabelece, no art. 3.º, III, da Lei de Política Nacional do Meio Ambiente, que poluição é "a degradação da qualidade ambiental resultante de atividades que direta ou indiretamente: *a)* prejudiquem a saúde, a segurança e o bem-estar da população; *b)*

Capítulo 3 • Conceitos Gerais do Direito Ambiental

criem condições adversas às atividades sociais e econômicas; *c)* afetem desfavoravelmente a biota;[11] *d)* afetem as condições estéticas ou sanitárias do meio ambiente; *e)* lancem matérias ou energia em desacordo com os padrões ambientais estabelecidos".

De início dissemos que, ontologicamente, o conceito de poluição destoa dos demais conceitos mencionados acima, porque poluição, para o legislador, tem caráter escancaradamente antropocêntrico, ao passo que meio ambiente é inegavelmente ecocêntrico. É suficiente um rápido contraste entre ambos para se perceber que o ser humano está na origem e no fim do conceito de poluição. Bastaria que fosse dito que são atividades praticadas pelo homem de que resulte degradação da qualidade ambiental. A exemplificação nos incisos era desnecessária, porque em quase todos há uma vocação à proteção de aspectos íntimos e exclusivos do ser humano e que nada afetam o equilíbrio ecológico definido no conceito de meio ambiente.

Assim, cabe dizer que os *incisos* são *exemplificativos*, pois será poluição toda e qualquer atividade, direta ou indiretamente, cause desequilíbrio ecológico. Só o poluidor pratica poluição, e, ainda que a atividade seja lícita, poderá ser poluente e causadora de poluição. Basta a leitura da alínea *e* para se perceber que o legislador admite, *contrario sensu*, que existam licenças ambientais emitidas pelos órgãos ambientais que autorizem a emissão de matéria ou energia em desacordo com o meio ambiente. A poluição é, portanto, qualquer desequilíbrio do meio ambiente causado por atividade do ser humano.

A atividade deve ser entendida em seu conceito lato: deve compreender tanto as atividades lícitas ou ilícitas; tanto a prestação de serviços, quanto a produção de bens; tanto as atividades econômicas, quanto as puramente sociais. Enfim, o conceito é bastante largo e assim deve ser compreendido.

---

11. Aqui tomou-se a palavra biota como o conjunto de componentes vivos de um ecossistema.

6.2 Poluição e efeitos da poluição

O conceito de poluição estabelecido pelo legislador é deveras largo, e, se não for devidamente interpretado, poderá levar a uma diluição do objeto de tutela do direito ambiental, causando uma abertura nociva à implementação da própria ciência. Basta tomar como análise a alínea *b*, onde se lê que são tomadas como exemplo de poluição as atividades que "criem condições adversas às atividades sociais e econômicas". Ora, se toda atividade que criar condição adversa às atividades econômicas e sociais for tratada como poluição para fins de utilização das técnicas ambientais, será difícil identificar o que não faz parte da proteção do direito ao meio ambiente.

O mesmo se diga, com maior razão, em relação à alínea *a* desse dispositivo. Em nosso sentir, o dispositivo deve ser interpretado de forma a dele se extrair o que pretendeu o legislador, usando o contexto de todo o art. 3.º para se chegar a uma correta conclusão.

Tomando-se de análise o art. 225 da CF/1988, que define o *equilíbrio ecológico* como o bem jurídico objeto de tutela do meio ambiente, e considerando o conceito de meio ambiente do art. 3.º, I, da PNMA, onde o legislador disse que o equilíbrio ecológico resulta da combinação e interação dos recursos ambientais, sendo o referido bem responsável pela proteção de todas as formas de vida, pensamos que o conceito de poluição deve guardar simbiose com este contexto, e, pensamos, o próprio inciso III, que define poluição, dá ensanchas a tal compreensão.

Verifique-se que o inciso III do art. 3.º prescreve "*o que é*" e quais os *efeitos* da poluição. No *caput* do dispositivo (inciso III do art. 3.º), o legislador prescreveu que poluição é a degradação da qualidade ambiental, portanto, o desequilíbrio ecológico causado por atividades do ser humano. Já nas alíneas (exemplificativas) deste inciso III, o que fez o legislador foi estabelecer exemplos dos efeitos negativos da poluição, portanto, o que o desequilíbrio ecológico pode causar.

Neste particular, portanto, faz o maior sentido a abertura das alíneas do referido inciso III do art. 3.º, pois o *desequilíbrio ecológico*

Capítulo 3 • Conceitos Gerais do Direito Ambiental

causado pelas atividades humanas tanto afeta a biota, quanto aspectos da economia, saúde, bem-estar e até segurança da população. É, pois, neste sentido que o dispositivo deve ser interpretado. No *caput*, o conceito – e nas alíneas, os efeitos da poluição.

6.3 Poluição sob a perspectiva da antijuridicidade ambiental

Já dissemos em várias oportunidades que o art. 225, *caput* da CF/88 impõe um dever constitucional ao *poder público e à coletividade* de *defender e preservar* o meio ambiente para as presentes e futuras gerações. Esse dever do Poder Público se projeta na sua função legislativa, executiva e judiciária.

A proteção estatal legislativa (competência concorrente, art. 24, VI da CF/88) implica em um dever de legislar adotando como premissa principal a *prevenção* contra os danos para que desta forma o equilíbrio ecológico se mantenha *íntegro e preservado* para uso comum do povo.

A *legislação preventiva* é aquela que define, por exemplo, como fato antijurídico ambiental situações que sejam *antecedentes* ao dano ambiental, justamente porque há uma primazia pela tutela da preservação do equilíbrio ecológico. Isso deve-se dar, i.e., no direito penal por meio de *crimes abstratos* como do art. 42 da Lei 9605, no âmbito não penal vedando a exposição ao risco a função ecológica de recursos ambientais como expressamente menciona o art. 225, §1º, VII da CF/88. Ao adotar a *vedação à exposição ao risco* como fato antijurídico o legislador cumpre o mister constitucional pois *preserva* a integridade do meio ambiente ecologicamente equilibrado. Contudo, além de estabelecer *deveres jurídicos de preservação do meio ambiente*, o legislador também tem o papel de criar ferramentas de tutela (instrumentos de proteção) como o estudo prévio de impacto, os espaços especialmente protegidos, os planos de manejo, o zoneamento ambiental etc., que devem ser exigidos pelo poder executivo (competência comum, art. 23, VI) segundo métodos e procedimentos que devem ser cumpridos pelo particular. Logo, há uma gama de condutas antijurídicas ambientais tipificadas pelo legislador, que tanto podem recair sobre situações jurídicas antecedentes a um dano (exposição ao risco), quanto nem sequer estar relacionadas com um dano ao meio ambiente, como por exemplo não cumprir o prazo de 120 dias para renovação de uma licença ambiental, obter um enriquecimento ilícito às custas da sociedade etc. O ilícito ambiental é extremamente variado e variadas são as tutelas, tais como a inibição, a correção, a decretação de perda de um direito, a imposição de sanção de nulidade etc.

O art. 186 do CCB comete o desserviço de reduzir o fenômeno do ato ilícito a uma das suas espécies que é o *ilícito danoso*. Nem todo ilícito causa dano, nem todo dano advem de um ato ilícito. Dano e ilícito admitem tutelas autônomas. São fenômenos distintos. Reduzir a reparação civil como se fosse a única consequência do ilícito é tomar o efeito pela causa.

Em relação à responsabilização civil ambiental é importante frisar que os conceitos de poluição e de poluidor no direito ambiental brasileiro estão atrelados a noção de *dano* ao meio ambiente. O art. 3º, III da Lei da Política Nacional do Meio Ambiente diz ser poluição "a degradação da qualidade ambiental resultante de atividades" e o inciso IV menciona que poluidor é o "responsável, direta ou indiretamente, por atividade causadora de degradação ambiental". Como se observa, tanto no conceito de poluidor, quanto de poluição encontra-se a palavra "degradação ambiental", que, por sua vez, é definida no inciso II como "alteração adversa das caraterísticas do meio ambiente".

Portanto, não é preciso muito esforço para se perceber que o *dano* ao meio ambiente é ínsito à noção de poluidor e de poluição como dissemos acima. Neste passo, mais adiante, no art. 14, §1º da mesma Lei, esta prescreve que "é o *poluidor* obrigado, independentemente da existência de culpa, *a indenizar ou reparar os danos* causados ao meio ambiente e a terceiros, afetados por sua atividade". Tal dispositivo, coaduna-se com os ditames do art. 225, §3º da CF/88 que diz que "as condutas e atividades consideradas *lesivas* ao meio ambiente" implica na imposição da "obrigação *de reparar os danos* causados".

Capítulo 3 • Conceitos Gerais do Direito Ambiental

Claro está que há um vínculo entre *causar dano* ao ambiente com a incidência do *dever de responsabilização* pelos tais danos causados. É muito importante que se observe que a responsabilidade civil é *consequência* do cometimento de dano ambiental. Assim, é *poluidor* aquele que causa dano ao meio ambiente, e, quem causa dano ao meio ambiente tem o dever de repará-lo. Enfim, havendo poluidor há dano ao meio ambiente, e, isso é bastante para incidir a sanção civil da responsabilização pelos danos causados.

Importante observar também que para ser um poluidor, ou para cometer uma poluição não é necessário que tenha ocorrido um ilícito ambiental, ou seja, é irrelevante que a poluição (e poluidor) derive de um ato ilícito. Sendo mais claro, no conceito de poluidor, de poluição e a respectiva consequência da responsabilidade civil ambiental, é suficiente a existência de uma conduta de uma sujeito que cause de modo direto ou indireto a *"alteração adversa da qualidade do meio ambiente"*. Se esta condição de poluidor ou de poluição advém de um fato jurídico lícito ou ilícito é absolutamente irrelevante para incidir a responsabilidade civil ambiental.

Em nenhum momento no conceito de poluidor e de poluição a lei fixa a *ilicitude da conduta* como pressuposto do dever de indenizar: basta que exista um poluidor e que exista poluição a ele atribuível, ainda que a sua conduta derive de uma atividade lícita.

Assim, por exemplo, o sujeito que possui licença ambiental para licitamente transportar a madeira de uma propriedade nos arredores para a sua fábrica de celulose será responsável pela sujeira que a madeira transportada causa na estrada que o caminhão percorre. Sua atividade é lícita, mas terá que arcar com o dano produzido à coletividade. O mesmo se diga da empresa que possui licença ambiental para implantar a hidrelétrica e deve pagar pelos prejuízos ambientais decorrentes da eliminação da atividade pesqueira da população que dependia da área que foi inundada entre tantos exemplos do nosso rico cotidiano jurídico. Aliás, é de se registrar que o próprio texto constitucional expressamente prevê a *licitude da atividade* e o *dever de reparar os danos ao meio ambiente*, como se observa no art. 225, §2º ao dizer que "aquele que explorar recursos minerais fica obrigado a recuperar o meio ambiente degradado, de acordo com solução técnica exigida pelo órgão público competente, na forma da lei".

Fixada esta premissa de que a *responsabilidade civil ambiental* pressupõe *"poluidor e poluição"* (dano ao meio ambiente) e que esta *responsabilização* é uma consequência (sanção) que tanto pode derivar de uma conduta lícita ou de uma conduta ilícita, então verifica-se que o campo da *responsabilidade civil ambiental* é restrito ao universo dos *danos ao ambiente provocados por um poluidor.*

Entretanto, o fato de se existir responsabilização civil pelo *dano* causado não significa dizer que as providencias protetivas do meio ambiente não possam ser tomadas *ex ante*, ou seja, para *evitar* o dano, *impedir* que ele aconteça, preservar o meio ambiente mantendo-o hígido e integro, pois é o próprio texto constitucional que menciona que "a lei não excluirá da apreciação do Poder Judiciário lesão ou *ameaça* a direito" (art. 5º, XXXV da CF/88). Não é necessário *aguardar* a lesão, senão porque é dever do *"poder público e da coletividade proteger e preservar para as presentes e futuras gerações"* (art. 225, *caput* da CF/88). A tutela *preventiva do dano* ao meio ambiente é sempre prioritária à *responsabilização pelo dano causado.*

Neste passo, como vimos, o dano tanto pode advir de uma atividade lícita quanto ilícita. Nesta última hipótese – dano proveniente de um ilícito ambiental – é perfeitamente possível não apenas lançar mão de providencias que sejam preventivas do dano quanto também, de forma até independente, inibitórias ou corretivas do ilícito. Obviamente que ninguém precisa aguardar o dano ao meio ambiente para impor a sanção de responsabilização pelos danos causados. A rigor, a tutela reparatória é a ultima da lista de prioridades considerando que o meio ambiente é um bem essencial à vida, e, jamais se poderia pensar em fungibilizar o seu uso comum por um valor em pecúnia. Assim, o direito ao equilíbrio ecológico é um bem que deve ser usufruído in natura, mantido íntegro e como tal todos os remédios possíveis devem ser utilizados para se alcançar este desiderato. A perfeita separação de ilícito e dano como fenômenos distintos permite que se enxergue um leque de possibilidades de proteção do meio ambiente.

Capítulo 4

O NOVO PAPEL DO ESTADO FRENTE AOS BENS AMBIENTAIS – UM NOVO REGIME JURÍDICO

Sem querer invocar um discurso apoteótico, e sem pretender desaguar num lugar comum, a grande verdade, tantas vezes[1] repetida pelos veículos de comunicação, é que o meio ambiente que temos hoje é muito diferente daquele que tínhamos há 40 ou 50 anos atrás. Mais que isso, temos a certeza de que se mantida a intensidade das agressões ao meio ambiente, num futuro próximo beiraremos o caos. A qualidade das águas, a quantidade de recursos ambientais poluídos, a presença de poluição nos mares, no ar etc. dão amostras irrefutáveis que o equilíbrio ecológico está em risco de colapso.

É fato inconteste que o direito do ambiente e a sua preocupação com a preservação e restauração dos ecossistemas e processos ecológicos não é a mesma de outrora, justamente porque se descobriu

---

1. Basta uma simples consulta ao site da OCDE (www.oecd.org – Organização para a Cooperação e o Desenvolvimento Econômico) para verificar os dados estatísticos alarmantes e as projeções catastróficas relativamente aos bens ambientais no mundo.

que o equilíbrio ecológico (e seus componentes) têm titulares, sua fruição é comum e, especialmente, que são bens finitos.

A rebelião das massas,[2] a multiplicação dos direitos[3] e a massificação social,[4] expressões que rotulam o fenômeno de transformação social, política, econômica e cultural que modificou o mundo, no século passado, foram mais do que suficientes para redefinirem um novo conceito de Estado, como ficção jurídica criada para permitir que o homem conviva harmoniosamente em sociedade. Essa mudança na concepção do Estado deve ser entendida corretamente, porque é justamente essa transformação que nos permitirá entender em que ponto emerge a necessidade de se redefinirem conceitos como, por exemplo, o de *res nullius*.

Com a célebre frase "de quem é o ar que respiro?", Mauro Cappelletti[5] procurou demonstrar que a dicotomia entre o público e o privado do Estado liberal, a *summa diviso*, já não mais atendia aos fenômenos de massa. O que quis dizer o autor é que a definição do que é público não pode ser por negação àquilo que seja privado e vice-versa. Em outras palavras, é carcomido e obsoleto, para não dizer ilegítimo, o art. 98 do CC/2002,[6] que define como bens públicos *aqueles que não são particulares*. Ora,

---

2. Ortega y Gasset, *La rebelión de las masas*, p. 15.

3. Norberto Bobbio, *A era dos direitos*, p. 68-69.

4. Mauro Cappelletti, *Acesso à justiça*.

5. Mauro Cappelletti, Formações sociais e interesses coletivos diante da justiça civil, *RePro* 5/7: "Entre o público e o privado criou-se um abismo preenchido pelos direitos metaindividuais". Em igual sentido, G. Jellinek, *System der subjektiven offentlichen Recht*, p. 80 e ss., apud Luis Filipe Colaço Antunes, *A tutela dos interesses difusos em direito administrativo para uma legitimação procedimental*, p. 62; Jorge Reis Novais, *Contributo para uma teoria do estado de direito* – Do estado liberal ao estado social e democrático de direito, p. 53-54; Paulo Bonavides, *Do estado liberal ao estado social*, p. 205.

6. O art. 98 prescreve: "São públicos os bens do domínio nacional pertencentes às pessoas jurídicas de direito público interno; todos os outros são particulares, seja qual for a pessoa a que pertencerem".

Capítulo 4 • O novo papel do Estado frente aos bens ambientais

o que se quer dizer é que, nesse meio entre o interesse público e o interesse privado, muita coisa passou a ter visibilidade para o direito, fazendo com que revisitemos os conceitos de interesse particular e até mesmo o conceito de interesse público. As sociedades são heterogêneas e os valores, os bens e as pretensões individuais ou coletivas vivem em constante dinâmica e conflito.

Muito embora seja de concepção romana, a divisão entre público e privado tornou-se ostensiva e imperativa com a formação do Estado liberal, desenvolvido para atender ao anseio de uma nova classe que se erguia ao vértice da pirâmide social surgida com a Revolução Francesa: a burguesia.[7]

Essa nova classe, detentora dos meios de produção, que a partir de então alcançava o poder, fez desenvolver a formação de um Estado preocupado com o *laissez faire-laissez passer*, ou seja, quanto menos o Estado interviesse no domínio econômico, maior e melhor seria o seu papel no atendimento da isonomia (todos deveriam ter as mesmas chances e a intervenção do Estado poderia ferir a isonomia) e da liberdade de cada indivíduo.

Em seu livro *A riqueza das nações*, Adam Smith (ícone do liberalismo econômico) apregoava que o Estado soberano deveria ter três deveres a desempenhar: a proteção da sociedade de outras sociedades independentes; o estabelecimento de uma administração da justiça dentro da sociedade; e a criação e manutenção de instituições públicas que nunca atraíssem o interesse privado de qualquer indivíduo na sua criação e manutenção. Nesse ponto é certeira a colocação de Ivo Dantas,[8] ao dizer que "o *liberalismo* pode ser identificado em duas perspectivas – econômica e política –, as quais se fundem para moldar o que se costuma denominar de Estado liberal".[9]

---

7. Segundo Jacques Droz, o liberalismo é, "em última análise, a expressão dos interesses econômicos da burguesia" (*Historie des doctrines politiques en France*, p. 69).

8. Ivo Dantas, Princípios constitucionais e interpretação constitucional, p. 14.

9. Idem, ibidem.

Assim, na primeira temos a *"política econômica* como expressão concreta do *liberalismo econômico*; na segunda, defrontamo-nos com o denominado *constitucionalismo liberal*, representado, principalmente, pelo *Estado de Direito*. Neste, a supremacia constitucional e o império da lei se manifestavam em dois pontos fundamentais: a) pela consagração dos *direitos e garantias individuais* e b) pela *teoria da divisão dos poderes"*.

Pode-se, portanto, extrair que no modelo liberal de Estado, a participação deste ente supremo deve se dar por abstenção (omissão), como um dever negativo, ou seja, não pode interferir na liberdade individual (direitos individuais). Em outros termos, podemos dizer que caberia ao Estado, como ente soberano, evitar que as liberdades individuais fossem cerceadas. A esfera de proteção era o indivíduo egoisticamente considerado, e tudo se dava em função disso.

Sob esse matiz fica muito clara a divisão estanque entre público e privado a partir da ideia de que aquilo que não fosse privado seria público. Certamente que, diante desse quadro, nem se poderia pensar em direitos coletivos (organizados ou não) situados nesse hiato (público/privado) porque, primeiro, qualquer modalidade de organização seria vista como afronta à liberdade individual e à isonomia entre os homens,[10] e segundo porque o interesse público só existia em função da asseguração da liberdade individual. Nesse passo, como forma de se tutelar a liberdade das pessoas e vice-versa, ganha relevo máximo a propriedade privada, vista aí como elemento garantido de uma liberdade. Nesse sentido, a proteção da propriedade e seu estímulo pelo liberalismo acaba sendo um estímulo à incorporação e absorção das matérias-primas de produção, quais sejam os bens ambientais, que, pela abundância momentânea, eram tratadas como coisa de ninguém, livres para serem apropriadas.

A transformação do Estado liberal em Estado social democrático deve-se a uma série de mudanças de comportamento,

---

10. Nesse sentido ver Jorge Reis Novais, *Contributo...* cit., p. 56.

Capítulo 4 • O novo papel do Estado frente aos bens ambientais

inclusive do próprio sistema capitalista, que passou a ser refém da necessidade de proteger, em certa dose, o trabalho humano que explorava (o lado *social*),[11] porque em última análise dele dependia para a formação da riqueza e a manutenção do *status quo*. Nesse processo de mudança destaca-se o importante e pioneiro papel da carta constitucional norte-americana,[12] onde já se fazia presente a necessidade de um Estado intervencionista, com deveres negativos (não ferir as garantias dos indivíduos), mas também com prestações positivas a cumprir, mormente no campo social. A verdadeira transformação vem, no entanto, com a Constituição Mexicana de 1917, a de Weimar em 1919 e a da Polônia e Iugoslávia em 1921.

Como bem observa Ivo Dantas, tem-se que "dessa presença estatal decorre uma distinção, hoje de importância capital: enquanto os 'direitos individuais' significam um não fazer do Estado e dos demais agentes públicos, os 'direitos sociais' devem ser vistos como aqueles que têm por objeto 'atividades positivas' do Estado, do próximo e da sociedade, para subministrar aos homens certos bens e condições".[13-14]

Fez parte desse processo de transformação, reconhecer que a Constituição não é uma mera carta política e que os direitos fundamentais individuais e coletivos não são meros programas ou metas utópicas (normas programáticas), mas sim direitos que devem ser concretizados, ao qual existe um dever do estado de presta-los adequadamente.

Nesta linha está também o direito ao meio ambiente ecologicamente equilibrado e os seus componentes que não são

---

11. Sobre a evolução trazida com a substituição do Estado liberal pelo Estado social, ver Rodolfo de Camargo Mancuso, *Interesses difusos*: conceito e legitimação para agir, p. 35-36.

12. Nesse sentido ver George A. Steiner, *A função do governo na vida econômica*, p. 105-106.

13. Ivo Dantas, *Princípios constitucionais...* cit., p. 22.

14. Nesse sentido ver J. J. Gomes Canotilho e Vital Moreira, *Constituição da República Portuguesa anotada*, p. 65.

apenas uma utopia constitucional, mas sim um direito/dever fundamental coletivo que precisa ser concretizado às presentes e futuras gerações e que provocam a reconstrução da noção de que o meio ambiente e seus componentes seriam *res nullius*.

Certamente, a partir da explosão populacional e do reconhecimento de que os bens objeto de apropriação são finitos e de que mais cedo ou mais tarde todos irão pagar pela prática selvagem e predatória dos componentes ambientais, foi necessário retornar aos ideais romanistas e enxergar que os bens que compõem o equilíbrio ecológico são, antes de tudo, inapropriáveis, insuscetíveis de exclusão de quem quer que seja, não só pela necessidade de serem distribuídos equitativamente à população, mas, numa visão ainda mais altruísta, porque são responsáveis pela conservação de todas as formas de vida do Planeta, e não apenas a humana. O direito fundamental ao equilíbrio ecológico pertence a todos indistintamente, mas não se limita e nem reduz à proteção do ecossistema humano, antes o contrário. O direito fundamental ao equilíbrio do ecossistema existe para que todas as formas de vida sejam protegidas, inclusive a humana.

A falsa ideia de que os recursos ambientais (microbens ambientais) eram inesgotáveis fez com o que fossem tratados durante muito tempo como *res nullius* (coisa de ninguém), e portanto, passíveis de apropriação por qualquer um.

A transformação do mundo com a valorização da ética ambiental e o reconhecimento de que o homem é um dos personagens do ecossistema e de que todos os ingredientes do ecossistema são essenciais para a proteger e reger todas as formas de vida, bem como a constatação de que os microbens de função ecológica são finitos, comados ao aumento da densidade populacional, a destruição de riquezas naturais pelo homem, a poluição desenfreada, no desenvolvimento dos ideais liberais, fizeram com que o mundo "ligasse o alarme" e percebesse que os referidos bens ameaçavam se esgotar e que, por isso, tinham de ser preservados para que se pudesse garantir a sobrevivência

Capítulo 4 • O novo papel do Estado frente aos bens ambientais

de todas as espécies. O antigo bem, que era *res nullius*, hoje é indiscutivelmente *res omnium* (coisa de todos – bem de uso comum).[15]

Sob esta perspectiva é que se deve reconhecer a concretude do direito fundamental (na sua dimensão individual e coletiva) do direito ao equilíbrio ecológico, aí incluído o uso comum dos microbens ambientais. Mais que isso, deve o processo tutelar de forma adequada e tempestiva o equilíbrio ecológico e seus componentes respeitando suas características e propriedade que lhes são intrínsecas.

Contudo é preciso ver esse *direito e dever* fundamental sob uma perspectiva mais dinâmica e menos estática, até porque aquelas características do bem ambiental já mencionadas no capítulo anterior permite reconhecer a sua conexão e reflexibilidade com inúmeros outros direitos fundamentais da coletividade. Por isso, não é satisfatório pensar em uma tutela jurídica do meio ambiente que sempre esteja restrita a um conflito simples como, por exemplo, à uma recomposição de uma APP, uma obrigação de realizar um licenciamento, à instalação de um filtro de uma fábrica, etc. Há alguns tipos de conflitos ambientais que assumem uma dimensão qualitativa e quantitativa que impõe soluções que não se acomodam na tutela jurídica jurisdicional típica de um processo adversarial. Há muitos exemplos – não apenas ambientais é verdade – em que existem litígios complexos que exigem soluções jurisdicionais que envolvam inúmeros "direitos" em conflito, sejam eles coletivos, individuais, individuais homogêneos e difusos. Essa tutela jurídica passa pela ideia da utilização dos processos estruturantes. Nesse passo, já se tem pensado em adequar a tutela jurisdicional não mais a partir do conceito de "direitos difusos", mas sim a partir da noção de

---

15. Sobre essa transformação do bem ambiental, que passou de *res nullius* a *resomnium*, ver Tulio Rosenbuj, *Los tributos y la protección del medio ambiente*, p. 18. Ver, ainda, Ramon Martin Mateo, *Tratado de derecho ambiental*, vol. 1, p. 85.

litígio, que é sempre dinâmica, embora seja difícil de estabelecer limites precisos e seguros.[16]

---

16. Sobre o tema ver o belíssimo trabalho de VITORELLI, Edilson. O Devido Processo Legal Coletivo: Dos Direitos Aos Litigios Coletivos. Salvador: Juspodivm, 2016; ver o nosso Fundamentos da Tutela Coletiva. Brasília: Gazeta Jurídica. 2017; também o trabalho pioneiro de ARENHART, Sérgio Cruz. "Processos estruturais no direito brasileiro: reflexões a partir do caso da acp do carvão", Disponível em <http://revistadeprocessocomparado.com.br/wp-content/uploads/2016/01/ARENHART-Sergio-Artigo-Deci-soes-estruturais.pdf>. Acessado em 18.09.2019.

Capítulo 5

PROCESSO CIVIL E A CONCRETIZAÇÃO DO DIREITO FUNDAMENTAL AO EQUILÍBRIO ECOLÓGICO

Sumário: 1. Estado Democrático de Direito e o processo como método (democrático) de sua atuação – 2. Processo e realização dos direitos fundamentais – 3. A unidade e inteireza do direito objetivo como valor fundamental do Estado brasileiro e o papel da tutela jurisdicional: a segurança, isonomia, confiança e tempestividade da tutela pela valorização dos precedentes das cortes de cúpula – 4. Os conflitos de massa e a tutela jurídica: 4.1 Sociedade de massa, homem-massa, conflitos de massa; 4.2 Interesses coletivos lato sensu: o equilíbrio ecológico visto como bem difuso – 5. Conflitos de interesses e técnica processual: 5.1 As crises jurídicas; 5.2 Crises jurídicas ambientais: 5.2.1 Os litígios ambientais: maior incidência dos deveres ambientais; 5.2.2 Os deveres ambientais e a tutela mais coincidente possível com a regra de direito material; 5.2.3 A impossibilidade da maior coincidência possível e a reparação específica; 5.2.4 As técnicas processuais para obtenção da tutela específica e da reparação *in natura*.

1. ESTADO DEMOCRÁTICO DE DIREITO E O PROCESSO COMO MÉTODO (DEMOCRÁTICO) DE SUA ATUAÇÃO

O art. 1º da CF/88 estabelece que a República Federativa do Brasil é um *Estado Democrático de Direito* e que "todo poder emana do povo que o exerce por meio de representantes eleitos ou diretamente, nos termos desta Constituição".

Está claro no texto constitucional que *todo poder emana do povo* e que o modelo democrático de Estado é, ao mesmo tempo, o *fundamento e o fim* da atuação estatal. Registre-se que o poder estatal nada mais é – ou deveria ser – que o povo exercendo direta ou indiretamente a sua soberania. O Estado deveria agir pelo povo, com o povo e para o povo.

Neste diapasão, para compreender o papel do processo como método de concretização de direitos fundamentais, é preciso reconhecer o que é o processo num Estado Democrático de Direito. Parece-nos lógico que se o *processo* é um método *estatal* de atuação do Poder Judiciário, Legislativo e Executivo, então, seja ele destinado à resolução de conflitos, ou à função legislativa ou à executiva, é preciso que esse método seja efetivamente *democrático* na mais lata acepção que a palavra comporta.

Observe-se que considerando que os membros do Poder Judiciário – ao contrário dos membros do legislativo e executivo - não são escolhidos pelo sufrágio popular, mas mesmo assim exercem o poder estatal que pertence ao povo, então resta claro que o *processo*, visto como método estatal imperativo de resolução de conflitos pelo qual atua o poder judiciário, deve de forma ainda mais contundente permear-se completamente pelos tentáculos da democracia.

Sendo o *processo* o vetor que liga o jurisdicionado ao poder judiciário, e, meio pelo qual poderá obter a proteção jurisdicional contra lesão ou ameaça aos seus direitos, então é certo que a este jurisdicionado deve ser proporcionado o direito a um processo totalmente regido pelo *Modelo Democrático de Estado*, pois, frise-se, é assim que deve o Estado atuar. Está totalmente superada a noção de um processo onde o jurisdicionado era um expectador passivo da atuação do estado-juiz. Atualmente, sob a governança de um modelo democrático, ganha relevo o contraditório participativo num modelo processual que passou a se alcunhar de *cooperativo*, onde juiz e partes *operam em conjunto*

Capítulo 5 • Processo civil e a concretização do direito fundamental ao equilíbrio ecológico

para a solução definitiva, de forma dialógica onde todos são ouvidos e não meramente escutados, e a solução da lide é fruto de uma construção participativa de todos. O contraditório real e efetivo, substancial e participativo (não apenas com a *informação necessária* e a possibilidade *de reação*) é a mola propulsora fundamental (o eixo de desenvolvimento e movimentação) deste modelo cooperativo (democrático) de processo.

Enfim, quando se diz que o jurisdicionado tem o *direito fundamental* a um processo democrático e o Estado tem este *dever* correlato é preciso saber *de que forma* e *com que conteúdo* este direito (e este correlato dever) deve ser preenchido.

É neste ponto que se realiza a conexão entre o *modelo democrático de processo* e o *direito a um processo justo.* Resta claro que todos têm direito a um processo que consagre a democracia e o Estado o dever de prestar e atuar com base neste modelo de processo. Mas, paralelamente a isso existe ainda dois direitos fundamentais que densificam o conteúdo do *processo democrático.* São eles o direito fundamental de acesso à justiça e o direito fundamental ao devido processo.

Assim, dentre os direitos fundamentais previstos no artigo 5º da CF/88 merecem destaque para esta explanação o previsto no inciso XXXV e o no inciso LIV. Segundo estes dispositivos "*a lei não excluirá da apreciação do Poder Judiciário lesão ou ameaça a direito*" e "*ninguém será privado de seus bens sem o devido processo legal*". Tem-se aí, resumidamente o direito de acesso à justiça e que este acesso seja realizado com a concretização do direito fundamental a um devido processo (*giusto processo*).

É o processo democrático que legitima o amplo e irrestrito acesso à justiça e que este acesso seja feito segundo os ditames de um processo adequado, justo. Como se disse, é o modelo estatal democrático que impõe ao Estado o cumprimento de um *devido processo*, que, frise-se, também atinge o modelo de processo legislativo e executivo. E, vale dizer, em relação ao poder legislativo, eleito pelo povo, a este impõe o *dever de legislar de forma a criar técnicas processuais que respeitem o direito fundamental ao processo justo.* Só assim a democracia estará sendo cumprida em prol do verdadeiro soberano do poder estatal. E, ao dizer que deve o poder legislativo legislar orientado pela busca de um *devido processo* significa dizer que *deve concentrar-se em criar técnicas processuais que sejam adequadas aos direitos materiais que visam tutelar.* Este aspecto é fundamental para que se possa tutelar de forma integral alguns direitos tão peculiares como o é o direito ao equilíbrio ecológico.

O conteúdo deste *devido processo* que deve pautar a atuação do estado-juiz, e que também deve servir de norte para o *legislador* na criação de regras processuais adequadas à tutela dos direitos e que também deve constituir a tessitura da atuação do poder executivo não é fácil de ser identificado, pois constitui uma cláusula aberta, justamente para que se lhe outorgue uma flexibilidade lógica e vinculada ao direito que vise tutelar. Contudo há um núcleo duro que de alguma forma densifica esta cláusula geral e que serve de *guia* para o estado-juiz-legislador-administrador.

Não basta dizer que todos temos direito a um processo justo ou a um *devido processo* porque é preciso identificar o conteúdo mínimo deste *devido processo* que garanta o exercício da democracia no (e pelo) processo. Neste trabalho nos atemos ao *processo jurisdicional,* ou seja, ao método jurisdicional de resolução de conflitos, mas é importante que se reconheça que existe um *devido processo* a ser cumprido pelo legislador e pelo administrador.

O direito fundamental a um devido processo (processar e ser processado) deve ser preenchido com observância das garantias processuais fundamentais que corporificam o *devido processo legal processual.* Tais garantias, são, em síntese: (a) o direito de acesso à justiça; (b) juiz natural; (c) igualdade das partes; (d) contraditório e ampla defesa; (e) publicidade e motivação das decisões judiciais; (f) duração razoável do processo.

Por isso, sendo o "devido processo legal" a raiz de todos os demais princípios estruturantes do exercício da função jurisdicional, tem-se que os postulados constitucionais da isonomia, contraditório, ampla defesa, imparcialidade do juiz, juiz natural,

Capítulo 5 • Processo civil e a concretização do direito fundamental ao equilíbrio ecológico

acesso à prova, duração razoável do processo etc., nada mais são do que desdobramentos do "devido processo legal", que, quando exercitados no processo, culminam no que se chama de "processo justo ou tutela jurisdicional justa". Portanto, justa é a tutela jurisdicional que consegue pôr em prática todos os princípios do devido processo legal, com o adequado equilíbrio entre os mesmos, de forma a alcançar um resultado que possa ser tido como "justo". Quase intuitivamente pode-se dizer, à primeira vista, que o *processo* será justo se a tutela jurisdicional for prestada em favor daquele que seja merecedor do direito postulado no plano do direito material, devendo ser aqui entendido o processo como realizador da justiça: dar razão àquele jurisdicionado que tem razão. Assim, *dar razão a quem tem razão* é o primeiro aspecto que faz cristalizar a ideia de um processo justo, aí compreendida a noção de realização concreta do direito reconhecido na sentença. A tutela justa é, portanto, aquela que reconhece e permite a fruição do direito ao litigante que seja dela merecedor atendendo a máxima da maior coincidência possível do resultado (tutela jurisdicional) com àquele a que faz jus no plano normativo. Isso implica em reconhecer que a solução integral do mérito envolve o reconhecimento e a satisfação desse direito (o mais coincidente com o plano do direito material), em tempo razoável, com eficiência do método e atendendo ao modelo democrático de processo.

Por isso, não basta *dar razão a quem tem razão ou satisfazê-la a quem dela precisa*, pois nenhuma tutela jurisdicional poderia ser considerada justa e efetiva com sacrifício do que se concebe como um *devido processo legal*. Enfim, seria legítima uma tutela concedida àquele que tem razão e por ele fruída, mesmo sabendo que tal tutela teria sido concedida com sacrifício dos direitos processuais fundamentais de fundamentação da decisão judicial, imparcialidade, contraditório, ampla defesa, etc. Certamente que não, e é aí que entra a outra face do conceito de "tutela justa". Tutela justa ou justa tutela é aquela prestada mediante um devido processo legal, com adequação de meios e resultados, seja sob a ótica do autor ou do réu; em termos mais simples, é dar razão a quem tenha razão no plano do direito material, sempre com obediência com devido processo legal. Meio e fim devem ser *justos*.

Apenas pelo exercício mental intuitivo percebemos que o devido processo legal, precursor que é de uma tutela justa (processo e tutela – meio e fim – instrumento e resultado), deve ser visto e realizado em concreto sob dois pontos de vista diferentes, mas que se complementam. De um lado, coloca-se o devido processo legal (e todos os princípios que formam o seu conteúdo) na retaguarda do jurisdicionado, visto como um poderoso, único e insubstituível instrumento que deve estar à sua disposição para preservar e garantir a proteção de seu patrimônio (vida-propriedade-liberdade) mediante a exigência de um processo justo. De outro lado, a outra face do devido processo legal repousa na retaguarda do exercício da função jurisdicional estatal, visto como um fator de legitimação democrática da atuação do Estado e garantia do demandado.

Com isso, percebe-se que o direito fundamental ao devido processo legal é, a um só tempo, fator de legitimação que deve pautar a atuação do Estado-juiz e fator de libertação do cidadão em um Estado democrático de direito. Pelo que foi exposto, percebe-se que a tutela jurisdicional justa deve trazer consigo a marca do devido processo legal, no sentido de que a função estatal seja praticada legitimamente e que o jurisdicionado tenha liberdade e condições de impor-se na formação do resultado do processo. Dessa forma, ao consagrar o devido processo legal nas garantias fundamentais da CF/1988, no art. 5.º, LIV ("ninguém será privado da liberdade ou de seus bens sem o devido processo legal"), o ordenamento jurídico acolheu este princípio como fator preponderante de realização de justiça.

Perceba-se que uma das vertentes do processo democrático é aquele que cumpre o direito fundamental a um processo justo. E, o *processo justo* é aquele que preenche o conteúdo mínimo do devido processo. E, é curioso notar que este *processo justo* vincula não apenas o Estado no exercício de suas funções, mas também os próprios particulares entre si, pois, afinal de contas as relações privadas são realizadas dentro de um ordenamento jurídico que obedece ou deve obedecer ao devido processo. Enfim, até o *processo* que instrumentaliza as relações privadas deve ser densificado com os ditames de uma democracia.

De uma forma mais simplista tudo isso significa que no processo jurisdicional o magistrado deve atuar de forma imparcial, implementando o diálogo e participação dele com os sujeitos do processo, com moralidade, com lisura, transparência, eficiência, contraditório, oportunizando a todos as chances processuais de acesso a prova e meios de defesa, sem esquecer que a tutela a ser prestada deve ser tempestiva e efetiva, e acima de tudo, deve prestar contas de seus atos e pronunciamentos decisórios por intermédio da fundamentação de suas decisões. Isso mesmo, por exercer um poder estatal emanado da soberania popular, o juiz deve não apenas julgar de forma justa efetiva, como deve fundamentar a sua decisão, pois são as suas razões de decidir que demonstram que está atuando de forma democrática e respeitando a soberania popular.

Como já adiantado anteriormente, no que concerne às partes a *democracia* também traz enormes consequências no modo de ser do processo – visto como método estatal de resolução de conflitos – pois, acima de tudo impõe que as partes têm o direito de participar e exercer o contraditório de forma a colaborar no resultado ou influenciar nas decisões que serão tomadas pelo juiz, respeitando a sua decisão. Um *processo democrático* não é apenas participativo, mas também ético, probo, idôneo, cooperativo e exige comportamentos comprometidos com a boa-fé dos litigantes. Permite ainda que as partes possam exercer sua autonomia da vontade não só sobre o direito que deduzem em juízo, mas também sobre aspectos do próprio processo no sentido de colaborar com resultado mais efetivo. O termo *litigantes* não coloca os sujeitos da demanda em uma guerra onde todas as armas podem ser utilizadas para alguém sagrar-se vencedor. Nada disso. O processo deve refletir em todos os seus aspectos a *democracia* consagrada no modelo de Estado brasileiro e permitir que nele se pratique e exerçam os direitos fundamentais.

Não se admite em um processo democrático qualquer tipo de autoritarismo, nem pelos sujeitos interessados ou pelos desinteressados. As chamadas *decisões surpresa* feitas sem contraditório pleno e efetivo, a inexistência de paridade de armas, o cerceamento de defesa e de chances processuais, a negativa de acesso às provas, a negação à instrumentalidade, a desobediência à efetividade não são toleradas e nem admitidas em um processo democrático. A democracia no processo deve atuar no sentido de concretizar os direitos fundamentais dos sujeitos que dele necessitam, ou seja, os donos da soberania popular. O respeito e a realização do direito fundamental ao devido processo é a concretização da democracia estatal manifestada por intermédio do *método* de trabalho pelo qual atua o Estado na função legislativa, administrativa e judiciária.

2. PROCESSO E REALIZAÇÃO DOS DIREITOS FUNDAMENTAIS

O processo civil nasceu e foi edificado sobre sólidas bases do direito privado, motivo pelo qual, durante muito tempo, seus institutos fundamentais eram lidos e interpretados exclusivamente sob este viés. Inclusive, não é por acaso que o vocábulo civil lhe serve de adjetivo.

Contudo, após a Constituição Federal de 1988, com a inserção de princípios do processo nos direitos e garantias fundamentais do cidadão a adoção de um modelo constitucional de processo democrático e justo (devido processo legal), ultrapassou-se aquela perspectiva privada para fazer um estudo do processo a partir do viés constitucional. A rigor, é de se dizer que não só o direito processual sofreu essa decisiva mudança de rumo hermenêutico, mas todas as ciências jurídicas. É o que passou-se a denominar corriqueiramente, e sem que esteja livre de críticas, de *neoprocessualismo* derivado do *neoconstitucionalismo*.

O avanço do neoconstitucionalismo – um novo direito constitucional – foi decisivo para se repensar e revisitar todas as

Capítulo 5 • Processo civil e a concretização do direito fundamental ao equilíbrio ecológico

ciências jurídicas, especialmente aquelas que foram calcadas sobre ideais privatistas, tal como o direito processual civil.

As novas premissas estabelecidas pelo neoconstitucionalismo (reconhecimento de força normativa da constituição, espraiamento da jurisdição constitucional e novas formas de interpretação constitucional) também refletiram no direito processual civil, de forma que esta ciência deve ser estudada e operada sob o prisma constitucional, já que todos os princípios processuais insculpidos nas garantias fundamentais da Constituição Federal de 1988 possuem uma dimensão objetiva (abstrata que consagra valores determinantes para se operar o ordenamento) e outra subjetiva (que encerram direitos e posições jurídicas aos seus sujeitos podendo/devendo ser aplicada nos casos em concreto). O processo deve permitir o diálogo das diversas fontes normativas do ordenamento jurídico identificando o que de melhor se adequa à concretização do direito fundamental reclamado pondo fim ao conflito de interesses.

Portanto, o processo nada mais é do que um método de trabalho estatal, que deve pautar o exercício das funções judiciária, executiva e legislativa. O Estado democrático de Direito exige que este método de trabalho seja um espelho do que se espera de uma democracia, ou seja, o processo estatal (administrativo, jurisdicional ou legislativo) deve refletir os cânones democráticos, o que significa dizer que deve ser participativo, impessoal, transparente, fundamentado, com amplo contraditório e defesa, célere, entre outras características que garantam e realizem o que se denomina de direito fundamental ao devido processo. Cingindo-se ao processo jurisdicional, este método de trabalho tem por finalidade resolver conflitos e pacificar as lides, aí incluída a atividade jurisdicional satisfativa, devendo restar claro que existe um compromisso do *método* com o *resultado* para o qual ele existe e serve de instrumento.

É, portanto, imperativo constitucional, tanto sob o ponto de vista do dever do Estado Democrático, quanto sob o prisma do direito fundamental do cidadão, que tal processo (método) realize

101

e reflita o devido processo legal; este postulado que é uma cláusula aberta cujo núcleo formativo é a duração razoável, a isonomia, o contraditório e ampla defesa, o dever de fundamentação das decisões judiciais, a imparcialidade, o juiz e promotor natural.

O devido processo legal impõe o modo de ser do processo, fazendo com que não seja simplesmente um método qualquer de atuação do estado (judiciário, administrativo e legislativo), mas sim um método democrático de atuação do estado, tal como impõe o texto constitucional.

Deve o processo ser um método (ele mesmo um direito fundamental) que realiza os direitos fundamentais materiais individuais e coletivos, respeitando as características e singularidades desses direitos, sob pena de ser um instrumento inútil e descomprometido como o seu fim.

3. A UNIDADE E INTEIREZA DO DIREITO OBJETIVO COMO VALOR FUNDAMENTAL DO ESTADO BRASILEIRO E O PAPEL DA TUTELA JURISDICIONAL: A SEGURANÇA, ISONOMIA, CONFIANÇA E TEMPESTIVIDADE DA TUTELA PELA VALORIZAÇÃO DOS PRECEDENTES DAS CORTES DE CÚPULA

Segundo o art. 1º, *caput* da CF/88 a República Federativa do Brasil é formada pela união indissolúvel dos Estados e Municípios e do Distrito Federal, com competências legislativas e organização administrativa próprias.

Isso implica dizer que existem várias fontes normativas[1] e mais de um aparelho judiciário para tratar, respectivamente, de temas afetos ao interesse nacional (justiça federal) e de interesse de cada um dos estados membros (justiça estadual).

---

1. Se tomarmos o tema meio ambiente veremos que essa é uma realidade incontente na medida em que as competências administrativas e legislativas são, respectivamente, concorrentes e comuns. (art. 23, VI e 24, VI da CF/88)

Neste cenário, com uma tessitura legislativa em vários níveis e uma teia judiciária tão grande, com inúmeros magistrados federais e estaduais, com vários tribunais dos estados e regionais federais, é absolutamente necessário que exista mecanismo de proteção da inteireza do direito positivo federal e constitucional, pois, só assim é possível haver harmonia, segurança, isonomia, credibilidade e celeridade em relação à atividade jurisdicional.

Esse mecanismo é formado precipuamente pelos tribunais de cúpula e basicamente, pelos recursos excepcionais destinados a este controle e proteção do direito positivo, a saber: recurso especial para o Superior Tribunal de Justiça e recurso extraordinário para o Supremo Tribunal Federal. Assim, após a CF/88 coube ao Superior Tribunal de Justiça a proteção do direito positivo federal e ao Supremo Tribunal Federal do direito positivo constitucional, sendo este último através de controle de constitucionalidade abstrato (por ação) ou concreto (por exceção, como fundamento).

Por intermédio destes recursos e seus incidentes oriundos de causas cíveis e penais provenientes de tribunais federais e estaduais dos quatro cantos do Brasil é que se exerce maciça produção judicial no âmbito dos dois tribunais de cúpula responsáveis pela relevantíssima função uniformizadora do direito positivo.

É importante deixar claro que a proteção do direito positivo é necessária porque bem se sabe que um texto normativo criado pelo legislador não é como um produto que está numa prateleira de supermercado, pois não vem "pronto e acabado" para ser consumido, já que está muito longe de o juiz simplesmente aplicá-lo diretamente ao conflito de interesses levado em juízo sem qualquer juízo cognitivo interpretativo do texto e sua adequação ao fato a ele submetido.

Não se trata de uma operação matemática, pois, sendo o Direito um produto cultural é preciso, repita-se, que o texto normativo seja interpretado e definido seu sentido e alcance, para assim ser fixada a tese jurídica aplicável aquele caso concreto. Ora, como esse exercício é feito por todos os órgãos jurisdicionais que compõem a federação é de se imaginar o quão diferente pode ser a interpretação do texto legal pelos diferentes magistrados do país. Exatamente por isso, para evitar que o judiciário seja uma loteria, um jogo de azar onde cada juiz interpreta o mesmo texto normativo da forma que lhe aprouver criando uma insegurança jurídica, desigualdade dos jurisdicionados etc., é que é necessária a existência de meios de controle que permitam a determinados tribunais, situados na cúpula da pirâmide judiciária brasileira, definir, uniformizar e estabilizar como deve ser a intepretação do texto normativo federal (STJ) e constitucional (STF). Portanto, a produção judicial do Superior Tribunal de Justiça e do Supremo Tribunal Federal resultante do julgamento dos recursos especial e extraordinário tem papel fundamental na proteção da inteireza direito positivo brasileiro.

Ao se proteger o direito positivo, fixando-o como um bem fundamental do cidadão, tem-se, por corolário lógico a tutela da segurança jurídica, da isonomia dos jurisdicionados, e porque não dizer, também da duração razoável do processo.

A segurança jurídica é protegida na medida em que se passa a conhecer, ter confiança sobre como o Poder Judiciário (a jurisdição é uma) interpreta determinado texto normativo federal ou constitucional, o que, decerto influenciará bastante na prevenção de litígios com o aconselhamento dos advogados aos seus clientes. Para a tutela e proteção de todos os direitos isso é deveras importante, e, em matéria ambiental mais ainda porque há o fenômeno da proibição do retrocesso ambiental que será visto adiante.

Essa segurança permite antever riscos e evitar prejuízos. A segurança traz confiança do cidadão no Poder Judiciário que exerce o poder estatal pelo povo e para o povo. Não é aceitável que o direito positivo, aplicado pelo judiciário nos vários níveis e estratos, possa ser tão oscilante e motivo de tanta insegurança do jurisdicionado. A sonhada paz social pela resolução do conflito não é alcançada quando se tem incoerência e insegurança na interpretação do direito positivado.

A isonomia, prevista como direito fundamental do artigo 5º da CF/88, se vê protegida na medida em que esta não está

Capítulo 5 • Processo civil e a concretização do direito fundamental ao equilíbrio ecológico

garantida apenas com a isonomia real concretizada no texto normativo pelo legislador, e, tampouco pela proteção da igualdade real dentro do processo, mas também com a igualdade resultante do fato de que a interpretação do texto normativo na resolução das questões jurídicas devem ser igualmente decididas pelo Poder Judiciário, não sendo salutar que jurisdicionados tenham soluções diversas para problemas semelhantes em juízos diversos, tal como se a propositura de uma demanda fosse um jogo de azar, pois dependendo deste ou daquele magistrado as soluções das questões jurídicas poderiam ser diferentes. Neste particular é importantíssima a produção judicial do Superior Tribunal de Justiça e Supremo Tribunal Federal.

A duração razoável do processo também é alcançada na medida em que encurta o trabalho do magistrado, acelera o trabalho de interpretação, na medida em que o juiz que aplica o direito ao caso concreto já conhece como os tribunais de cúpula, aqueles que dão a última palavra sobre a interpretação do direito positivo, firmam a tese jurídica sobre determinada questão de direito para determinadas situações de fato.

Inegavelmente é importantíssimo o reconhecimento da estabilidade, uniformidade e coerência do direito positivo federal e constitucional brasileiro como um bem jurídico fundamental a ser aplicado e respeitado, daí porque é essencial a uniformização da jurisprudência dos tribunais, e, mormente dos tribunais de cúpula do país.

Aproximando o tema da produção normativa dos tribunais de cúpula ao direito ambiental verifica-se que este deve ser um importantíssimo instrumento em prol da defesa da inteireza do direito positivo ambiental constitucional e infraconstitucional.

Considerando que competência legislativa em matéria ambiental (art. 24, VI da CF/88) é do tipo concorrente e considerando ainda a quantidade de normas abstratas federais e sentido lato como resoluções, portarias, decretos etc., torna-se muito importante que se dê uniformidade, coerência e isonomia ao direito positivado ambiental, evitando que seja interpretado de forma diversa nas diversas unidades da federal.

Essa coerência e uniformidade permite que a jurisdição proporcione credibilidade, confiança e isonomia de tratamento em relação à exegese do direito positivo constitucional e infraconstitucional ambiental, respectivamente, pelo Supremo Tribunal Federal e Superior Tribunal de Justiça.

O Código de Processo Civil tem como um de seus pilares a proteção da inteireza do direito positivo, constitucional e infraconstitucional, seja para trazer coerência, credibilidade, isonomia, mas também para racionalizar de forma eficiente o exercício da tutela jurisdicional. Trata-se de reconhecer o papel de cortes supremas ao Superior Tribunal de Justiça e Supremo Tribunal Federal, separando a função da jurisdição extraordinária (STJ e STF) da jurisdição ordinária (juízes e tribunais).

Há no CPC um microssistema voltado a este desiderato com instrumentos de realização dessa produção normativa jurisprudencial para o futuro que se somam aos já existentes que servirão como *questões de direito decididas* e que deverão ser seguidas pelos órgãos jurisdicionais brasileiros, sob pena de utilização do instituto da reclamação para preservação da autoridade dos julgados (art. 988). Para tanto, será preciso que os tribunais passem a julgar colegiadamente e que seus julgados sejam fruto de debate entre os órgãos julgadores, o que atualmente não acontece. É preciso ainda que a fundamentação das decisões judiciais seja levada a sério, e, efetivamente cumprida a cláusula geral do artigo 489, §1º do CPC que praticamente traz uma cartilha de como deve ser fundamentada uma decisão judicial, seja ela uma interlocutória, ou sentença ou acórdão.

Em matéria ambiental toda a jurisprudência ambiental já firmada, em recursos repetitivos ou não, formam o que se pode denominar de *produção normativa dos tribunais* e quando oriundos dos tribunais de cúpula, como o Supremo Tribunal Federal e Superior Tribunal de Justiça, servirão como precedentes que devem ser transportados para as lides futuras quando essas

Capítulo 5 • Processo civil e a concretização do direito fundamental ao equilíbrio ecológico

mesmas questões de direito surgirem no poder judiciário, admitindo que não sejam aplicadas apenas quando houver a *distinção* ou a *superação* do que foi decidido, o que deve ser feito sempre de modo fundamentado.

Veja por exemplo a norma jurídica universal firmada pelo STF sobre a crueldade animal (art. 225, § 1º, VII da CF/88) a respeito da farra do boi e da rinha de galo em ações diretas de constitucionalidade, onde tal *ratio decidendi* deve ser empregada para o futuro para situações onde essa mesma questão de direito venha a ser arguida[2]. No âmbito do STJ são inúmeras as questões de direito já decididas em recursos especiais repetitivos ou não que enfrentam e firmam a orientação desta corte suprema sobre a interpretação do direito federal ambiental. Facilitando o operador do direito o STJ inclusive apresenta uma ferramenta de pesquisa denominada jurisprudência em tese que permite identificar as teses jurídicas sedimentadas sobre questões de direito ambiental. É claro que essas questões de direito decididas tem um papel vinculante e não de mera orientação, tal como se observa no artigo 988, II do CPC. Formam um direito adquirido ambiental que impedem o retrocesso, inclusive legislativo, das conquistas pro ambiente.

4. OS CONFLITOS DE MASSA E A TUTELA JURÍDICA

4.1 Sociedade de massa, homem-massa, conflitos de massa

Com o aumento desenfreado da população mundial, a produção e o consumo de bens em larga escala, a aproximação e globalização das pessoas pelos meios de comunicação de massa

---

2. Relembramos aqui que tão logo ocorreu o reconhecimento da vaquejada como prática cruel pelo STF em julgamento de ação direta de inconstitucionalidade, seguindo os precedentes mencionados anteriormente, o que fez o congresso nacional? Editou às pressas e sem qualquer pudor jurídico a Emenda Constitucional n.º 96/2017 que ficou popularmente conhecida como Emenda da Vaquejada.

(TV, Rádio e Rede Mundial de Computadores), com a criação e expansão de padrões de consumo, a criação e o desenvolvimento de enormes conglomerados urbanos, a concentração da riqueza mundial em poder de pequeno e seleto grupo que dita as regras culturais de criar, fazer e viver, criou-se um padrão de ser humano que foi maravilhosamente denominado por Ortega y Gasset de *homem-massa.*

Este homem-massa é a síntese, a unidade de uma sociedade massificada, onde as relações interpessoais são pueris com vínculos efêmeros, a comunicação verbal é pobre e reduzida, os diálogos interpessoais são quase inexistentes, o espírito crítico das instituições é nenhum, os vínculos familiares e da comunidade local são tão delgados e tênues quanto as relações virtuais, entre outras características tão comuns de serem observadas ao nosso redor. A padronização do "ser" com arquétipos que determinam o comportamento de indivíduos ou grupos de indivíduos (tribos) criam um modelo de ser humano supra individual, ou seja, um *"homem massa"* que contenta-se a ser igual aos outros, ou seja, pessoas indiferenciadas.

Nesse modelo social as lides individuais tendem a se tornar exceção à regra geral, pois, em razão do consumo e produção exacerbado, da absurda expansão dos meios de comunicação permitindo o alastramento de bens e serviços para todo o mundo, bem como a centralização do poder e do domínio econômico em nome de grandes conglomerados e multinacionais é certo que os conflitos de massa serão maciços. E, serão massivos não apenas porque o mesmo ato ilícito fere indistintamente milhares e milhares de pessoas (como por exemplo um vírus de computador que uma multinacional de smartphones possa disseminar, ou o fabricante de um remédio que lança no mercado um produto com defeito e nocivo ao consumidor, ou uma empresa concessionária de serviço de telefonia que não presta o serviço adequadamente, etc.), mas também porque muitas vezes um mesmo bem (meio ambiente, por exemplo) é indivisível e de uso comum de todos acaba sendo destruído ou prejudicado por um só ato de alguém.

Esses conflitos de massa tanto podem referir-se a *direitos individuais de massa*, denominados de individuais homogêneos, como também a *direitos essencialmente coletivos*, reconhecidos pelas categorias dos difusos e coletivos propriamente ditos.

Curiosamente o direito ao meio ambiente ecologicamente equilibrado, bem imaterial construído a partir da interação química, física e biológica dos recursos ambientais, e portanto inserido nessa tipologia de "essencialmente coletivos" tanto pode ser tutelado judicialmente a partir da sua dimensão difusa (o equilíbrio ecológico), quanto também pode ser visto e tutelado sob o direito fundamental individual de cada cidadão do povo, coletividade etc., de ter acesso comum aos recursos ambientais que são essenciais à qualidade de vida.

Basta lembrar as características do equilíbrio ecológico (instabilidade, complexidade, indivisibilidade, reflexibilidade, essencialidade, etc.) para perceber que a lesão ao *equilíbrio do ecossistema*, não raramente ensejará também a violação ao direito fundamental individual de acesso ao (s) recurso (s) ambiental lesado (s), afinal de contas é da junção destes que se formam aquele.[3]

Tratando-se de direitos individuais, sejam eles de massa ou não, o Código de Processo Civil (Lei 13.105) contém as normas aplicáveis à sua tutela jurídica. Tratando-se de direitos difusos, o Código de Processo Civil também se aplica, porém deve respeitar, pela especialidade, as regras processuais destinada à tutela dos direitos coletivos (Título III do CDC combinado com a Lei 7.347/85). É preciso ter em mente que não raramente o impacto causado ao

---

3. Dissemos raramente porque existem microbens ambientais (função ecológica) que se suprimidos ou lesados levam ao desequilíbrio do ecossistema, como por exemplo, um tipo de animal que habita um ecossistema muito particular no cerrado, mas não gera lesão aos direitos fundamentais individuais pois nem sequer é possível a fruição desse mesmo microbem. Por outro lado, a poluição do ar tanto leva a uma lesão ao equilíbrio ecológico, como também acarreta a lesão ao direito individual fundamental de acesso ao microbem "ar" que compõe o equilíbrio ecológico.

meio ambiente – dada as características do equilíbrio ecológico – ocasiona, como uma reação em cadeia, uma complexidade de conflitos filhos – ambientais, econômicos, culturais, sociais, etc. – fazendo com que o problema de origem se torne um *megaconflitos* onde o modelo de solução jurisdicional adversarial (do tipo *procedente ou improcedente*) é imprestável para dirimir todos os problemas que envolvem o problema em sua totalidade.

De outro passo, não se tratando desse modelo desses megaconflitos, já não há mais aquele antigo temor quando ainda estava vigente o CPC de 1973 de que o referido código, de feição libera e individualista, era absolutamente obsoleto para lidar com as lides coletivas individuais ou lides individuais coletivas. Com o CPC (Lei 13.105) não há mais este risco, antes o contrário, pois respeitadas as regras processuais e procedimentos voltados exclusivamente para a tutela coletiva (coletiva individual ou individual coletiva) o covo diploma fundamental do brasil é na maior parte extremamente mais avançado do que as regras processuais da legislação de tutela dos direitos coletivos. O diálogo das fontes processuais (CPC e leis processuais esparsas) deve ser o mais completo e incessante possível, pois não pode o instrumento (processo) ser óbice ao alcance da melhor, mais adequada e justa tutela do direito material.

Assim, em linhas gerais os conflitos *individuais* de massa tanto podem ser tutelados pelas técnicas coletivas do CDC/LACP (*técnicas coletivas de repercussão individual – ações coletivas para a defesa de direitos individuais homogêneos*) com apoio e incidência incessante do CPC, quanto *também* podem ser objeto de tutela pelo CPC de onde emerge uma série de técnicas individuais de repercussão coletiva, como por exemplo o *incidente de resolução de demandas repetitivas*.

Aqui nos interessa em particular a tutela jurisdicional do meio ambiente, do equilíbrio ecológico, portanto, um bem difuso, imaterial, indivisível com inúmeras peculiaridades que obrigação a aplicação não apenas da legislação especial de tutela coletiva (CDC + LACP + LAP), mas também de incidência rotineira com

Capítulo 5 • Processo civil e a concretização do direito fundamental ao equilíbrio ecológico

vistas a obtenção da tutela jurisdicional adequada do referido bem.

4.2 Interesses coletivos *lato sensu*: o equilíbrio ecológico visto como bem difuso

O tema dos "interesses coletivos" foi preocupação corrente dos processualistas brasileiros nas décadas de 70 e 80, como ainda ocorre na Itália. O nosso ordenamento jurídico, no entanto, depois de a Lei da Ação Civil Pública (Lei 7.347/85, art. 1.º) e de a própria Constituição Federal (art. 129, III) terem usado a expressão interesses difusos e coletivos, o CDC (Lei n.º 8.078/90) decidiu pôr uma pá de cal no assunto, definindo o conteúdo dos interesses essencialmente coletivos. E fê-lo por intermédio do art. 81, parágrafo único, I e II, da Lei 8.078/90, que instituiu o Código de Defesa do Consumidor, que, embora seja voltado para a defesa do consumidor, tem a sua parte processual (Título III) aplicável à defesa de todo e qualquer direito coletivo *lato sensu* (regra propositadamente inserida pelo legislador), tal como determina o art. 117 das Disposições Finais.

Assim, qualquer definição dos direitos coletivos lato sensu será de *lege ferenda*, uma vez que de *lege lata* há expressa previsão conceitual no direito positivo.

Segundo o art. 81, parágrafo único, temos: "A defesa coletiva será exercida quando se tratar de:

> I – interesses ou direitos difusos, assim entendidos, para efeitos deste Código, os transindividuais, de natureza indivisível, de que sejam titulares pessoas indeterminadas e ligadas por circunstâncias de fato;
>
> II – interesses ou direitos coletivos, assim entendidos, para efeitos deste Código, os transindividuais, de natureza indivisível, de que seja titular grupo, categoria ou classe de pessoas ligadas entre si ou com a parte contrária por uma relação jurídica base;
>
> III – interesses ou direitos individuais homogêneos, assim entendidos os decorrentes de origem comum".

O fato de tal dispositivo estar topograficamente inserido no Título III do Código de Defesa do Consumidor não elide a sua aplicabilidade a todo e qualquer direito coletivo *lato sensu* do ordenamento jurídico brasileiro, seja ele de natureza comercial, trabalhista, civil etc. É de se recordar o *diálogo das fontes* como uma necessidade de sobrevivência do ordenamento jurídico para atender de forma justa e adequada a tutela dos direitos.

Ademais, cumpre destacar que, muito embora o Título III do CDC seja voltado para cuidar das regras processuais atinentes à defesa do consumidor, tal como estipula o rótulo do referido Título III, a verdade é que ali não estão previstas apenas regras processuais, e o maior exemplo disso é justamente esse parágrafo único do art. 81, já que conceituou o próprio objeto de tutela (direito material), quais sejam os interesses (direitos) coletivos *lato sensu*.

Também cumpre destacar que o uso da expressão direitos coletivos *lato sensu*, gênero do qual os difusos, os coletivos e os individuais homogêneos são tratados como espécies, pode ser percebido não só na redação do *caput* do parágrafo único do art. 81, mas também na Constituição, cujo legislador, ao cuidar dos direitos fundamentais, os rotulou de garantias individuais e coletivas, sem se preocupar em dizer quais os "tipos" de direitos coletivos que estariam sendo tratados no Capítulo I, Título II, da CF/88. Bem pelo contrário, deixou essa tarefa para o legislador infraconstitucional, exatamente como fizeram os responsáveis pela lei que instituiu o Código de Defesa do Consumidor. Enfim, tanto na Constituição Federal (ao cuidar dos direitos e garantias individuais e coletivos), quanto no art. 81, parágrafo único, do CDC, a expressão "direitos coletivos" é utilizada em sentido lato, para abranger todas as suas espécies que foram tipificadas pelo legislador.

Outra advertência que precisa ser estabelecida como premissa é o de que vive-se atualmente em uma sociedade cada vez mais plural, heterogênea em que os valores, as pretensões e as formas de ser e viver das pessoas é cada vez mais diversificada, de modo que

Capítulo 5 • Processo civil e a concretização do direito fundamental ao equilíbrio ecológico

quando se fala em um "direito difuso" ou um "interesse público" isso não quer dizer que não exista – muito pelo contrário – uma enorme conflituosidade interna entre aqueles que são tomados como titulares do direito difuso a ser tutelado.

O fato de convergirem em relação à tutela do mesmo objeto, não significa que tais pessoas se conheçam, convivam entre si, dividam as mesmas opiniões, sigam o mesmo padrão cultural e social, e, o que é mais importante, não significa que aguardam ou anseiam uma solução padrão para a tutela do referido direito, seja porque suas necessidades ou aspirações sejam diversas em relação ao que se entende por tutela do equilíbrio ecológico, seja porque o próprio direito a ser tutelado (equilíbrio ecológico) guarda em si mesmo inúmeras peculiaridades que implicam em adotar *várias soluções possíveis* a partir de um tronco único denominado *tutela do equilíbrio ecológico*.

Considerando essas premissas é que deve ser lido o artigo 81, parágrafo único, I do CDC que encerra o conceito de interesse difuso, no qual se encarta o direito ao meio ambiente ecologicamente equilibrado. A dimensão individual deste direito, referente ao uso e fruição comum dos recursos ambientais essenciais à vida não se confundem com o direito ao meio ambiente ecologicamente equilibrado.

Levando-se em consideração a definição (*ominium definitivo periculosa est*) dos interesses difusos percebe-se que o nosso legislador teve grande inclinação pelo critério objetivo. Assim, pelo critério objetivo (a indivisibilidade do bem), o legislador fez crer que a necessidade individualidade de cada um dos titulares é irrelevante na fruição e proteção desse mesmo bem, tanto que identifica o titular a partir de um *padrão transindividual*, que tornam todos os titulares *standarts* de um mesmo título que o identifica (morador, cidadão, consumidor, usuário, etc.). Obviamente que ser transindividualidade não é o que transcende ao ser humano, mas apenas que transcende à individualidade que tornaria aquele sujeito diverso do outro titular em relação à proteção do bem difuso. Por outro lado, se o bem é indivisível, pode-se dizer que, independentemente do vínculo que possa existir entre os sujeitos titulares, o fato é que a satisfação a um dos titulares implica na de todos eles. De fato a *restauração do macrobem (ecossistema)* atende da mesma forma para todos os seus titulares. Coisa diversa é a dimensão individual de uso e fruição dos recursos ambientais que foram o equilíbrio ecológico. Em outros termos, significa afirmar que a indivisibilidade do bem faz com que todos os seus titulares se encontrem em posição idêntica sobre o objeto do interesse, algo que não acontece na *dimensão individual* do microbem ambiental.

Pela leitura dos incisos I e II do art. 81, parágrafo único, do CDC, distingue-se o interesse difuso e o interesse coletivo pelo aspecto subjetivo, embora aí não resida a única diferença. Assim, se o critério objetivo foi o determinante para os colocar na vala comum dos interesses essencialmente coletivos, foi o critério subjetivo que o legislador adotou para diferenciar um do outro. A redação do inciso II (interesses coletivos) faz crer que o titular é um grupo, categoria ou classe de pessoas. O vínculo que permite identificá-lo (*rectius*, determiná-lo) vem descrito da seguinte forma na norma em comento: ligadas entre si ou com a parte contrária por uma relação jurídica base. Significa dizer que as pessoas do grupo, categoria ou classe estão ligadas entre si (relação institucional como uma associação, um sindicato, uma federação etc.) ou, alternativamente, é possível que esse vínculo jurídico emane da própria relação jurídica existente com a parte contrária. A relação "entre si" a que alude o legislador pode-se dar antes de um ilícito, ou derivar de um ilícito comum.

Certamente que no primeiro caso (pessoas ligadas entre si) existe uma maior coesão e, portanto, menos conflituosidade interna do que no segundo caso (ligados por uma relação jurídica base com a parte contrária). A preocupação do legislador em estender a proteção ao grupo de pessoas que não possuam vínculo entre si, mas sim com a parte contrária, decorre do fato de que, não sendo obrigatório o associativismo (liberdade pública), é possível que, mesmo a pessoa não sendo associada a uma categoria, ainda assim seja titular de um direito coletivo, pelo simples fato de que possui, como o associado, uma relação jurídica base com a parte contrária. Assim, por exemplo, será titular de direito coletivo, tanto aquele que seja quanto o que não seja sindicalizado, numa demanda proposta pelo sindicato para obrigar o patrão a colocar filtro sonoro no interior da fábrica. Portanto, não é o vínculo associativista (necessidades comuns traduzidas num ente representativo) que faz com que o direito seja coletivo, mas sim o seu objeto, como foi dito alhures. Se o objeto é indivisível, a sua tutela implicará em sujeitar todos os seus titulares aos limites da coisa julgada, independentemente de estes mesmos titulares serem ou não pertencentes a uma mesma associação, sindicato etc. As expressões grupo, categoria ou classe de pessoas devem ser compreendidas como classe de pessoas que sejam titulares (como coletividade) de um objeto indivisível. Como se vê é inútil o primeiro tipo de interesses coletivos, já que ligados entre si ou com a parte contrária, basta a indivisibilidade do objeto para se ter a tutela de todos os seus titulares.

Segundo o Código, a distinção entre o interesse difuso e o coletivo se faz por intermédio da determinabilidade dos titulares do interesse. Enquanto neste são determináveis, naquele são indetermináveis. Entretanto, esta não nos parece ser a única distinção entre uns e outros. A diferença entre o interesse difuso e o interesse coletivo é ontológica porque, enquanto o interesse coletivo está diretamente ligado ao atendimento de um interesse privado de uma coletividade, exclusivo e egoísta dessa mesma coletividade, que quase sempre se organiza para atender a suas exigências e pretensões (caráter egoísta em prol da coletividade), o interesse difuso possui uma veia pública, não exclusiva, heterogênea (por causa da dispersão) e plural.

Nesse ponto, o critério da exclusividade do interesse também merece destaque e, de certa forma, decorre dessa dispersão do aspecto subjetivo que distância um do outro. Ora, se no interesse coletivo os titulares são determináveis, então é sinal de que existe o caráter exclusivo de fruição desse interesse por parte da categoria à qual o interesse pertença. É exatamente esse aspecto que se pode dizer caracterizar um interesse egoísta (em prol apenas daquela coletividade determinada) e visando atender aos interesses concretos de cada um de seus membros.

Já no interesse difuso, pelo seu grau de dispersão e indeterminabilidade de seus titulares, não se pode atribuir qualquer tipo de exclusividade na fruição do objeto do interesse. Tanto isso é verdade que o vínculo que une os titulares desse direito é apenas uma circunstância de fato, tal como determina o CDC, art. 81, parágrafo único, I, e endossa o exposto na regra da coisa julgada (art. 103, I), quando diz que a mesma tem eficácia *erga omnes*. Não há dúvida que existe uma limitação dos titulares de um interesse difuso; entretanto, torna-se impossível a demarcação desse limite, mas que se reconhece existente, simplesmente porque não se pode identificar cada um dos titulares e, mais ainda, porque o elo de ligação entre tais sujeitos é uma circunstância de fato, caracterizando-se, pois, por um estado de fluidez completo, instável e contemporâneo. Também é clara e induvidosa a possibilidade de conflituosidade interna entre os titulares, até mais acentuada do que no interesse coletivo, já que no interesse difuso a ligação entre os membros titulares são circunstâncias de fato.

Ainda precisa ser dito que o interesse difuso é heterogêneo e isso decorre do fato de que o vínculo que une os seus titulares é circunstancial (habitantes de uma mesma região, consumidores de um mesmo produto etc.), ao passo que o interesse coletivo é homogêneo (ou menos heterogêneo) na medida em que a coletividade persegue interesses previsivelmente queridos pelos seus membros. Aliás, é justamente o vínculo organizacional e corporativista de uma categoria que prevalece no interesse coletivo, resultando daí a homogeneidade mencionada.

Também se assevere que, se os interesses difusos possuem uma "veia pública", é porque a indeterminabilidade de seus sujeitos pressupõe o raciocínio de que o interesse em jogo é disperso de tal maneira porque atinge um número ilimitado de pessoas, dando-lhe uma conotação publicista. São os interesses difusos que em dada situação concreta são reconhecidos como "públicos",

Capítulo 5 • Processo civil e a concretização do direito fundamental ao equilíbrio ecológico

seja pelo administrador, pelo legislador ou pelo judiciário que fará prevalecer em determinado caso concreto a prevalência deste interesse sobre os demais que a ele se acomodam. Já os interesses coletivos são coletivos seja para dez, vinte, trinta ou mil pessoas, porém sempre determináveis. Visam o benefício de cada uma dessas pessoas enquanto partícipes dessa coletividade, e mais ninguém que não seja titular desse interesse. Exatamente por isso é que se diz possuir uma veia privatística (da categoria).

Não nos olvidemos de que, muito embora o Código tenha utilizado a expressão transindividual tanto para o interesse coletivo quanto para o interesse difuso, não nos parece que essa transcendência do indivíduo possa ser vista da mesma forma para ambos os casos. Isso porque o interesse coletivo refere-se "a categorias organizadas para a tutela de interesses específicos (e, logo, diferenciados) dos próprios aderentes", mas que em última análise visam beneficiar os próprios titulares desse interesse. Obviamente que os sujeitos desses direitos não são o *grupo* a *categoria* ou a *classe* ou o *povo*, ou a *coletividade*, etc., mas sim todos os sujeitos que se encaixam no *standart* transindividual que o categoriza como tal.

Já com relação à terceira categoria de interesses coletivos lato sensu, os individuais homogêneos, previstos no art. 81, parágrafo único, III, do CDC, percebe-se que o legislador foi econômico em definições, tendo referido apenas que são aqueles de origem comum. Como bem disse José Carlos Barbosa Moreira, tais direitos são acidentalmente coletivos, porque ontologicamente, na sua raiz, não guardam uma natureza coletiva. Com isso se quer dizer que apenas por ficção jurídica o legislador permitiu que em casos específicos de interesse social, "assumida a natureza divisível do objeto, ou, a rigor, a multiplicidade de objetos, que pertencem a cada um dos interessados" (indeterminados num primeiro momento), fossem tais direitos tratados de modo coletivo, ou seja, permitindo que se lhes aplicassem também todas as regras de direito processual coletivo contidas no próprio CDC ou na ação civil pública, seja para dar maior efetividade ao direito material invocado, seja por economia processual. Na verdade, os individuais homogêneos são interesses individuais que pertencem a um homem massa dentre tantos outros iguais a ele que foram afetados pela mesma antijuridicidade.

O atual sistema processual civil permite que tais interesses tanto sejam tutelados por *técnicas e procedimentos coletivas, mas de repercussão individual* (CDC/LACP) ou por *técnicas e procedimentos individuais de repercussão coletiva* (CPC)[4], sem que isso represente um isolamento entre elas, antes o inverso, já que o diálogo de fontes impõe-se como uma obrigatoriedade à tutela dos direitos. Em outros termos significa que tanto a tutela pode partir do coletivo para o individual (de forma transindividual por via de uma ação coletiva para a defesa de direitos individuais homogêneos, nos termos do artigo 91 e ss. do CDC com posterior liquidação individual), quanto permite que se parta do individual para o coletivo, ou seja, pinça-se de uma das milhares ações individuais repetitivas, uma causa piloto, cuja tese julgada servirá de padrão para as demandas individuais que estejam suspensas aguardando a tal solução, tal como acontece *grosso modo* no incidente de resolução de demandas repetitivas, nos recursos repetitivos, etc.

5. CONFLITOS DE INTERESSES E TÉCNICA PROCESSUAL

5.1 As crises jurídicas

Como foi dito acima, numa sociedade tão plural e diversificada não é incomum a existência de crises ou conflitos de interesses. O que realmente poderá variar de acordo com o grau de comprometimento social de cada nação, a sua educação, a sua cultura, etc., é a necessidade, ou não, de se buscar uma solução heterocompositiva estatal para debelar as referidas crises.

---

4. Sobre o tema ver o nosso "sistema de precedentes ou mero filtros redutores de demandas? Angustias e desconfianças", in Revista de Processo, São Paulo: Revista dos Tribunais, n.º 259, 2016, p. 307-329.

Obviamente que as soluções autocompositivas devem ser estimuladas antes, durante e até mesmo depois de instaurada um conflito no poder judiciário.

Considerando-se a existência de conflitos de interesses na sociedade, podemos, por razões meramente didáticas aglutiná-las todas elas em três grandes grupos aos quais denominaremos de crises de certeza, crises de situação jurídica e crises de cooperação (adimplemento ou cumprimento). Essa classificação leva em consideração o tipo de proteção ou tutela que seja capaz de debelar a referida crise e trazer a "paz social".

Uma crise de certeza jurídica é marcada pela necessidade dos contendores obter uma solução que elimine a incerteza; a relativa a uma situação jurídica é marcada pela necessidade de se obter uma alteração da situação jurídica que envolve os contendores (extinção, modificação ou criação de uma nova situação jurídica); e a crise de cooperação ou adimplemento é marcada pelo descumprimento (inadimplemento) de uma prestação ou um dever jurídico (fazer, não fazer, entrega de coisa ou pagamento de quantia).

Um exemplo bastante comum de crise de certeza se dá quando existe conflito de interesses no reconhecimento (acertamento) da autenticidade ou falsidade de um documento, ou na existência ou na inexistência de uma relação jurídica, caso em que se pede em juízo a obtenção de uma declaração do Poder Judiciário que elimine a incerteza que alimenta a respectiva crise jurídica.

Destarte, como se disse, também é possível a existência de crises de situações jurídicas, assim entendidos os conflitos de interesses cuja solução é a oferta pelo direito material de uma nova situação jurídica que irá se sobrepor à anterior. É o caso, por exemplo, da obtenção do divórcio ou da rescisão de um contrato, ou alteração de uma relação jurídica etc., casos em que o Poder Judiciário dá ao jurisdicionado uma nova situação jurídica prevista no direito material a que fazia jus o indivíduo.

Sem dúvida que o cenário social acena como sendo mais comum o surgimento de crises de descumprimento correspondentes aos casos em que o surgimento de determinado fato típico faz nascer uma posição jurídica de vantagem para um sujeito, com uma correspondente posição de desvantagem atrelada a um dever que deveria ser adimplido. Também para esses casos o processo deve aparelhar-se de modo a alcançar a solução específica, que é justamente o fim da crise com a obtenção do cumprimento.

Assim, como se vê, todos os tipos de crises devem ser adequadamente debelados pela imposição da solução prevista no direito substancial. O papel do direito processual é apenas de servir como ferramenta adequada, que permita o justo e efetivo acesso à solução prevista no direito substancial. Essas técnicas de imposição das soluções para as crises jurídicas devem ser, e são sempre, influenciadas pelo próprio direito material a ser aplicado, pois nem se poderia imaginar que uma técnica geral pudesse debelar crises jurídicas tão diferentes. Enfim, todas as peculiaridades do próprio direito material decerto que influenciam no tipo de técnica que deva ser utilizada para acessar de modo justo e efetivo a solução prevista na norma substancial.

Com essa afirmação queremos dizer que o processo não cria direitos, senão apenas deve ser utilizado para impor as soluções previstas no direito substancial. Na verdade, o direito processual constitui apenas um arsenal de instrumentos (técnicos) adequados à imposição da tutela material prevista na norma material. Ratificando, pois, o processo, visto como instrumento de atuação da jurisdição, deve ser algo que seja capaz de dar razão a quem tem razão e, mais ainda, que permita que esse alguém possa usufruir do direito que lhe foi assegurado, sob pena de, não sendo assim, constituir algo ilegítimo, ou que não atende às finalidades para as quais foi concebido.

Sob o enfoque dos tipos de provimentos ofertados pelo direito processual para impor as soluções para os três tipos de crises jurídicas, verifica-se que para crises de certeza, onde o que se espera obter é a certeza jurídica, o direito processual civil fornece provimentos declaratórios, que pelo menos em tese são aptos e idôneos para debelar por completo a crise jurídica de incerteza.

Capítulo 5 • Processo civil e a concretização do direito fundamental ao equilíbrio ecológico

Já para as crises de situações jurídicas, onde se reclama o direito ao alcance de uma nova situação jurídica prevista pelo direito material, o processo dispõe dos provimentos constitutivos, que em si trazem o alcance da solução do direito material, sendo, por isso mesmo, aptos a pôr fim à crise existente.

No tocante às crises de descumprimento (adimplemento), cuja solução que o processo visa impor é justamente o cumprimento ou o adimplemento, existem diferentes tipos de provimentos, que variarão de acordo com o tipo de situação jurídica subjetiva descumprida. A crise tem fim quando o adimplemento é alcançado, seja por ato forçado do devedor, seja por ato sub-rogatório imposto pelo Estado. É a execução que debela este tipo de crise, se e quando o devedor não cumpre a obrigação revelada na sentença ou no título executivo extrajudicial.

Com essa afirmação queremos dizer, e até advertir, que em razão da promessa constitucional de que o processo deve ser instrumento de tutela dos direitos, deve haver, e, efetivamente há, no direito processual civil brasileiro, a oferta de técnicas (*processos, procedimentos e provimentos*) aptas para debelar – com a efetividade necessária – toda e qualquer crise jurídica envolvendo o meio ambiente cuja finalidade seja proteger o macrobem *equilíbrio ecológico*.[5]

---

5. Edilson Vitorelli (O Devido Processo Legal Coletivo: Dos Direitos Aos Litigios Coletivos) propõe a superação da classificação dos interesses e direitos pela tipologia dos conflitos, tendo em vista o dinamismo e complexidade de uma sociedade de massas onde os direitos estão entremeados e é quase impossível o isolamento (estático) de um interesse ou direito. Daí porque o autor classifica os *conflitos* e não os direitos. A sugestão é ótima e deve ser aproveitada sem a exclusão do conceito de *lege lata* previsto no CDC. Os conceitos, *lege ferenda* e *lege lata*, podem e devem ser aproveitados no sentido de trazer maior rendimento à tutela dos direitos.

5.2 Crises jurídicas ambientais

5.2.1 Os litígios ambientais: maior incidência dos deveres ambientais

Como foi visto no tópico antecedente, vamos encontrar, no direito ambiental, tomando o *equilíbrio ecológico* como objeto de tutela, três tipos de crises jurídicas: de *certeza jurídica*, de *situação jurídica* e de *cooperação ou adimplemento*.

A primeira e a segunda – de frequência bem menor – caracterizam-se pelo fato de que a solução apta para pacificá-las é a obtenção da *certeza jurídica* e da *nova situação jurídica*, o que se dá, respectivamente, pela obtenção dos provimentos judiciais declaratórios e constitutivos. Neste, obtém-se, no próprio provimento, a nova situação jurídica ofertada pelo direito material; naquele, obtém-se a certeza jurídica e assim debela-se a *incerteza sobre a existência ou inexistência de uma relação jurídica*.

Conquanto seja possível a ocorrência de crises de certeza e de situação jurídica envolvendo a tutela do equilíbrio ecológico – tal como se disse no parágrafo anterior –, não são estas as crises mais comuns; enfim, não são tão frequentes as crises de certeza e de situação jurídica, porque grande parte – a esmagadora maioria – dos conflitos e litígios envolvendo o equilíbrio ecológico refere-se às crises de cumprimento de *deveres ambientais*, pois no campo do direito material, há inúmeros deveres ambientais positivos e negativos que são impostos ao Poder Público e à coletividade.

Por sua vez, nessa esteira, pode-se ainda afirmar, categoricamente, que, dentre as crises de cooperação, os *deveres* ambientais mais descumpridos são os que envolvem a prática de um fazer ou um não fazer. Isso se justifica porque as condutas de fazer e de não fazer são os deveres mais comuns no plano do direito material (*v.g* art.225, *caput* da CF/1988), quase não restando espaço para os deveres de dar algo (pagar quantia ou entrega de coisa).

Tal conclusão resulta do fato de que um dos princípios do direito ambiental é o da participação ou solidariedade,

Capítulo 5 • Processo civil e a concretização do direito fundamental ao equilíbrio ecológico

expressamente inserido no *caput* do art. 225 da CF/1988, onde se lê que *tanto o poder público quanto a coletividade têm o dever de defender e preservar o meio ambiente para as presentes e futuras gerações*. Outro é o princípio do poluidor usuário pagador que impõe restrições ao direito de propriedade, que impõe deveres de precaução, prevenção e responsabilização, etc. Está aí, às escâncaras, a regra magna que impõe um dever positivo e outro negativo a toda a coletividade em relação à proteção do equilíbrio ecológico.

Sob essa perspectiva, indica-se ainda na Constituição Federal de 1988 o próprio art. 225, quando no seu *caput* determina que é um dever do Poder Público e da coletividade proteger o meio ambiente para as presentes e futuras gerações. Isso vem evidenciar que esse *dever social* precisa ser visto sob dois flancos distintos, um *negativo* e outro *positivo*: o primeiro na adoção de comportamentos sociais, personalíssimos, portanto egoísticos, de não praticar atos que possam ser ofensivos ao meio ambiente e a seus componentes; o segundo na adoção de comportamentos sociais que representem um *facere*, uma tomada de atitude, comissiva, mas que não se resuma apenas à esfera individual, ou seja, não preocupada apenas com o "eu", mas com o "todos".

Por isso, pode-se dizer que o art. 225, *caput*, prescreve o direito subjetivo público constitucional de se ter um meio ambiente ecologicamente equilibrado, mas também o correlato *dever* de toda a sociedade de protegê-lo e preservá-lo para as presentes e futuras gerações. Apenas a título ilustrativo e para comprovar a afirmação de que os *deveres de fazer e de não fazer* são as condutas mais comuns no direito ambiental, e por isso mesmo são as que mais causam crises jurídicas envolvendo o meio ambiente, basta a rasa leitura da Lei 9.605/1998, apelidada de Lei de Crimes Ambientais, para se ver que os tipos penais e administrativos ali arrolados referem-se quase que na sua totalidade a deveres de fazer e de não fazer.

5.2.2 Os deveres ambientais e a tutela mais coincidente possível com a regra de direito material

Acrescentando, ao que foi dito acima, os ingredientes da *essencialidade* (à vida) e da *instabilidade, a complexidade,* a *infungibilidade,* a *indivisibilidade, dever de proteção e preservação* etc., do equilíbrio ecológico, pode-se antever que todas as crises jurídicas ambientais referentes ao cumprimento de um dever de fazer e não fazer exigem não só uma solução rápida, mas também específica, no sentido que a tutela jurisdicional a ser entregue à coletividade deve ser a mais próxima possível daquela que se teria com o cumprimento espontâneo do dever jurídico constitucional ambiental. A ideia precípua é que a tutela jurisdicional a ser entregue seja a mais coincidente possível com o resultado previsto pela norma ambiental. Enfim, se ela prevê um *não fazer*, então é esta a tutela que deve ser buscada; se, por outro lado, prevê um *fazer*, é este que deve ser adimplido. Há que se recordar que o equilíbrio ecológico é essencial à vida e, por isso mesmo, todos os deveres ambientais estão relacionados à proteção de todas as formas de vida. Não é por acaso que o descumprimento de qualquer dever ambiental é, regra geral, tipo penal, o que demonstra a sua importância para o ordenamento jurídico.

Assim, além de uma tutela ágil, a proteção jurisdicional dos deveres ambientais deve ser o mais coincidente possível com a realidade esperada pelo legislador. Trata-se, pois, de içar a *tutela específica dos deveres ambientais* como um norte a ser perseguido e alcançado. *Contrario sensu*, é de se dizer que a não realização da tutela jurisdicional específica pode comprometer o direito fundamental à vida de todos os seres vivos.

5.2.3 A impossibilidade da maior coincidência possível e a reparação específica

Destarte, é de se dizer que nem sempre será possível a obtenção da tutela específica, enfim, aquela originariamente prevista pelo legislador. É claro que não podemos ser utópicos e imaginar

Capítulo 5 • Processo civil e a concretização do direito fundamental ao equilíbrio ecológico

que a tutela jurisdicional será sempre pronta e específica para debelar a crise jurídica ofertando um resultado coincidente com o dever jurídico visado pelo legislador.

Nesse particular, apenas subsidiariamente é que se deve pensar na tutela reparatória do meio ambiente, ou seja, quando se mostre impossível a tutela específica idealizada pelo legislador. Para deveres positivos ou negativos em matéria ambiental deve ser regra a tutela que iniba o ilícito ou previna o dano, lembrando que devem ser potencializadas mediante a utilização de todas as técnicas processuais executivas que sejam adequadas à obtenção do direito (art. 139, IV do CPC).

E, ainda assim, a reparação deve ser o mais próximo possível do resultado que se teria com a conduta esperada pelo legislador. Daí por que a reparação *in natura* é a tutela reparatória mais frequente no direito ambiental. Seja por razões pedagógicas do poluidor e transgressor da norma ambiental, seja por razões de proteção do meio ambiente, sem dúvida, mais vale uma reparação *in natura* do que uma reparação pecuniária, porque, em última análise, sabe-se que o desequilíbrio ambiental e o prejuízo causado às presentes e futuras gerações não encontra um valor que reflita com fidelidade a perda ambiental, de forma que o dinheiro nunca paga o prejuízo causado pela degradação do equilíbrio ecológico. Isso sem contar os problemas burocráticos de transformar o *dinheiro público* em ações pró-ambiente (aprovar projetos, licitações etc.).

Nunca é demais lembrar que a indivisibilidade e solidariedade do bem ambiental e o seu regime jurídico de *bem de uso comum* tornam a sua fruição democrática, ao passo que a reparação pecuniária não permite, regra geral, o mesmo alcance.

5.2.4 As técnicas processuais para obtenção da tutela específica e da reparação in natura

Diante desse quadro, o papel do processo civil é o de oferecer técnicas que atendam ao ideal de justiça ambiental. Devem ser técnicas que consigam ofertar a tutela específica no menor tempo possível e, apenas subsidiariamente, ofertar a tutela reparatória *in natura*, e, mais subsidiariamente ainda, a tutela reparatória *in pecunia*.

A técnica processual mais apta à outorga da proteção jurisdicional dos deveres ambientais específicos está insculpida nos arts. 139, IV, 497[6] e ss. e 536 do CPC, onde o legislador processual deixou clara a sua intenção de que ela seja usada pelo jurisdicionado quando este pretender obter uma proteção jurisdicional coincidente (o mais coincidente possível) com o dever jurídico de fazer e de não fazer previsto na norma. Tratando-se de execução de título extrajudicial deve-se seguir o artigo 814 e ss. valendo-se necessariamente do artigo 139, IV e 536 do CPC.

Desde o início da demanda de obrigação de fazer e de não fazer, o que pretende o jurisdicionado é a situação final (tutela) correspondente ao fazer ou não fazer previsto na norma. Obviamente que, se a crise jurídica já estiver marcada pela prática do ato do qual o poluidor deveria ter abstido ou pela omissão do que ele já deveria ter praticado, então, certamente, a tutela específica será apenas para o futuro, já que a conduta de fazer ou de não fazer descumprida resultaria na reparação ao menos *in natura* – dos prejuízos ambientais.

Por isso mesmo, em respeito à tutela específica e para prevenir os riscos ambientais do potencial descumprimento do dever jurídico é que a modalidade de tutela tem um papel eminentemente preventivo, no sentido de que a tutela jurisdicional deve ser revelada e efetivada antes do fazer (do qual deveria se abster) ou antes da abstenção que deveria ter sido praticada.

Assim, não será incomum – antes o contrário – a utilização das tutelas provisórias de urgência do artigo 298 e ss. do CPC

---

6. Art. 497. Na ação que tenha por objeto a prestação de fazer ou de não fazer, o juiz, se procedente o pedido, concederá a tutela específica ou determinará providências que assegurem a obtenção de tutela pelo resultado prático equivalente. Parágrafo único. Para a concessão da tutela específica destinada a inibir a prática, a reiteração ou a continuação de um ilícito, ou a sua remoção, é irrelevante a demonstração da ocorrência de dano ou da existência de culpa ou dolo.

Capítulo 5 • Processo civil e a concretização do direito fundamental ao equilíbrio ecológico

combinadas com o artigo 497 e ss. e com o 536 *antes* do momento do cumprimento do dever positivo ou negativo justamente para evitar a tutela tardia, ou seja, após o cumprimento do referido dever. Nesse particular, visando ao cumprimento do dever (positivo ou negativo) ao qual estava submetido o sujeito passivo e, precisamente, o cumprimento no momento previsto pelo legislador, tem-se que a tutela dos arts. 497 e 536 é preventiva do direito material, pois evita o descumprimento do dever jurídico *pró-ambiente*. Assim, quanto mais próximo estiver o momento da prática ou da abstenção do dever ambiental, mais urgente será a necessidade de realização da tutela específica.[7]

É interessante observar que, em razão das peculiaridades e características do bem ambiental (essencialidade à vida, instabilidade, infungibilidade, complexidade, titularidade difusa etc.), tem-se que, se a tutela jurisdicional for utilizada após o descumprimento (no plano material) do dever positivo ou negativo, ela não será, obviamente, coincidente com o resultado esperado pelo legislador, mas nem por isso se deve prescindir do uso dos arts. 497 e 536 do CPC, pois é possível que mesmo após o ilícito, não tenha ocorrido o dano, motivo pelo qual é idônea a remoção da antijuridicidade ambiental.

Observe-se a questão também sob outro prisma, qual seja o de que o desequilíbrio ecológico resultante do descumprimento de uma conduta não se estanca no espaço e no tempo em razão da ubiquidade do bem ambiental, motivo pelo qual haverá, sempre, a possibilidade de se obter a tutela do dever de fazer e de não fazer sob um prisma prospectivo. Já os eventuais prejuízos resultantes do fazer ou do não fazer descumpridos, pelo menos até o momento de efetivação da tutela específica, deverão ser reparados, de preferência, pela forma *in natura*.

---

7. Nesse particular, registra-se a louvável opção da legislação em tipificar condutas delitivas como de *perigo* abstrato, antecipando para a ocorrência do dano o momento de consumação do crime, tal como se observa no art. 42 da Lei de Crimes Ambientais (Lei 9.605/98).

Se é verdade que a maior coincidência possível da tutela dos deveres de fazer e de não fazer ocorre quando o resultado esperado na norma se dá no exato momento em que o Poder Judiciário efetiva a tutela jurisdicional específica, também é verdade que muitas vezes é possível a obtenção desse mesmo resultado, mesmo que isso se dê após o momento previsto pelo legislador. Nesse caso, obteve-se o mesmo resultado (por exemplo, a realização e entrega do relatório de impacto ambiental), embora isso tenha se dado após o momento desejado pelo legislador. Nesses casos, também a técnica processual dos arts. 497 e ss. combinado com o artigo 536 e ss. do CPC mostram-se como o melhor remédio a ser empregado pelo condutor processual da lide ambiental, e, como tal, não é desprezada de forma nenhuma.

Ainda, havendo coincidência do resultado dado pelo processo e aquele esperado pelo legislador, pode-se dizer que houve, sim, *tutela específica*, ainda que após o momento previsto na norma jurídica. O resultado foi exatamente o mesmo, porém obtido após o momento (postergado temporalmente) que o legislador teria colocado como o adequado para ser efetivado. É que, muitas vezes, o momento do ilícito (antijuridicidade ambiental) se dá em momento diverso (antes) do dano ambiental, permitindo a tutela específica reparatória do ilícito, porém preventiva de eventual dano ambiental.

Igualmente, servem os arts. 497 e ss. combinado com o artigo 536 e ss. do CPC para os casos em que a tutela a ser entregue seja coincidente com o resultado querido pelo legislador (caso houvesse o cumprimento espontâneo), ainda que tal resultado seja obtido por meios diversos daquele que foi idealizado pelo legislador. Assim, se, por determinação judicial, a realização do estudo de impacto ambiental foi feita pelo terceiro, às expensas do poluidor, nem por isso deixou de se ter aí a mesma situação jurídica final prevista na norma jurídica.

É possível, portanto, que a conduta antijurídica praticada pelo poluidor não seja causadora do dano ao meio ambiente, ou que o momento de ocorrência do desequilíbrio ecológico seja posterior à conduta antijurídica, variando no tempo e no espaço.

Capítulo 5 • Processo civil e a concretização do direito fundamental ao equilíbrio ecológico

Ora, nesses casos, nada impede que sejam usados os arts. 497 e ss. e 536 e ss. do CPC, exigindo o cumprimento, embora tardio, do dever jurídico de fazer ou de não fazer; enfim, requerer, pelas referidas vias, a tutela jurisdicional desejada, desfazendo-se a antijuridicidade cometida. Não se terá aí uma tutela jurisdicional reparatória, porque não teria ocorrido a lesão ao meio ambiente (degradação), embora fosse patente a antijuridicidade. Assim, por exemplo, a tutela que obrigue o empreendedor a publicar, no jornal, a obtenção da licença ambiental, ou, ainda, a tutela jurisdicional que imponha a realização da condicionante ambiental que estabeleça o dever de informar ao órgão ambiental, por relatórios trimestrais, o andamento da instalação da atividade. Enfim, quer-se demonstrar que é possível obter a tutela específica do dever ambiental mesmo após o momento em que originariamente deveria ter sido ele cumprido espontaneamente, sempre que a antijuridicidade resultante do dever descumprido não tenha acarretado dano ambiental.

Destarte, depois de tudo que foi dito, restaria ainda a indagação sobre qual o melhor meio ou técnica processual para a obtenção da tutela ambiental reparatória.

Nesse particular, a primeira coisa a ser feita é saber se a reparação a ser reclamada é *in natura* ou *in pecunia*, ou ambas, pois não raramente o menor desequilíbrio ecológico acarreta danos de efeitos patrimoniais e extrapatrimoniais. Nesses casos, deverá ser requerida judicialmente tanto a tutela jurisdicional reparatória específica, quanto a genérica. As diferenças de efetivação de uma e outra recomendam que se evite a unicidade procedimental e o acúmulo objetivo de pedidos, devendo ambas as demandas se processar, contudo, reunidas por conexão (art. 54 e ss. do CPC).

Deve restar bem claro que, na impossibilidade de se obter a tutela jurisdicional específica, cujo resultado seria coincidente com o dever jurídico previsto no direito material, deve o processo civil oferecer técnicas que permitam efetivar a tutela jurisdicional reparatória.

Aqui, mais uma vez o direito material do ambiente pré-determina a ferramenta processual a ser utilizada. É que, diante da impossibilidade de obtenção da tutela específica, sempre que possível, deve ser buscada a reparação específica, ou seja, uma proteção não pecuniária que, embora seja reparatória, mais se aproxime da situação final que seria obtida numa tutela específica, se for viável, a obtenção de um resultado reparatório que tenha um valor prático (eficácia social) muito próximo da tutela originária prevista pelo legislador.

Essa preferência da *reparação específica* em detrimento da *reparação pecuniária* tem sua razão de ser, precipuamente, pelo fato de que, em muitas situações, a reparação *in natura* poderá ofertar um resultado prático muito próximo ao da tutela específica. Além disso, não resta dúvida que, em respeito ao postulado da educação ambiental – subprincípio da participação –, a execução da reparação *in natura* impõe ao responsável um papel pedagógico infinitamente maior do que a reparação pecuniária. Outrossim, a reparação *in natura* evita – ou pelo menos pode evitar – todos os percalços, demoras, obstáculos e burocracias na utilização do dinheiro arrecadado na demanda ambiental, cujo destino, primeiro, é o fundo para a defesa dos direitos difusos e coletivos, regulamentado pelo art. 13 da Lei de Ação Civil Pública e pela Lei 9.008/1995. Enfim, quando se permite usar a pecúnia, talvez seja efetivamente impossível até mesmo a tutela reparatória naquele local onde houver ocorrido o dano ambiental.

De outra parte, é importante que se ressalte que, para o meio ambiente e para a coletividade que dele usufrui, é sempre muito mais vantajosa a reparação específica do que a pecuniária, sem sombra de dúvida. Assim, por exemplo, tendo ocorrido o desmatamento de área de preservação ambiental, mais vale a pronta reparação com o reflorestamento com árvores nativas do que o ressarcimento em pecúnia.

Verificada a preferência da reparação específica sobre a pecuniária, ainda restaria a indagação sobre se os arts. 497 e ss. e art. 536 e ss. do CPC seriam adequados para este tipo de crise jurídica ambiental e respectiva tutela (reparatória específica).

Pensamos que sim.

Antes de o art. arts. 497 e ss. combinado com o artigo 536 e ss. do CPC 461 servir à tutela jurisdicional específica, ele se presta, genericamente, às obrigações e deveres de fazer e de não fazer como expressamente menciona o § 5º do artigo 536 do CPC (o disposto neste artigo aplica-se, no que couber, ao cumprimento de sentença que reconheça deveres de fazer e de não fazer de natureza não obrigacional). Seria demasiado formalismo dizer que os arts. 497 e 536 só se prestariam à obtenção da tutela específica e não à tutela reparatória na forma específica. Seria, sem dúvida, uma maneira de apequenar e subutilizar esse dispositivo do Código. Portanto, nem precisaríamos, aqui, defender que a expressão *resultado prático equivalente*,[8] contida no art. 497 e ss., abraçaria as tutelas reparatórias específicas resultantes na efetivação de um dever jurídico.

---

8. O resultado prático equivalente significa, etimologicamente um resultado que "na prática" "vale igual" ao de uma tutela específica. Assim, por óbvio, se vale igual na prática significa dizer que não é o mesmo resultado de uma tutela específica. Tomando por premissa que tal resultado não seja o mesmo da tutela específica mas que na prática valha tanto quanto esta é de se perguntar se deve ser enquadrado no conceito de tutela específica ou tutela ressarcitória. Existem posições jurídicas para ambos os lados, ou seja, aqueles que entendem que o resultado prático equivalente é modalidade de tutela específica, justificando que é o mesmo resultado obtido por meios, providencias, mecanismos diversos do que seriam obtidos a tutela específica, e, há aqueles que sustentam que o resultado prático equivalente é modalidade de tutela ressarcitória, ou seja, um resultado diverso no plano substancial mas que tem o condão de satisfazer o titular do direito tanto quanto a tutela específica. Particularmente, filiamos à segunda corrente, seja pelo aspecto conceitual, seja porque ao considerar o resultado prático equivalente como um resultado diverso no plano material, porém ressarcitório in natura, abre-se a possibilidade de que as obrigações infungíveis, quando não cumpridas, possam ser ressarcidas da forma mais satisfatória possível em proveito do titular do direito. Assim, exemplos como reflorestar uma área desmatada, recolhimento de livros que não deveriam ser publicados, entregar ao consumidor um bem de consumo com idênticas funções porém de marca diversa etc., não são exemplos de tutela específica, mas de resultado prático equivalente. Se se entender que o resultado prático equivalente é forma de tutela ressarcitória *in natura*, então é certo que ela não poderá ser dada ao titular do direito em substituição da tutela específica, ainda que o legislador tenha expressamente permitido a substituição, e, portanto, a mitigação do princípio da adstrição da sentença ao pedido, devendo realizar na hipótese o efetivo contraditório das partes. Neste particular o artigo 497 do CPC foi expresso ao dizer que na ação que tenha por objeto a prestação

Pensamos, portanto, que tanto a efetivação da tutela específica propriamente dita, quanto a reparação específica de adimplemento de deveres ambientais de fazer e de não fazer podem se valer da técnica dos arts. 139, IV, art. 497 e art. 536 e ss. do CPC, que é adequada e idônea para debelar a referida crise jurídica ambiental.

de fazer ou de não fazer, o juiz, se procedente o pedido, concederá a tutela específica ou determinará providências que assegurem a obtenção de tutela pelo resultado prático equivalente. Ora, essas providencias são exatamente aquelas descritas no artigo 139, V do CPC, portanto, medidas de natureza processual, coercitivas e/ou sub-rogatórias com intento único de obter a tutela específica ou quando, impossível esta, o resultado prático equivalente. Nenhum resultado equivalente pode ser dado de ofício sem que se respeite o princípio do contraditório (art. 10 do CPC).

Capítulo 6

O DIREITO AO EQUILÍBRIO ECOLÓGICO E SEUS REFLEXOS NOS INSTITUTOS FUNDAMENTAIS DO DIREITO PROCESSUAL CIVIL

Sumário: 1. O novo CPC e o meio ambiente – 2. Razões sociais e jurídicas que justificaram o CPC 2015 – 3. Direito de ação e meio ambiente: 3.1 Princípio do acesso à justiça e tutela do meio ambiente; 3.2 Ação popular ambiental: 3.2.1 Origens; 3.2.2 Requisitos fundamentais; 3.2.3 A legitimidade ativa e passiva na ação popular; 3.2.4 A posição do Ministério Público; 3.2.5 Pedido na ação popular; 3.2.6 Coisa julgada *secundum eventum probationis*; 3.2.7 Ação popular e tutela ambiental: 3.3 Ação civil pública ambiental – 4. Solução consensual dos conflitos ambientais: termos de compromisso ambiental e compromisso de ajustamento de conduta à ordem jurídica ambiental – 5. Legitimidade para agir e tutela do equilíbrio ecológico – 6. Elementos da demanda ambiental: 6.1 Partes; 6.2 Pedido e causa de pedir; 6.3 Competência, conexão, continência e litispendência nas lides ambientais: 6.3.1 Introito; 6.3.2 O local do dano; 6.3.3 A modificação da competência: 6.4. Tutela de urgência nas demandas ambientais: 6.4.1 Introito; 6.4.2 Aspectos gerais; 6.4.3 O fenômeno da urgência; 6.4.4 A fungibilidade e a temporariedade das tutelas de urgência prestadas mediante antecipação do provimento judicial; 6.4.5 Temporariedade; 6.4.6 Fungibilidade;

6.4.7 A probabilidade do direito nas tutelas de urgência mediante adiantamento do provimento jurisdicional; 6.4.8 Estabilidade da medida de urgência; 6.4.9 Tutela de urgência cautelar e a tutela de urgência antecipatória; 6.4.10 Momento de concessão da tutela urgente ; 6.4.11 A tutela de urgência antecipada requerida em caráter antecedente ; 6.4.12 A tutela de urgência cautelar requerida em caráter antecedente; 6.4.13 Técnicas mandamentais e executivas *lato sensu* e tutela ambiental: 6.5 Direito probatório e meio ambiente: 6.5.1 Introito; 6.5.2 O ônus da prova: regras de distribuição; 6.5.3 Meios de prova e meio ambiente; 6.5.4 O problema da insuficiência da prova nas lides ambientais: 6.6 Liquidação do dano ambiental: 6.6.1 A importância da dimensão subjetiva e objetiva na liquidação do dano ambiental; 6.6.2 A reparação integral e a delimitação do marco temporal e espacial do dano ambiental; 6.6.3 Dano ambiental (coletivo) e danos individuais reflexos; 6.6.4 Efeitos do dano ambiental; 6.6.5 O procedimento liquidatório: 6.7 Efetivação dos provimentos ambientais: 6.7.1 Considerações iniciais; 6.7.2 Norma jurídica concreta ambiental; 6.7.3 Efetivação dos títulos executivos extrajudiciais; 6.7.4 Termo de ajuste de conduta e obrigações de fazer ilíquidas; 6.7.5 Cumulação de obrigações contidas no título e execução; 6.7.6 A multa nos termos de ajustamento de conduta; 6.7.7 Execução de obrigação de não fazer contida em título extrajudicial; 6.7.8 Execução de título extrajudicial e tutela de urgência; 6.7.9 Execução de títulos executivos judiciais: 6.8 Responsabilidade patrimonial e desconsideração da personalidade jurídica: 6.8.1 Considerações preliminares: 6.9 Coisa julgada e meio ambiente: 6.9.1 Características do meio ambiente; 6.9.2 Os reflexos na coisa julgada ambiental.

1. O CPC E O MEIO AMBIENTE

A tutela jurisdicional do equilíbrio ecológico deve ser prestada mediante a utilização de todos os textos normativos atinentes ao tema, sejam eles de direito material ou processual, deles extraindo a interpretação conforme o que determina o direito fundamental constitucional descrito nos artigos 225 e 1º, III da CF/88.

O advento do Código de Processo Civil (Lei 13.105) apresenta-se como um excepcional reforço na tutela jurisdicional do equilíbrio ecológico, já que o CPC de 1973, reconhecidamente liberal, individualista e divorciado do modelo constitucional de processo, permitia apenas que seus institutos fundamentais fossem transportados com enorme ressalva e cautela para a tutela dos conflitos difusos como o do meio ambiente.

Para entender porque o CPC deve ser tratado como um *reforço aliado* da Lei de ação civil pública e do título III do CDC na tutela jurisdicional do meio ambiente (e de qualquer direito) deve-se compreender as razões de ordem social e jurídica, que se misturam, que justificaram a revogação do Código anterior pela Lei 13105/2015. Passaremos a elas no tópico seguinte.

2. RAZÕES SOCIAIS E JURÍDICAS QUE JUSTIFICARAM O CPC DE 2015

Seguindo o que foi dito no tópico anterior, tem-se que a *razão social* justificadora do CPC está diretamente relacionada com o total descompasso, falta de sintonia mesmo entre as normas processuais e a realidade social. O atual comportamento das pessoas nesta primeira quinzena de novo milênio, a cultura, os modos de ser, fazer criar e viver são totalmente diferentes daqueles que eram vigentes ao tempo da elaboração do CPC de 1973 (que relembro, foi elaborado pelos idos da década de 1960). É absolutamente certo que falta legitimidade social às normas processuais do CPC de 1973 para tratar da realidade que ele regula. Alguém poderia dizer que pouco mais de 50 anos é um tempo de vida muito curto para um Código tão importante e que o seu aprimoramento e arejamento tem sido feito com as leis esparsas que todos os anos alteram o seu texto. Não é mentira que o legislador tem se esforçado em modificar a legislação processual para tentar adequá-la à realidade social e aos atuais reclames da sociedade. Não foi por acaso que desde o seu surgimento o CPC de 1973 já passou por mais de 60 alterações legislativas, sendo algumas, curiosamente, mais de uma vez sobre o mesmo dispositivo legal. Mas, por mais que costuras e enxertos tenham sido feitos, a diferença entre o passado (quando foi criado) e o presente é tão grande, mas tão grande, que apenas um novo Código realmente tem condições de eliminar os atávicos e incompreensíveis dispositivos legais que ainda estão vigentes, mas que são absolutamente descompassados com a nossa atualidade. É que, por mais que uma reforma seja implementada, não se conseguiria, nunca, criar uma sintonia entre todo o sistema do Código depois dos enxertos legislativos que foram feitos ao longo dos anos, fato que pode ser comprovado no atual CPC pelas diversas antinomias nele existentes.

Todos sabem que o Direito, como fenômeno cultural e de linguagem que é, deve ser e estar, em compasso com a realidade social que ele pretende regular, sob pena de se transformar num amontoado de regras sem sentido e que não possuem a menor legitimidade social. Não há "Estado Democrático de Direito" quando as suas regras não espelham e refletem a realidade da sociedade que ele regula. Infelizmente, assim está o nosso CPC, que nada obstante o esforço dos reformistas que incluíram inúmeras inovações ao longo de tempo depois do texto constitucional (permitindo a sua sobrevida após a constituição federal), ainda assim conserva uma axiologia de outros tempos e de outra realidade social e cultural, com regras que estão descompassadas da atual realidade para a qual ele serve hoje. É bem verdade que o CPC de 1973 já começou a ser reformado antes mesmo da sua vigência (Lei 5.975/73), ainda no período de *vacatio legis*, mas agora o problema é outro, pois é de descompasso social total.

E, não é demasiado dizer que quando o CPC de 1973 substituiu o CPC de 1939 depois de *34 anos* de vigência, a realidade social que passou a regulamentar nem era tão diferente assim daquela que justificou a criação do então novo Código. Agora, quase *50 anos* depois do CPC de 1973, tem-se uma realidade absurdamente diversa daquela dos idos de 1970, porque é absolutamente incrível o montante de inovações científicas, sociais, tecnológicas, culturais, econômicas e de toda ordem que modificaram sensivelmente a sociedade, especialmente nos últimos 20

Capítulo 6 • O direito ao equilíbrio ecológico e seus reflexos

anos. Fiquemos aqui apenas com as inovações tecnológicas que jamais poderiam ser imaginadas quando se legislou na década de 1970, tais como a internet, e que alteraram grosseiramente o padrão de ser e viver das pessoas apenas para me ater a este exemplo. Os comportamentos sociais são tão díspares, que hoje é possível estar presente em dois lugares ao mesmo tempo, em tempo real, proferindo palestras para alguém no Japão e em Roraima. É possível estar em sua casa, sem estar em sua casa. O fenômeno de massificação social, pelo consumo e produção em massa criou um novo padrão de consumo e de consumidor, inclusive virtuais. De fato, não existia a menor condição de que um Código, cunhado nos idos de 1960, pudesse ainda servir para atender e tutelar as lides não penais, de forma adequada e rente à realidade do mundo de 2015. Essas são razões sociais que exortam a criação de um novo CPC.

Bastaria unicamente a razão social sintetizada acima para que fosse legítima a introdução de um novo Código. Mas ela não é única, pois soma-se a este fenômeno social um outro, igualmente importante e que robustecia ainda mais a necessidade de um novo CPC. É o que se pode chamar de razão jurídica que sintetiza-se na necessidade que se tinha de adequar o estatuto processual mais importante do país ao fenômeno de constitucionalização do direito, que, aqui no Brasil teve como marco histórico a CF/88.

Assim, a razão jurídica, intimamente ligada àquela razão social citada acima, tem a ver com o fenômeno de *constitucionalização democrática do direito* acentuado em países de tradição romano germânica e que no nosso país aconteceu com o advento da CF/88. Inegavelmente, também por causa deste fenômeno, o CPC de 1973 estava completamente defasado em relação ao novo paradigma jurídico introduzido pela CF/88.

A compreensão desse fenômeno de *constitucionalização do direito* tem sua origem histórica na derrocada do *terceiro reich* após as forças aliadas derrotarem os alemães em maio de 1945 colocando um fim na Segunda Grande Guerra Mundial e iniciando ali a reconstrução da democracia na Alemanha. Como a herança

137

deixada pelo Estado Nazista foi devastadora da raça humana, com violação da ética, da dignidade, e dos valores mais primitivos e sagrados do ser humano, tudo isso feito em prol de um insano antissemitismo e racismo que levariam a uma supremacia da raça alemã sobre as demais, então, era de se esperar, que o resgate da democracia fosse reconstruído de modo inversamente proporcional à desgraça humana causada pelo Nazismo. E deveria começar pela Constituição Federal.

Exatamente por isso, pouco mais de 4 anos depois do fim da segunda guerra, em 08 de maio de 1949 foi aprovada a *Grundgesetz für die Bundesrepublik Deutschland* (que vem a ser a Constituição da Alemanha), e que entrou em vigor em 23 de maio de 1949.

Verifique-se que, não por acaso, mas como resposta ao regime derrocado, a "lei fundamental" da Alemanha tem no seu artigo primeiro *a inviolabilidade da dignidade humana*, além da *obrigatoriedade dos Poderes Judiciário, Legislativo e executivo respeitarem a proteção da dignidade*; já no artigo segundo tem-se a *proteção da vida e a integridade do ser humano*, afirmando ainda que a *liberdade é um bem invulnerável*. E seguindo essa linha de proteção dos direitos mais que fundamentais do ser humano, inclusive protegendo-os contra atos do próprio Estado, seguem os dispositivos seguintes que, de forma até pleonástica, reiteram todo o tempo a proteção da vida, da dignidade e da liberdade sob diversas formas de expressão. Esse didatismo da lei fundamental alemã era fruto da necessidade de se exterminar qualquer resquício da ideologia nazista, e, ao mesmo tempo impedir a sua repristinação no futuro.

Não foi coincidência o fato de países como Itália, Portugal e Espanha, que se viram dominadas pelos regimes totalitários de Mussolini, Salazar e Franco, com a derrocada desses regimes, tenham sido fortemente influenciados pelo processo de redemocratização alemão e pela Lei Fundamental Alemã. O Brasil, igualmente, também sofreu desta influência com a redemocratização sacramentada pela CF/88 após anos de ditadura militar.

Capítulo 6 • O direito ao equilíbrio ecológico e seus reflexos

Do ponto de vista jurídico é certo que a derrocada do totalitarismo alemão fez com que com ele caísse o modelo jurídico positivista que lhe dava suporte. Dava início assim ao fenômeno de "pós positivismo jurídico", tendo como base de sustentação o deslocamento da Constituição Federal para o centro do sistema jurídico, não sendo ela apenas mais um documento *político* e *simbólico* de direitos do povo, tal como se os seus princípios não tivessem valor normativo, cuja tarefa era exclusiva da lei infraconstitucional. A rigor, não nos parece correto dizer que o "modelo positivista" foi substituído por um "modelo pós positivista", porque seguramente o fenômeno é interpretativo, ou seja, passa-se a dar uma eficácia vertical da constituição federal, direta, e, também uma horizontal, ou seja, toda e qualquer norma infraconstitucional só deve ser aplicada depois de passar pelo filtro constitucional, assegurando que os valores e princípios constitucionais estarão protegidos e concretizados.

Todos sabem que durante o "positivismo jurídico" deveria haver regras de todos os tipos. Assim, quanto mais específica e tipificadora de condutas fosse o ordenamento, melhor o Direito estaria aparelhado, e bem se sabe que mais valia uma portaria ministerial ou uma "resolução de um chefe de uma repartição pública" do que qualquer invocação de uma norma constitucional. As lacunas do direito significavam "ausência de direito", sendo impensável uma interpretação principiológica constitucional para colmatar um espaço vazio de regra legal. É ilustrativo dizer que a expressão "ordem e progresso" da nossa bandeira é reflexo desse positivismo, pois a regra legal posta e vigente era a *garantia de obediência e submissão à lei para se ter desenvolvimento e progresso social.*

A origem da expressão "positivismo jurídico" (*ius positivum*) revela exatamente que o Direito era a ciência do direito posto, positivado e legislado minudentemente, justamente para evitar qualquer pecha de subjetivismo do intérprete ou aplicador do direito. A rigor, este deveria limitar-se a descrever a lei, de forma neutra e sem qualquer atitude que pudesse ameaçar a igualdade formalmente estabelecida pelo legislador.

Foi assim neste ambiente que os Códigos passaram a ocupar o centro dos sistemas jurídicos, e aqui no Brasil destacamos o Código Civil como o mais importante diploma jurídico então vigente na metade do século passado. Nesse ínterim o CPC de 1973, como fixador das regras de direito processual para lides não penais, assumia um posto de igual importância. O mesmo se diga para o Código Comercial, o Código Tributário, o Código Penal e de Processo Penal. Nestes termos e sob esta aura, a Constituição Federal era tida como um simples documento político, no máximo, enunciador de princípios simbólicos sem eficácia vertical alguma. Eficácia esta, que se restringia ao direito legislado e efetivamente posto, qual seja, aquele que cuidava, minuciosamente, de condutas, tipos e comportamentos sociais onde a dose de interpretação na sua aplicação era irrisória, mínima, sob pena de violação da igualdade formal.

Contudo, com a redemocratização alemã e a demonização do "positivismo" que durante algum tempo servira para desvirtuadamente legitimar os absurdos ideais nazistas, foi necessário repensar o que seria o *ius positum*, e nesse ambiente é que o texto constitucional ganha relevo com a atribuição de uma eficácia vertical e horizontal dos direitos fundamentais nunca antes vista. Enfim, a Constituição, instrumento democrático por natureza, poderia e deveria ser aplicado diretamente na tutela de direitos pelo Estado, seja na função administrativa, judiciária e legislativa. Era a supremacia material sendo implantada, ultrapassando a meramente formal existente no período "positivista". Ademais, nenhuma lei poderia ser aplicada ou interpretada senão após uma análise, contraste e confronto, direto ou indireto, com os direitos fundamentais e princípios basilares de justiça, liberdade e dignidade da pessoa humana.

A lei infraconstitucional, portanto, nesse novo modelo de ver o direito posto, passa a ser um mecanismo de *também* concretizar os princípios e direitos fundamentais, sempre *conforme* a Constituição. Não mais haveria lei que não se submetesse a este filtro constitucional inserido no miolo do sistema jurídico.

Capítulo 6 • O direito ao equilíbrio ecológico e seus reflexos

Assim, passa-se a se enxergar o direito posto (*ius positum*) tendo na sua raiz e na sua finalidade a Constituição Federal, de forma que toda e qualquer norma (regra ou princípio) deve ser aplicado sob a lente dos valores fundantes do texto constitucional, tais como devido processo, justiça, liberdade, dignidade, igualdade, etc. Aproxima-se assim o Direito da Ética, e, inculca-se no ordenamento as técnicas de compatibilização das regras e princípios e partir de juízos de razoabilidade e proporcionalidade, sempre tendo como motivo e fim a proteção dos valores enraizadores do sistema jurídico.

Como reflexo deste fenômeno altera-se profundamente o modelo legislativo de elaboração de leis que serão aplicadas pelo administrador e pelo judiciário, adotando-se conceitos jurídicos indeterminados, com tipos mais ou menos abertos, que permitem o preenchimento desses conceitos a partir de análises concretas de cada situação *sub judice*, segundo interpretações comprometidas com os valores constitucionais. Tal mecanismo permite que os valores constitucionais sejam direta e sempre invocados como forma de se aplicar o direito.

A partir dessa mudança de *pensar o direito posto, inserindo a constituição como lente e filtro de qualquer atividade do Estado (legislativa, judiciária e executiva)*, passou-se a reconhecer nela uma eficácia que antes não lhe era dada, havendo o que a doutrina denominou, ao nosso ver, sem um rigor técnico, a superação do modelo positivista para um pós positivista.

Dessa forma, vê-se que com este fenômeno de entronização da Constituição Federal para o centro do ordenamento jurídico, sendo filtro necessário para o nascimento e aplicação de uma norma, que deve sempre estar vinculada a realização dos direitos fundamentais e princípios fundantes da carta maior fez com que o CPC fosse deslocado do seu papel central e deixasse de ser, ele mesmo, a referência primária na aplicação das regras de direito processual.

Nesse diapasão o CPC de 1973 revelava-se em total descompasso com essa nova forma de aplicar o direito, ou seja, de enxergar o direito posto, pois, nos seus 1211 artigos não havia nenhuma, absolutamente nenhuma referência a algum princípio processual existente na Constituição Federal, seja de 1988, seja na que estava vigente quando da sua entrada em vigor em 1974.

E, esse fenômeno não se deu apenas com o *processo civil*, senão porque a CF/88 cuidou também de fixar os princípios do direito civil, do direito comercial, do direito ambiental, do direito tributário, administrativo, financeiro, do trabalho, previdenciário, etc. Enfim, todos os campos das diversas ciências do direito possuem na CF/88 o reconhecimento de princípios que lhes são regentes e que devem estar uniformes e conciliados com os valores fundantes do Estado Democrático de Direito, tais como o devido processo, a justiça, a democracia, a dignidade, a igualdade, a liberdade, etc.

Tem-se assim, razões de ordem jurídica e social que legitimam a criação de um novo CPC e os motivos pelos quais este diploma deve ser utilizado em conjunto com a legislação processual coletiva extravagante para a tutela do meio ambiente ecologicamente equilibrado. Em tópicos seguintes, iremos tratar de como os institutos fundamentais do direito processual civil, com a roupagem inerente ao modelo constitucional de processo, deve ser interpretado e aplicado para dar máximo rendimento e proteção ao direito ao meio ambiente ecologicamente equilibrado, considerando para tanto as suas singularidades.

3. DIREITO DE AÇÃO E MEIO AMBIENTE

3.1 Princípio do acesso à justiça e tutela do meio ambiente

O advento da Constituição Federal de 1988 promoveu a substituição do Estado Liberal (substituído) pelo Estado Social (substituto), formando um novo paradigma estabelecedor de diretrizes e princípios para todas as ciências humanas, inclusive o Direito. Com a mudança, o Estado passou a ser intervencionista e prestador de direitos sociais aos cidadãos, tais como lazer,

Capítulo 6 • O direito ao equilíbrio ecológico e seus reflexos

segurança, saúde, educação, trabalho, meio ambiente etc. Dentre os direitos a serem prestados (dever estatal), destaca-se também o dever de prestar a tutela jurisdicional, ou seja, dar ao cidadão uma tutela jurisdicional justa, tempestiva, eficiente e efetiva.

Com isso, a ciência processual, que cuida das técnicas e métodos de atuação da jurisdição, viu-se na necessidade de rever seus conceitos, valores, e maior parte das técnicas processuais até então existentes e disponíveis à sociedade, pois estas haviam sido feitas e moldadas num modelo estatal que estava superado e diametralmente oposto ao novo modelo implantado. Por isso, desde então, o direito processual, e, neste particular o processual civil, tem sofrido profundas reformulações com intuito de permitir que o dever jurisdicional de prestar a tutela justa seja integralmente cumprido.

Para se ter uma tutela jurisdicional adequada, justa, tempestiva, democrática e efetiva, não seria preciso apenas que fossem mudadas as regras e princípios que compunham o processo, mas especialmente a mentalidade de seus intérpretes e operadores do direito, que aplicariam as técnicas e métodos diante das lides em concreto.

Dois aspectos fundamentais foram revistos pela nova ordem constitucional: A *entrada* e *saída* do Poder Judiciário, que, normalmente, são pontos de estrangulamento e "emperramento" do sistema. No tocante à entrada, era preciso facilitar os caminhos de acesso à justiça, seja com a criação de mais instrumentos de acesso (justiça itinerante), simplificação dos existentes, mas, especialmente, desvalorizar os formalismos desnecessários para o ingresso em juízo, tratando o direito de ação como o direito de acessar à justiça, sem o colorido privatista e concreto que marcava este instituto, tal como se fosse mais importante que o direito que nele se veicula. A ação passaria a ser vista como uma porta (sem trancas ou segredos) de acesso ao Poder Judiciário, visando dar o maior rendimento ao postulado da universalização da jurisdição (o maior acesso e participação possível do jurisdicionado). Uma porta sem trancas ou segredos que o próprio cidadão ainda desconhece e tem dificuldade de manusear. Se a ação constitui um poder de acessar o Poder Judiciário e se este deve prestar tutela, tem-se, inexoravelmente que se o acesso não for o mais livre e informal possível, muitos (normalmente os hipossuficientes) apenas conseguirão "bater", mas não entrar no Poder Judiciário. De outra parte, a revisitação conceitual também recairia sobre a *saída* do Poder Judiciário, ou seja, sobre as técnicas que estrangulam a efetivação e realização da tutela.

O princípio da inafastabilidade do controle jurisdicional (princípio do acesso à justiça) vem consagrado no inciso XXXV do art. 5.º da CF/1988: "A lei não excluirá da apreciação do Poder Judiciário lesão ou ameaça de direito" e a um só tempo dirige-se aos três poderes e também ao jurisdicionado. No que pertine ao legislativo, impondo um aspecto negativo, que é a impossibilidade de restrição de qualquer iniciativa que impeça o exercício desta garantia fundamental (cláusula pétrea, art. 60, § 4.º da CF/1988), fato que, infelizmente, ocorre com frequência, especialmente na criação de "prerrogativas" da Fazenda Pública e outro positivo que é a elaboração de normas que removam obstáculos e ao mesmo tempo criem técnicas e procedimentos que sejam adequados à tutela de direitos. Em relação ao Poder Administrativo, porque que sabe que é o Poder Judiciário que exerce o controle da legalidade de seus atos. Para o Poder Judiciário, porque sabe que tem o dever de declarar e realizar o direito em cada caso concreto quando legitimamente provocado e por fim, dirige-se ao se a qualquer jurisdicionado, conferindo-lhe direito fundamental subjetivo e público de bater nas portas do poder judiciário e dele exigir uma tutela jurisdicional justa e adequada.

O direito de ação deve ser enxergado sob a perspectiva do autor (ação) e do réu (defesa-exceção), portanto, o direito de deduzir pretensão em juízo exigindo do Estado uma tutela justa e adequada. A pretensão do autor é a de obtenção de uma tutela que tenha aptidão para debelar uma crise de adimplemento (satisfativa), de situação jurídica (constitutiva) ou de certeza jurídica (declaratória) e a pretensão do réu é a de se obter um provimento que reconheça a inexistência do direito pretendido pelo autor.

Capítulo 6 • O direito ao equilíbrio ecológico e seus reflexos

É de se dizer que o dispositivo constitucional deixa claro e evidente que está consagrado, de forma expressa, o direito a obtenção de uma tutela jurisdicional tempestiva, democrática, eficiente e efetiva, portanto, que sirva tanto para evitar ou prevenir lesão aos direitos, bem como reparar os que já tiverem sido lesados. Neste particular, registre-se que a tutela preventiva compreende tanto a tutela provisória de urgência satisfativa, quanto a assecuratória (cautelar).

O direito fundamental de ação não se confunde com outro direito fundamental, também expresso na Constituição Federal (art. 5.º, XXXIV, a) que é o direito de petição, um direito político, de caráter informal e sem procedimento específico, podendo ser exercido por simples requerimento. Ele se distingue do direito de ação, pois para exercício deste último há a necessidade de se preencher as denominadas condições da ação (interesse, legitimidade e possibilidade jurídica do pedido), que funcionam como filtro para evitar pretensões ilegítimas e absurdas. Regra geral, essas condições são extraídas do conflito de interesses que se deduz em juízo.

Destarte, o direito de ação não se esgota apenas na existência de meios de acesso à ordem jurídica, com a remoção de técnicas impeditivas existentes e oferta de mecanismos, procedimentos e técnicas que permitam o concreto acesso do jurisdicionado ao Poder Judiciário, ou seja, não encerra apenas a necessidade de se ter e tornar real a possibilidade de se bater às portas do poder judiciário, mas também, e especialmente, o direito de sair com uma tutela jurisdicional justa[1]. É o que se chama, portanto, de direito

---

1. O pleno acesso a justiça consagra o que se convencionou chamar de "justiça multiportas" ou seja, a integração e valorização de *todos os meios de soluções de conflitos*, tais como a mediação, a conciliação, a negociação e a arbitragem. A oferta da justiça ao cidadão pelo Estado se apresenta por meio de um *sistema* multiportas, judiciais ou extrajudiciais que podem inclusive se complementarem. O cidadão tem o direito de ter ao seu dispor todas as portas que levem à solução do conflito. Esse sistema multiportas oferta uma série de variadas técnicas e instrumentos que,

de acesso a uma ordem jurídica justa e devida. O que deve ficar bem claro é que não deve este princípio ficar no plano utópico, ou seja, para que ele seja alcançado, deve o Estado fornecer todos os instrumentos possíveis e capazes de efetivar o pleno e irrestrito acesso à ordem jurídica, e, ademais, que o seja, antes de tudo, a uma ordem jurídica justa e efetiva, sob pena de tal princípio se perder no espaço carcomido da inocuidade.

O direito fundamental à tutela jurisdicional implica, portanto, que as partes tenham direito à tutela de mérito cognitiva e direito à tutela satisfativa, ambas em tempo razoável, tal como determina o artigo 4º do CPC. Mas não apenas da duração razoável trata este dispositivo. Ainda que à sombra deste importante princípio, do dispositivo citado emerge outra diretriz muito importante: primazia do julgamento do mérito.

Mais do que simplesmente enunciar este direito à tutela de mérito, cognitiva ou satisfativa, o legislador fez questão de projetar em diversos dispositivos os ditames desse direito fundamental deixando absolutamente claro e notório que a sentença terminativa é uma sentença anormal, atípica, invulgar e como tal deve ser tratada.

A preocupação do legislador – em tempos de congestionamento de causas no poder judiciário, onde é mais fácil extinguir uma demanda sem que ela chegue a uma solução definitiva – foi o de, didaticamente, evidenciar em vários dispositivos do procedimento comum que a sentença terminativa de extinção do processo por acolhimento de vício formal impeditivo da tutela de mérito deve ser a última e indesejada saída.

---

inclusive combinados entre si, podem proporcionar resultados antes inimagináveis do ponto de vista da satisfação e da paz social. Bem de se ver que esse modelo é estimulado pelo CPC logo no seu artigo 3º. Sobre o tema ver a excelente obra, contendo 45 artigos de renomados juristas abordando diversos subtemas do assunto e que foi coordenada pelos igualmente renomados professores XAVIER, Trícia Navarro e ZANETI, Hermes. Justiça Multiportas. Grandes Temas do Novo CPC – v.9. 2ª edição. Salvador: Juspodivm. 2018.

Capítulo 6 • O direito ao equilíbrio ecológico e seus reflexos

Além de evidenciar que o processo é método, ferramenta ou instrumento a serviço do direito material, não lhe dando maior importância que o próprio direito material ao qual ele serve, o legislador foi cautelosamente óbvio ao dizer no artigo 317 que antes de proferir decisão sem resolução de mérito, o juiz deverá conceder à parte oportunidade para, se possível, corrigir o vício. No artigo 139, IX, deixou clara a incumbência do magistrado ao dizer que o juiz dirigirá o processo incumbindo-lhe determinar o suprimento de pressupostos processuais e o saneamento de outros vícios processuais. Em outra parte, agora no artigo 488, também de forma direta espelhou o artigo 4º ao mencionar que desde que possível, o juiz resolverá o mérito sempre que a decisão for favorável à parte a quem aproveitaria eventual pronunciamento nos termos do art. 485.

Justamente ao tratar do ato final do processo, a sentença, o legislador preocupou-se em repetir que a sentença terminativa não é regra, mas sim uma exceção que deve ser evitada sempre que for possível corrigir o vício que a fundamenta.

O direito de obter uma tutela jurisdicional justa e efetiva, resume-se na expressão direito de ação, mas não se resume ao ato inicial de postulação e de contestação, mas sim em todos os atos do processo, tais como incidentes, recursos, requerimento de produção de prova etc. Isso porque, como se disse, o direito de ação é o direito de levar ao Poder Judiciário a pretensão resistida ou insatisfeita e dele receber uma solução mediante um devido processo. Essa percepção do direito de ação atrelada à obtenção de um resultado justo leva a exegese de que as técnicas processuais devem ter o máximo rendimento no seu papel instrumental, isto é, a técnica processual não pode ser uma barreira ilegítima e meramente formal para o alcance de uma ordem jurídica justa, de forma que o uso indevido da ferramenta só pode ser impeditiva do acesso aos resultados justos se de fato, a justiça do resultado estiver ou puder ser comprometida, o que dependerá da análise em concreto da existência de prejuízo processual ou material para os litigantes.

Fazendo um paralelo entre o que foi dito acima e o direito ambiental, verifica-se que, tanto pelo aspecto objetivo, quanto pelo aspecto subjetivo, o acesso à viabilidade do pleno acesso à justiça para a tutela do meio ambiente é muito importante. Isso porque, além da titularidade difusa, o objeto do direito ambiental está ligado à proteção da vida de todos os seres do Planeta, e, por isso, deve-se pensar no acesso à justiça não só como fator de legitimação do próprio *direito ao meio ambiente*, mas especialmente para permitir que tal direito seja efetivamente tutelado segundo os sagrados ditames constitucionais do dever de proteção e preservação do meio ambiente (art. 225, *caput* da CF/88). Quanto mais se abrirem portas de acesso, mais se terão a proteção e a efetivação deste direito sagrado a todos os seres que habitam este Planeta. Por isso, toda interpretação a ser feita em relação à utilização das técnicas ambientais relativas ao acesso à justiça, especialmente as relacionadas com o poder de agir e de requerer a tutela jurisdicional ao longo da cadeia processual, deve ser vista sob o postulado de que, nas lides ambientais, o acesso à justiça deve ser alargado e jamais restringido.

O sistema processual oferece diversos caminhos para a proteção do meio ambiente. Existem, por assim dizer, os caminhos diretos e os indiretos, sendo estes últimos mecanismos precipuamente utilizados para outro fim imediato, mas que resultam na proteção do equilíbrio ecológico. Os caminhos diretos ou comuns são as demandas cujo pedido de tutela é a proteção imediata do meio ambiente e do equilíbrio ecológico, o que normalmente é feito mediante o exercício da pretensão de proteção dos recursos ambientais. A proteção jurisdicional do meio ambiente pode ser feita por intermédio de diversas técnicas processuais, sendo as mais comuns (que envolvem provimentos, procedimentos e módulos processuais diversos): a ação civil pública, a ação popular, o mandado de segurança coletivo, o mandado de injunção e o *habeas data*. Cada tipo de remédio possui suas peculiaridades e limitações referentes ao objeto ou aos sujeitos da demanda, que devem ser atendidas para o uso de cada um dos procedimentos

Capítulo 6 • O direito ao equilíbrio ecológico e seus reflexos

previstos. A prática judiciária demonstra que, dentre as técnicas processuais citadas, a mais comum ainda é a utilização da ação civil pública e da ação popular, vistas aí não como *ações típicas*, mas como técnicas que ensejam *procedimentos, métodos de cognição diferenciada e provimentos diferenciados* para a obtenção da tutela do meio ambiente. Em qualquer hipótese o Código de Processo Civil oferta necessário e adequados aparato para a obtenção da tutela de mérito cognitiva ou satisfativa.[2]

Não se pode deixar de salientar que deriva do *devido processo legal ambiental* a necessidade de se aplicar, em concreto, o postulado da duração razoável do processo coletivo na seara ambiental. Há a necessidade de se dar prioridade de trâmite às demandas coletivas ambientais sobre qualquer outra demanda em curso, valendo-se da regra do artigo 12 do CPC. É que a tutela jurisdicional do ambiente tem precedência sobre qualquer outra, seja pelo seu objeto (equilíbrio ecológico), seja pela titularidade difusa. Esta modalidade de tutela, frise-se, lida com a proteção de todas as formas de vida, os bens ambientais são essenciais à saúde de todos (art. 225, *caput*, da CF/1988), além do que os danos ou ilícitos ambientais são altamente nocivos, prejudiciais e irreversíveis ao meio ambiente, exigindo, pois, uma urgência de tramitação dos feitos ambientais. Tudo isso em respeito a duração razoável do processo ambiental. Quando se diz que já é possível atribuir prioridade de trâmite às lides ambientais, é porque é perfeitamente possível dar interpretação ampliativa ao art. 7.º, parágrafo único,

---

2. Todos os métodos de mediação, negociação e conciliação são proporcionados pelo CPC para serem utilizados nas demandas ambientais. Nos litígios complexos que envolvem inúmeros interesses em conflito – v.g. Brumadinho, Mariana, etc. – não se descarta, antes se estimula, que se instaure um *processo estruturante* mediante técnicas de mediação, com participação de interessados e experts sobre os temas, soluções construídas por etapas etc., e que possa ser desenvolvido em um procedimento atípico (o artigo 139 combinado com o art. 334 do CPC permite isso) e diverso daquele que a lei de ação civil pública oferta. O CPC oferta um *mundo de opções processuais e procedimentais* viáveis e idôneas para a obtenção de uma tutela democrática, adequada, tempestiva, efetiva e eficiente.

da Lei de Ação Popular, bem como ao art. 20, *caput*, da Lei do Mandado de Segurança, ou simplesmente aplicar o artigo 12 do CPC. Ora, a ação coletiva ambiental fulcrada no procedimento da ação civil pública não só pode, como deve aproveitar da regra dos citados dispositivos, pois, ao se tutelar o meio ambiente protege--se um bem que é essencial à conservação de todas as formas de vida. Logo, tratando-se de um direito constitucional fundamental, não há óbices – antes o contrário – que se apliquem as regras do mandado de segurança coletivo (espécie de ação civil pública) a todas as ações coletivas ambientais, utilizando-se, ainda, o art. 7.º parágrafo único, da Lei de Ação Popular.

3.2 Ação popular ambiental

3.2.1 Origens

Muito embora a Lei de Ação Popular seja de 1965, a verdade é que esse instrumento tem suas origens no direito romano, inclusive com a denominação que possui atualmente. A ação popular nasceu no direito romano antes mesmo de se ter a noção de Estado, que no direito romano surgiu com o cognitivo *extra ordinem*. Aliás, o que justifica essa ligação entre o cidadão romano e a sua preocupação com o "bem público", mesmo antes do Estado, é justamente o fato de que há uma natural ligação entre o indivíduo e a coisa pública, algo que, com o advento do Estado, deveria aproximar, mas afastou o cidadão da coisa pública. Tendo em vista o fato de que muitas ações populares visavam corrigir o ato mais impor pena pecuniária e que havia outras que não tinham essa "pena", dividiram-se as ações populares em penais e civis.

No direito brasileiro, oficialmente, a ação popular surgiu na CF/1934, e apenas no texto de 1937, em virtude do regime, é que "entrou em recesso". Fora isto, esteve prevista nos demais diplomas constitucionais. A Lei 4.717/1965 surgiu para regulamentar o texto da Carta de 1946. Extraoficialmente, vamos encontrar "modalidade" de ação popular na ação prevista para anular ato de naturalização (Lei 818/1949, art. 35, § 1.º) e também, de certa

Capítulo 6 • O direito ao equilíbrio ecológico e seus reflexos

forma, na ação de improbidade administrativa para ressarcimento do erário (Lei 8.429/1992), sendo esta com legitimidade restrita aos entes coletivos. Destarte, pode-se encontrar na CF/1824, art. 157, uma modalidade de ação ao cidadão contra a prevaricação de juízes. Entretanto, foi somente com o texto de 1934, art. 113, § 38, que passou a viger oficialmente a ação popular no direito brasileiro. Atualmente encontra-se prevista no art. 5.º, LXXIII, da CF/1988 e é garantia constitucional com natureza da cláusula pétrea (art. 60, § 4.º, IV).

3.2.2 Requisitos fundamentais

Depois da análise histórica do direito brasileiro e do direito romano, verifica-se que a ação popular depende de dois requisitos específicos que colocaríamos dentro da ótica do interesse processual: lesividade e invalidade do ato. Segundo o texto constitucional, "qualquer cidadão é parte legítima para propor ação popular que vise a anular ato lesivo ao patrimônio público ou de entidade de que o Estado participe, à moralidade administrativa, ao meio ambiente e ao patrimônio histórico e cultural, ficando o autor, salvo comprovada má-fé, isento de custas judiciais e do ônus da sucumbência". Assim, embora o texto não comente, a ação popular é ontológica e teleologicamente voltada ao controle dos atos da administração pública em defesa do patrimônio público, mas há vozes recentes que estendem a sua finalidade para anular atos de particulares ofensivos ao patrimônio público.

A regra extraída do art. 5.º, LXXIII, da CF/1988 é a de que se faz necessária a existência dos dois requisitos fundamentais para a utilização da ação popular: invalidade do ato e sua lesividade. Atos válidos e lesivos ou atos inválidos, mas não lesivos, não autorizam a propositura da ação popular. O ato pode ser omissivo ou comissivo. Por ato inválido entende-se o ato em desconformidade com as leis e os princípios de direito. Por ato lesivo entende-se o que causou dano (patrimonial ou extrapatrimonial), e, neste particular, deve-se admitir como existente a lesividade do próprio ordenamento. A demonstração *in concreto* da lesividade e da invalidade diz respeito ao mérito da ação popular.

A invalidade é de ato administrativo, de efeitos concretos, porque o que não gerou efeitos ainda não causou lesão. A invalidade pode se dar para atacar atos nulos, anuláveis ou inexistentes. A mera irregularidade não enseja a propositura de ação popular porque não causa prejuízo (ver Lei 9.784/1999, que regula o processo administrativo no âmbito da Administração Pública Federal). É possível a anulação de atos administrativos de qualquer dos três Poderes. É tarefa dificílima comprovar a invalidade do ato quando se trata daqueles atos que são fruto do poder discricionário, onde existe margem de atuação do administrador, ainda mais porque não pode o Poder Judiciário adentrar no mérito (conveniência e oportunidade) do ato administrativo, sob pena de violar a tripartição de poderes.

A Lei de Ação Popular (Lei 4.717/1965) e o processo administrativo (Lei 9.784/1999) indicam quais são os casos de invalidade dos atos administrativos. Os atos administrativos podem ser anuláveis, nulos ou inexistentes. Existe corrente que entende que o ato administrativo, por causa do regime público, não poderia ser anulável. Não é como determina o art. 3.º da Lei de Ação Popular. Os atos administrativos eivados de invalidade podem ser arguidos perante a própria Administração ou perante o Poder Judiciário. Se se tratar de atacar atos administrativos em seu caráter abstrato porque violadores da norma que os fundamenta, isso será feito por intermédio de um controle abstrato. Se se tratar de um ato administrativo de efeito concreto, argui-se a sua invalidade (e de seus efeitos) perante a Administração ou perante o Poder Judiciário por ação própria. A reação do direito administrativo ante atos inválidos sob o seu regime pode ser para considerá-los inexistentes, nulos ou anuláveis. A diferença entre eles está na conduta que pode tomar a Administração, provocada ou não a corrigi-los, o que resultará na convalescência ou não do ato. Só os atos anuláveis é que podem convalescer. Os nulos e inexistentes precisam ser extirpados, inclusive seus efeitos, do mundo jurídico.

Capítulo 6 • O direito ao equilíbrio ecológico e seus reflexos

3.2.3 A legitimidade ativa e passiva na ação popular

A legitimidade ativa para a propositura da ação popular é do cidadão, que, segundo o art. 1.º, § 3.º, da Lei 4.717/1965, deve estar em dia com suas atividades eleitorais. Há que se fazer uma revisitação do conceito, sob o enfoque constitucional, tendo em vista o largo conceito de cidadão (índios, interrogados em CPI etc.). Como o art. 5.º, LXXIII, da CF/1988 deve obediência ao *caput*, é lá que se preenche o conceito de cidadão. Não é possível confundir a legitimidade com a capacidade postulatória, e por isso o cidadão precisa estar representado por advogado, e, se for ele cidadão relativa ou absolutamente incapaz, deve ser representado ou assistido. O art. 6.º, § 5.º, da Lei 4.717/1965 reconhece a possibilidade de o cidadão promover a sua *intervenção litisconsorcial, mas sem poder realizar a ampliação do objeto da demanda*. O litisconsórcio formado é *facultativo unitário*.

A legitimidade passiva enseja, sempre, a formação de litisconsórcio necessário entre a pessoa jurídica de direito público ou com função pública e todos os beneficiários do ato, sob pena de incidência do art. 47, parágrafo único, do CPC (art. 6.º da Lei 4.717/1965). A citação será feita pela regra geral, mas é possível que o autor opte pela citação por edital (art. 7.º, II, da Lei 4.717/1965). Se se descobrir pessoa beneficiária ou responsável no curso do processo, deverá ser citada para integrar a lide e participar do contraditório, salvo se a citação foi feita por edital (art. 7.º, III, da Lei 4.717/1965).

A pessoa jurídica de direito público é citada como interessada (art. 213 do CPC), e, tendo em vista a *indispensabilidade* do litisconsórcio, uma vez citada, poderá aderir ao polo ativo ou passivo. Trata-se de regra excepcional de citação de parte. Irá tomar a posição de acordo com o interesse público. Se for para o lado ativo, poderá aditar a inicial, devendo haver nova citação com novo prazo de resposta. Se permanecer inerte, subentende-se ter escolhido a posição de ré. Não há prazo para a opção, mas só poderá aditar de acordo com as regras do art. 264 do CPC. Em última análise, ainda que atue na condição de ré, é essa a pessoa que será credora e promoverá a execução no caso de procedência da ação popular.

3.2.4 A posição do Ministério Público

A leitura dos arts. 6.º, § 4.º, 7.º, § 1.º, 9.º, 16 e 19, § 2.º, da Lei 4.717/1965 poderia levar a uma confusão do intérprete no tocante à função e participação do *Parquet* no procedimento da ação popular. Ocorre que a preocupação do legislador no art. 6.º, § 4.º (o *Parquet* não poderia defender o ato impugnado), era, à época, consoante com o regime jurídico do Ministério Público, já que este era representante legal das pessoas jurídicas de direito público. Com o advento da CF/1988, o *Parquet* assumiu um novo papel na sociedade, como figura autônoma e com a função de zelar pelo interesse público, atuando como *custos legis* (fiscal da lei) e independentemente desta ou aquela parte. O Ministério Público somente atuará como parte (sucessor processual) no caso dos arts. 9.º, 16 e 19, § 2.º. Nos demais casos atuará como fiscal da lei e protegerá o interesse público (devido processo legal).

A redação do art. 9.º da Lei 4.717/1965 trata da *sucessão processual* do *Parquet* na ação popular. De fato, a redação não é das melhores, mas justificam-se os termos ali utilizados porque foi feita com base no CPC/1939, onde a expressão "absolvição da instância" significava o que hoje é reconhecido no Código de Processo Civil como "abandono da ação". Nos dois casos, normalmente, haveria a aplicação do art. 267, VIII e § 4.º, ou do art. 267, II e III; todavia, tratando-se de ação popular, haverá a publicação de edital para qualquer cidadão e/ou o Ministério Público assumir. Cabe ao Ministério Público analisar se o abandono ou a desistência são fundados ou infundados. Também depende de avaliação pelo Ministério Público a interposição de recurso.

Já no art. 16 da Lei 4.717/1965, ao contrário do art. 9.º, é obrigatória a atuação do Ministério Público, devendo promover a execução, se estiver findo o prazo de 60 dias sem que o próprio autor ou a pessoa jurídica de direito público promova a execução

Capítulo 6 • O direito ao equilíbrio ecológico e seus reflexos

da sentença condenatória. Fará isso o Ministério Público sob pena de falta grave. A execução se faz sendo definitiva a decisão, ou provisória, v.g., quando pendente recurso extraordinário (arts. 16 e 19).

3.2.5 Pedido na ação popular

Há cumulação de pedidos na ação popular. A invalidade corrige-se por decisão constitutiva. Já a lesão corrige-se por decisão condenatória, e por isso mesmo este pedido é condenatório eventual, que só ocorre caso seja acolhida a pretensão de decretação da invalidade. É o que se presume do art. 11 da Lei 4.717/1965. Por isso, é possível que se decrete a invalidade do ato, mas apenas se fixe a responsabilidade de indenizar devendo haver liquidação da decisão (art. 14, *caput*). Da parte condenatória da sentença proferida na ação popular resultam os seguintes efeitos secundários: a) multa legal ou contratual + juros (art. 14, § 1.º); b) anulação dos negócios jurídicos fraudulentos, simulados ou irreais (art. 14, § 2.º); c) execução por intermédio de desconto em folha, quando o condenado for funcionário público (art. 14, § 3.º); d) a sentença terá efeito cautelar de antecipação de penhora e arresto para garantir a execução (art. 14, § 4.º).

A Lei de Ação Popular prescreve, no art. 5.º, § 4.º, a possibilidade de concessão de liminar em favor do autor, cujos requisitos serão o *fumus boni iuris* e o *periculum in mora*. Tendo em vista a regra do *caput* do art. 7.º, a adoção do procedimento ordinário permite a aplicação, *in totum*, do art. 273, inclusive do inciso II, do CPC. Por expressa disposição do art. 4.º da Lei 8.437/1992, é possível a sustação da eficácia da liminar e da sentença na ação popular, nos casos determinados no art. 4.º dessa lei.

3.2.6 Coisa julgada secundum eventum probationis

O art. 18 da Lei 4.717/1965 prevê a *coisa julgada segundo o evento probatório*, ou seja, o legislador, preocupado com eventual conluio do autor popular com a parte adversária, tratou de prever situação em que, mesmo tendo sido julgado o mérito da demanda, se foi julgada improcedente por *non liquet*, sobre esta decisão não recaia a autoridade da coisa julgada material, podendo qualquer cidadão, inclusive o mesmo, repropor a mesma demanda, valendo-se de nova prova.

3.2.7 Ação popular e tutela ambiental

Temos nossas dúvidas, do ponto de vista da efetividade da tutela jurisdicional ambiental, sobre se a ação popular é um remédio que oferece resultados adequados à proteção do meio ambiente. A primeira "restrição" decorre do fato de que a ação popular é um remédio idealizado e construído visando o *ressarcimento de uma situação lesiva*, pois a sua utilização pressupõe a invalidade e a lesividade do ato contra os valores protegidos pela norma constitucional. É claro que se pode até tentar dar uma interpretação mais adequada e extrair que a invalidade pode ser extirpada mesmo que não tenha havido lesão ou que esta seja uma *lesão jurídica*, mas a verdade é que o arcabouço de técnicas descritas na Lei 4.717/1965 não desmente o seu papel ressarcitório, tal como se observa no excelente tratamento dado ao tema, à sua época, pelo art. 14 da referida lei. Enfim, não é a ação popular voltada à proteção preventiva dos direitos. Mas esse não é o único "porém" em relação à utilização da ação civil pública como meio efetivo de tutela dos direitos difusos e, neste particular, do direito ambiental, porque o objeto da ação popular é restrito e voltado à *invalidação de atos praticados pelo Poder Público*, e bem sabemos que, em matéria ambiental, nem sempre os prejuízos ao meio ambiente decorrem de atos inválidos praticados pelo Poder Público. Ainda que a ação popular permita colocar no polo passivo os beneficiários do ato a ser reconhecido como inválido, é certo que a limitação do polo passivo causada pela própria restrição do objeto dessa demanda faz com que se reconheça que este não é o melhor remédio de proteção do meio ambiente.

Por outro lado, reconhece-se a importância social e política da ação popular, porque é o único remédio que permite ao

Capítulo 6 • O direito ao equilíbrio ecológico e seus reflexos

cidadão, individualmente, promover em juízo, de forma direta, a proteção do meio ambiente, sem que se precise recorrer a interpretações ou exegeses pouco tradicionais. Por intermédio da ação popular, qualquer cidadão tem o poder de ir a juízo para invalidar atos da administração pública, e no polo passivo deverão estar todos, absolutamente todos, os beneficiários diretos e indiretos do ato a ser invalidado. Se considerarmos que boa parte das condutas ambientais é praticada com a aquiescência, ou com a omissão, da administração pública, então, seguramente, muitos serão os casos em que se poderá ajuizar a ação popular para a sua invalidação, tal como a propositura dessa demanda para impedir a construção de aterro sanitário sem que tenha ocorrido o estudo prévio de impacto ambiental (ato omissivo do Poder Público), ou, ainda, a propositura de ação popular para invalidar licença eventualmente concedida em desacordo com as normas ambientais.

De qualquer forma, mesmo com as críticas que se possam fazer, a ação popular é um remédio muito importante para o Estado democrático de direito, e percebe-se, após tantos anos de sua existência, que a sua utilização é, ainda, bastante tímida, talvez pela falta de consciência dos cidadãos sobre os direitos que possuem. A tendência, inclusive, é que outros remédios, como a ação civil pública, em que o legitimado ativo não pode ser o indivíduo, mas entes coletivos escolhidos pelo legislador, devam ser modificados para permitir que o cidadão possa, em qualquer caso e sem restrições quanto ao objeto, ajuizar demandas com o fim de proteger o meio ambiente.

Nada impede, antes recomenda-se, que todas as possibilidades (técnicas e procedimentos) do CPC sejam aplicadas à ação popular. Assim, porque não pensar numa ação popular *estruturante* onde nela sejam convocados todos os atores envolvidos no conflito permitindo soluções negociadas com a presença de interessados convocados pelo juiz para auxiliar na busca de soluções construídas ao longo do feito? Como se disse anteriormente, é preciso que o operador do direito abra os olhos e veja o CPC – como determina o artigo 15 – como repositório supletivo e subsidiário de todo o processo e procedimento especial contido em legislação extravagante.

3.3 Ação civil pública ambiental

A ação civil pública é, sem dúvida, a técnica processual (*módulo, provimentos e procedimentos*) que mais vantagens oferece à tutela jurisdicional do meio ambiente, não obstante a condução ativa da demanda seja exclusiva de entes coletivos, estando fora do rol de legitimados ativos o indivíduo isoladamente ou em litisconsórcio.[3]

A própria origem embrionária da ação civil pública tem, sem trocadilhos, *raiz* ambiental, pois o projeto de lei que deu origem à Lei 7.347/1985 nasceu da necessidade de se regulamentar o art. 14, § 1.º, da Lei da Política Nacional do Meio Ambiente (Lei 6.938/1981). Após a Constituição Federal de 1988 e do Código de Defesa do Consumidor (Lei 8.078/1990), ganhou a força necessária para se tornar o remédio jurisdicional mais importante e eficaz na proteção do meio ambiente. A ausência de limitações quanto ao tipo de lide coletiva a ser tutelada, bem como quanto ao legitimado passivo e é, claro, também pelas densas e fortes técnicas contidas na Lei 7.347/1985, faz desta lei mais do que "um" remédio, mas *o* remédio mais importante na proteção jurisdicional do meio ambiente.

Com o advento do CPC de 2015 e seu papel supletivo e subsidiário, a ação civil pública deve ser reforçada com todas as novas técnicas e procedimentos que estão previstos no referido Código. Assim, os negócios jurídicos processuais, as técnicas de mediação, a participação do *amicus curiae*, as técnicas de tutela específica, as técnicas de tutela provisória, cooperação

---

3. Uma pena que tenha sido vetado o art. 333 da Lei 13105 (CPC) que previa a possibilidade de conversão da ação individual em coletiva, pois inúmeros são os casos de lides psudoindividuais onde a verdade o interesse tutelado é coletivo nada obstante tenha sido reclamado sob uma perspectiva individual do autor.

Capítulo 6 • O direito ao equilíbrio ecológico e seus reflexos

entre juízos, competência adequada e tantos outros, devem ser utilizados no procedimento da ação civil pública, inclusive para que esta possa servir para dirimir megaconflitos por meio de provimentos construídos mediante mediação e participação de diversos interessados num típico processo estruturante.

4. SOLUÇÃO CONSENSUAL DOS CONFLITOS AMBIENTAIS: TERMOS DE COMPROMISSO AMBIENTAL E COMPROMISSO DE AJUSTAMENTO DE CONDUTA À ORDEM JURÍDICA AMBIENTAL

O acesso à justiça dá ao jurisdicionado o direito de ter ao seu dispor – e o correlato dever do Estado de ofertar – um sistema multiportas de soluções de conflitos aí incluindo não apenas as técnicas, procedimentos e provimentos jurisdicionais como também as técnicas e procedimentos não jurisdicionais, inclusive com integração entre ambos. Todas as soluções que passem pela autocomposição ou pela heterocomposição devem, sempre que possível, ser utilizados em conjunto com a atividade jurisdicional, como demonstra o artigo 3º do CPC. Isso porque a jurisdição não é um fim em si mesma, mas sim uma atividade-dever-função com a finalidade de alcançar a paz social e todos os meios de um sistema multiportas devem ser ofertado ao cidadão. Todo e qualquer meio idôneo para a solução do conflito deve ser estimulado pelo Estado, que inclusive os regulamenta sobre como devem ser exercidos, sempre tendo como norte o devido processo legal.

Não foi por acaso que o CPC considerou os mediadores e conciliadores como auxiliares de justiça fixando uma série de regras referentes as suas atuações, ao dizer, por exemplo no artigo 165, que *"os tribunais criarão centros judiciários de solução consensual de conflitos, responsáveis pela realização de sessões e audiências de conciliação e mediação e pelo desenvolvimento de programas destinados a auxiliar, orientar e estimular a autocomposição"*. Registre-se que o próprio procedimento comum adotado pelo CPC prevê com regra padrão a realização de audiência de conciliação ou mediação, cujos atos que a intitulam precedem ao oferecimento da contestação (art. 334).

Afastada a hipótese de utilização da autotutela e, ainda engatinhando na possibilidade de se instituir a arbitragem no direito ambiental[4], é preciso reconhecer que a mediação e a conciliação devem ser estimuladas antes ou depois de iniciada uma lide estatal ambiental. Existem várias razões de ordem sociológica e econômica que justificam a adoção das técnicas de conciliação e mediação em matéria ambiental, tais como evitar uma demorada instrução probatória, evita gastos, reduz o tempo para solução do conflito, é eficaz porque promove uma solução voluntária e espontânea sem a imposição de uma autoridade, mas além desses aspectos todos, tem um outro muito importante que é o papel pedagógico que possui em relação à proteção e preservação do meio ambiente. Ora, o poluidor deixa de ocupar o rol de poluidores e inimigos do meio ambiente, algo que é socialmente reprovável, tornando-se um aliado na sua proteção. O princípio da participação ambiental se manifesta de forma clara quando um dos poluidores decide pela solução consensual de um conflito ambiental. Não é interessante nem para o poluidor, nem para a sociedade que tal sujeito ocupe o polo passivo de um conflito litigioso, sem data para acabar e

---

4. Sendo o equilíbrio ecológico um bem indisponível e considerando que o país ainda não possui maturidade processual suficiente para entregar os conflitos ambientais à arbitragem como já ocorre na ordem jurídica internacional, em nosso sentir ainda se mostra inviável a possibilidade de utilização desta técnica na solução de conflitos ambientais, valendo-se, portanto da expressa vedação do artigo 1º da Lei 9.307/96. Não se confunde a impossibilidade de levar os conflitos ambientais – tutela do equilíbrio ecológico e dos recursos ambientais – com os danos individuais e coletivos que nascem por ricochete a partir do dano ambiental. É de se dizer que nada impede que os danos patrimoniais disponíveis *resultantes* do dano ambiental sejam tutelados no âmbito da arbitragem. Sobre o tema ver PASSOS DE FREITAS, Vladimir.a utilização da arbitragem nos conflitos de natureza ambiental no brasil. La utilización del arbitraje en los conflictos de naturaleza ambiental en Brasil. Revista Vasca de Derecho Procesal y Arbitraje, v. XXVII, p. 81-94, 2015.

Capítulo 6 • O direito ao equilíbrio ecológico e seus reflexos

sem contar o risco de que a eventual condenação seja infrutífera em razão da insolvabilidade do devedor.

Um dos mecanismos há muito existentes no nosso ordenamento que cumprem este importante papel são os termos de ajustamento de conduta às exigências legais do art. 5º, § 6º da LACP e os termos de compromisso ambiental previstos no artigo 79-A da Lei n.º 9.605. Os legitimados para realização dos referidos instrumentos são o Ministério Público e órgãos públicos, respeitada a sua esfera de competência, e, na condição de compromissário todo aquele que poderia ocupar o polo passivo de uma demanda civil ambiental, enfim, qualquer poluidor. Não há momento para que sejam realizados estes compromissos, ou seja, podem ser tomados antes ou depois de iniciada a lide ambiental, mas é óbvio que se possuem eficácia executiva de título extrajudicial (caso não sejam tomados ou homologados em juízo) é natural que sejam realizados antes de existir uma tutela executiva em favor do meio ambiente. A rigor, devem ser estimulados antes de iniciado um conflito jurisdicional ambiental, seja pela possibilidade de restauração mais rápida do dano ao meio ambiente, seja pelo caráter pedagógico, seja pelo custo de um processo, seja pela incerteza da reparação ao ambiente, etc.[5]

Obviamente que dada a indisponibilidade do direito ao equilíbrio ecológico, é incogitável a possibilidade de que algum legitimado possa dispor ou reduzir o referido direito, e, mesmo

---

5. Bem se sabe que um dos maiores gargalos da ação civil pública ambiental reside em problemas relacionados à prova da causalidade e do dano ambiental. Uma importante solução a ser contemplada no âmbito dos acordos extrajudiciais do qual fazem parte o compromisso de ajustamento de conduta é a previsão, por exemplo, de negócios jurídicos processuais que estabeleçam técnicas de presunção sobre a prova, escolhas de experts caso seja necessária uma demanda ambiental, regras sobre o ônus financeiro e probatórios dos fatos que envolvam eventual conflito, regras de solvabilidade como criação de fundos etc. Os negócios jurídicos processuais deram enorme amplitude daquilo que pode ser previamente convencionado no âmbito dos compromissos de ajustamento de conduta ambientais.

que isso venha a ser feito tal ato será, nesta partem, absolutamente ineficaz pela simples regra de que não se pode dispor do que não te pertence, ou não se pode dispor aquilo que não admite disposição dada a essencialidade dos bens ambientais.

Mas não é só, afinal de contas, bem sabemos que o equilíbrio ecológico, além de essencial e indisponível, é também instável, ou seja, está sempre e em constante mutação, de forma que o que foi decidido no termo hoje, enquanto não restaurado o equilíbrio ecológico, pode e deve ser reajustado sem que isso represente uma violação ao direito adquirido. Não há um *direito adquirido de poluir* já que no direito ambiental "(...) não se cogita em direito adquirido à devastação, nem se admite a incidência da teoria do fato consumado (...)".[6]

Trata-se da cláusula *rebus sic stantibus*. Alterada a situação de fato, novo ajuste pode ser realizado sem que represente uma violação ao que foi decidido preteritamente. Assim, por exemplo, se firmado um instrumento de compromisso onde se estabelece uma série de técnicas e métodos a serem realizados pelo empreendedor, mas a evolução científica e tecnológica vem demonstrar que anos depois existem novos meios e técnicas cientificamente comprovadas de maior eficácia em relação a proteção do equilíbrio ecológico, não há nenhum problema, antes o contrário, sem se tomar novo compromisso em substituição ao anterior, pois, há um risco do desenvolvimento que é inerente à teoria do risco. Ainda que o quadro fático da poluição não se altere, mas apenas os métodos de contenção da poluição, dentro de uma boa-fé objetiva e de um quadro de razoabilidade é perfeitamente possível que se exija a tomada de medidas que sem rentes à evolução tecnológica de proteção do ambiente.

E, observe-se, nada impede que no referido termo ou ajuste seja tomado para promover, por partes, as necessárias correções do poluidor à legislação ambiental. Havendo um grande conflito,

---

6. AgRg no AREsp 739.253/SC, Rel. Ministro HUMBERTO MARTINS, SEGUNDA TURMA, julgado em 03/09/2015, DJe 14/09/2015.

Capítulo 6 • O direito ao equilíbrio ecológico e seus reflexos

é perfeitamente possível que as autoridades públicas promovam estes instrumentos de modo fatiado, degrau por degrau até conseguir obter a total restauração do ambiente ou remoção do ilícito. Deve o instrumento conter regras sobre a qualificação do poluidor, o prazo de vigência, que, em função da complexidade das obrigações nele fixadas, poderá variar; a descrição detalhada de seu objeto, o valor do investimento previsto e o cronograma físico de execução e de implantação das obras e serviços exigidos, com metas trimestrais a serem atingidas; as multas, proporcionais e razoáveis, que podem ser aplicadas à pessoa física ou jurídica compromissada e os casos de rescisão, em decorrência do não--cumprimento das obrigações nele pactuadas; o foro competente para dirimir litígios entre as partes. É importante deixar muito claro que o objetivo do CACEL deve ser tal que o resultado que em respeito à característica da indivisibilidade do bem ambiental, o instrumento firmado com o poluidor deveria corresponder à obtenção exatamente daquilo que a sociedade teria caso houvesse o comportamento espontâneo do compromissário no cumprimento da norma concreta. Apenas o modo de cumprimento, o prazo, as regras dessa adequação é que podem variar. O resultado, quando possível, deverá corresponder ao mesmo que se teria caso o interessado estivesse em conformidade com as exigências legais. Diz-se "quando possível" pelo fato de que, por exemplo, em alguns danos ambientais, certamente por se tratar de bens não renováveis como a exploração mineral, o retorno ao status quo ante é impraticável, já que se trata de dano irreversível. Nesse caso, deve-se buscar com estudos científicos a melhor solução para a situação a ser pactuada no compromisso, para que as medidas ali previstas não fiquem desproporcionais, nem para mais, nem para menos, fazendo com que o CACEL não atenda aos seus objetivos. Pela facilidade que o CPC proporciona, recomenda-se a sua homologação judicial.

5. LEGITIMIDADE PARA AGIR E TUTELA DO EQUILÍBRIO ECOLÓGICO

O que é ser legítimo?

A legitimidade é um substantivo abstrato feminino que exprime a qualidade do que é legítimo. Legítimo ou legitimidade é um vocábulo *transitivo* porque revela uma situação relacional, ou seja, refere-se a uma relação, envolvendo um (s) sujeito (s) e outro (s) sujeito (s) ou entre um sujeito (s) e um objeto (s). A legitimidade não se limita simplesmente em dizer que corresponde àquilo que é conforme à lei ou à legalidade, porque a palavra é bem mais ampla que a delimitação deste restrito universo (jurídico), embora neste campo a origem legal seja um fator legitimante em Estados Democráticos, daí porque também é associada ao que é *lídimo, autêntico*.

Assim, por exemplo, nem sempre é a paternidade ou a maternidade é que dá a alguém a *legitimidade* para repreender ou corrigir uma criança, bastando ver situações em que uma babá possui *legitimidade* para fazê-lo, justamente porque esta qualidade foi construída ao longo de uma relação de cuidados, confiança e afeto construídos e adquiridos ao longo do tempo. O mesmo se diga, por exemplo, de situação bastante comum entre pré-adolescentes que, para serem aceitos em determinados grupos, precisam agir, vestir, portar-se do modo padrão daquele grupo para assim atender às expectativas dos seus integrantes então considerar-se, pelo grupo um *legítimo* membro integrante, ou simplesmente *um dos seus*.

Enfim, a legitimidade é uma palavra muito interessante porque é uma condição ou qualidade que se constrói e se adquire a partir de uma relação envolvendo sujeitos e objetos ou sujeitos e outros sujeitos.

Mas estamos no campo do Direito e, neste segmento, a *legitimidade* não pode ser analisada ou apreciada de forma descurada da noção de *fonte normativa*, ou seja, no Direito a legitimidade

Capítulo 6 • O direito ao equilíbrio ecológico e seus reflexos

tem que passar pela análise da *conformida às leis*, como indica a etimologia da palavra, e, até mesmo partindo da premissa de que a lei é *legítima* representação da vontade popular.

Legitimidade para agir – vinculo de propriedade

Cingindo-nos aqui ao estudo e compreensão da *legitimidade para agir* no exercício ativo e passivo do direito de demandar em juízo[7] – mas sem ignorar outros campos de aplicação do instituto, inclusive no Direito – verifica-se que o legislador normalmente escolheu a *propriedade* como *fator legitimante* para justificar que é o proprietário de um direito que deve defender o seu próprio direito. Para o *legislador* a relação de titularidade e domínio do direito envolvido no conflito é que torna o tal sujeito *legítimo* para defender este mesmo direito.

Sempre se teve a ideia – mais do que verdadeira, é verdade – de que ninguém melhor do que o próprio titular do direito para atuar em juízo defendendo o direito que alega ter. A noção de legitimidade para agir como fenômeno derivado da "propriedade" do direito discutido em juízo é justa e, sem trocadilhos, bastante *legítima*, pois, afinal de contas, é o legitimado ativo ou passivo que suportará as consequências do que for decidido, logo, é ele que deve "lutar" em juízo pela proteção de seus direitos.

Perceba-se que o artigo 18 do CPC, que tem uma redação um pouco melhor do que o artigo 6º do CPC revogado, prevê que "ninguém poderá pleitear *direito alheio* em nome próprio, salvo quando autorizado pelo ordenamento jurídico". Ora, trocando em miúdos, o que diz o dispositivo é que o ordenamento jurídico autoriza que se pleiteie seu próprio direito em seu próprio nome. É a consagração de que a suposta "propriedade" ou "titularidade" do direito em conflito é que justifica que seu suposto dono possa defendê-lo.

---

7. Art. 17. Para postular em juízo é necessário ter interesse e legitimidade.

Partindo do raciocínio acima, simples e coerente, tem-se que a legitimidade para agir é, em última análise, um fenômeno que permite ao "proprietário" do direito, o *direito* de defendê-lo em juízo valendo-se de todas as armas e técnicas processuais disponíveis. As regras constitucionais de que "ninguém será privado da liberdade ou de *seus* bens sem o devido processo legal" e a de que "a lei não excluirá da apreciação do Poder Judiciário lesão ou ameaça a direito" (art. 5.º, LIV e XXXV) ratificam, *prima facie*, o que foi dito, pois também ratificam a noção de legitimidade para agir a partir da suposta titularidade do referido bem em conflito.

Considerando, então, que o "direito ao meio ambiente ecologicamente equilibrado" é um direito de todos (= *povo*), nos expressos termos do art. 225, *caput*, da CF/1988, e, mais ainda, que a sua proteção e preservação são impostas *ao Poder Público e à coletividade*, a regra lógica é, então, a de que o titular do direito ao equilíbrio ecológico tenha, sim, o direito de lutar e defendê-lo em juízo.

Nesse diapasão, tem-se, portanto, que o "agir" em prol, e na defesa, do meio ambiente não é tarefa exclusiva do *Poder Público*, ainda que a este caiba a gestão deste *bem de uso comum do povo* (art. 225, *caput* e § 1.º).

Assim, imaginando que existam crises jurídicas envolvendo o direito ao meio ambiente ecologicamente equilibrado, tem-se que todos os *titulares* desse direito, que em tese suportarão os prejuízos que lhes forem causados, *deveriam*, por razões óbvias e lógicas, ter a possibilidade de defendê-lo em juízo.

A questão aí torna-se um pouco mais complexa porque a *titularidade* do *equilíbrio do ecossistema* é do *povo, coletividade* e até de *gerações futuras*. Ora, quem é o povo e a coletividade? Somos todos nós que habitamos a nação, e, por que cada um de nós não pode defender o nosso direito ao equilíbrio ecológico?

Considerando que o direito ao equilíbrio do ecossistema não se reparte, e, que, o seu titular (povo) tem o mesmo *direito ao equilíbrio ecológico*, a pergunta que emerge é a seguinte: só o povo, na sua totalidade, poderia defender em juízo o *seu* direito, ou seria

Capítulo 6 • O direito ao equilíbrio ecológico e seus reflexos

possível admitir que, pessoas que compõem o povo, defender por si e pelos outros o referido direito em juízo?

É certo que ao dizer que ia lei não excluirá da apreciação do poder judiciário lesão ou ameaça a direito, o texto constitucional não fez qualquer ressalva de que o titular de um bem coletivo indivisível como é o equilíbrio ecológico não possa ser defendido em juízo por um de seus titulares.

O fato de ser um bem incindível e não exclusivo, porque pertence a *todos* ou ao *povo* torna o seu titular um sujeito abstrato ou inexistente? Claro que não. O gozo do equilíbrio ecológico é realizado por cada um de nós, sujeitos de carne, osso e alma, que formamos e integramos o *povo*. Ser um *membro do povo* ou um *membro da coletividade* apenas cria um *standart transindividual* que me iguala a outros membros do povo, mas isso jamais retira de mim e de cada um de nós, a condição de que é o indivíduo, independentemente do nome e do CPF, que usa e goza o equilíbrio ecológico.

Então, por que não admitir – *se somos titulares desse direito* – que podemos ir em juízo defendê-lo, ainda que seja um direito que não pertence apenas a um de nós, mas a tantos outros brasileiros? Essa situação de que o mesmo bem pertence a um e a todos ao mesmo tempo retira a legitimidade de cada um de seus donos?

O nó não é de fácil desate, porque sendo é impossível admitir em juízo todos os titulares do equilíbrio ecológico, pode-se tomar com injusto privar o titular de defender o direito, ao mesmo tempo que também pode ser um risco admitir que alguém que seja titular do direito não tenha condições de defender de modo adequado o referido direito, o que poderia levar a um prejuízo de todos.

Para resolver o problema acima o legislador precisa enfrentar o núcleo do problema, que em nosso sentir é saber se a legitimidade para agir na defesa deste tipo de direito (como é o equilíbrio ecológico) é algo que precisa estar deitado no critério da *titularidade*, na suposta *propriedade* do bem objeto do conflito, ou se é possível encontrar outro (critério) que autentique a legitimidade para agir em juízo.

Legitimidade pela representatividade adequada

Seria possível *alterar*, ou simplesmente *ampliar* o critério da *propriedade*, admitindo que não apenas o titular do direito (cada membro que forma o todo) possa ser o legitimo à demandar a tutela desse direito, mas também alguns outros entes escolhidos pelo legislador cuja função institucional é justamente defender esses interesses? O critério poderia ser entregar a titularidade para todos os sujeitos que tenham maiores e melhores condições de exercer uma defesa processual mais (devido processo legal) com maiores chances para os seus titulares, em especial numa sociedade ou coletividade onde os titulares são frágeis economicamente e ignorantes de seus próprios direitos e poderes?

Basta lembramos do exemplo da babá acima citado. A babá não é a mãe e nem o pai, logo ela não tem o pátrio poder, mas, pelo cotidiano, pelo zelo, pelo trato, pelo amor que dedica à criança ela se mostrou legítima para corrigir o filho dos outros com a admiração e conveniência dos próprios pais. O critério não foi o parentesco para dizer que ela se tornou legítima para cuidar, mas o amor que ela dedica. Mas, será que todas as babás são assim? É possível estabelecer uma regra de legitimidade para todas as babás? Claro que não. O que a lei presume é que esse amor para cuidar é inerente aos pais da criança, o que infelizmente na prática nem sempre se verifica.

O raciocínio aparentemente chulo acima permite verificar que a *legitimidade para agir no direito* deve estar *conforme ao ordenamento jurídico*, como denota o artigo 18 do CPC, e ela é construída a partir da premissa de que o *titular do* direito é quem tem legitimidade para com ale fazer o que quiser, inclusive, defender em juízo. Contudo, numa situação como a titularidade do equilíbrio ecológico, forma alguma pode-se ter a certeza de que cada titular poderá atuar de forma justa e adequada em prol dos demais titulares do mesmo direito.

A dificuldade aqui resulta do fato de que é necessário verificar se é viável (e efetivo), sob o enfoque do *devido processo legal*,

Capítulo 6 • O direito ao equilíbrio ecológico e seus reflexos

deixar que a tutela judicial do meio ambiente seja conduzida pelo cidadão comum, embora ele e tantos outros sejam titulares desse bem fundamental à sadia qualidade de vida. O "problema" em questão é saber se o *homem do povo*, sozinho e isolado, conseguiria desenvolver em juízo a melhor defesa do meio ambiente. Enfim, importa saber se a fragilidade socioeconômica-técnica do cidadão existente no plano material em relação ao poluidor, agravada num país com alto índice de analfabetismo como o Brasil, refletir-se-ia na condução (melhor ou pior) do processo em prol do ambiente.

Não é preciso muito esforço para se perceber a abissal desigualdade técnica, social e econômica do cidadão em relação aos grandes poluidores. A diferença não é só financeira, o que por si só justificaria "repensar" se vale a pena deixar o cidadão como titular da condução do processo ambiental (o mais abastado tem condições de contratar advogados mais especializados, mais competentes e acostumados com esse tipo de demanda). Agrega-se à hipossuficiência econômica também a *técnica*, porque normalmente o poluidor detém (e não raramente sonega) informações e dados sigilosos que dizem respeito às suas atividades e à prática da poluição em si.

Assim, é a partir de problemas como esses que emerge o questionamento consistente em saber se é melhor para a sociedade (povo) – titular do meio ambiente ecologicamente equilibrado – permitir que a condução das demandas ambientais seja feita pelo *proprietário do meio ambiente,* cidadão comum ou, ao revés, se é preferível, do ponto de vista da concretização do *devido processo legal,* entregar a condução do processo a outras pessoas, escolhidas pelo legislador para tal desiderato.

Cabe, portanto, ao legislador decidir pela opção de deixar o cidadão como legitimado à propositura das demandas ambientais, ou de entregar a legitimidade para entes criados para esse fim, ou quiçá para ambas as situações.

Sistema misto de representação adequada abstrata

No direito brasileiro, o legislador adotou uma regra até certo ponto *mista*.

Isso porque, para a ação popular constitucional ambiental, por exemplo, permite o legislador que o cidadão, valendo do seu vínculo com a coisa pública[8], possa, apenas ele, promover a demanda que vise anular ato lesivo ao meio ambiente, funcionando a ação popular como um controle dos atos da administração pública. Todavia, a restrição quanto ao objeto dá à ação popular um espectro de abrangência deveras pequeno, e também não se pode negar que o corpo de regras processuais previsto na Lei 4.717/1965 volta-se precipuamente à tutela repressiva e não preventiva, que é o norte em matéria ambiental, muito embora seja possível uma interpretação conforme a constituição que elasteça a amplitude da sua tutela. Claro que a ação popular é um remédio importante, mas sem dúvida o próprio problema social do analfabetismo no Brasil, onde poucos conhecem seus direitos, e a hipossuficiência econômica, é determinante para que a ação popular não seja, propriamente, "um remédio para todos os cidadãos", embora abstratamente baste ser eleitor e estar em dia com suas obrigações eleitorais para que esse remédio possa ser utilizado com o fim de anular ato lesivo ao meio ambiente.

Porém, enquanto a ação popular só pode ser utilizada pelo cidadão (pelo menos para dar início à demanda, já que, em caso de abandono infundado, o *Parquet* deve assumi-la), a ação civil pública, com objeto bem mais amplo, só pode ser utilizada por *entes coletivos*, que funcionam como *representantes adequados da coletividade* – representantes estes que foram escolhidos pelo o Poder Legislativo, e, por isso se denomina de legitimidade *ope legis*. Aqui, obviamente, não é o critério da *propriedade do direito*

---

8. Este vínculo com a coisa pública assenta-se na relação de propriedade e titularidade do bem objeto do conflito para identificar a legitimidade do titular com o objeto.

Capítulo 6 • O direito ao equilíbrio ecológico e seus reflexos

que determinou a legitimidade dos entes coletivos, mas sim a grande possibilidade de que estes entes possa ser representantes ou condutores adequados dos direitos da coletividade, no sentido de que, ninguém melhor do que estes entes – mais até do que os titulares – para lutar e obter a tutela dos direitos da própria coletividade.

Por que não a aferição da representatividade adequada em concreto?

Mas, voltemos à pergunta que fizemos no exemplo chulo acima, adequando à situação do parágrafo anterior. Uma vez alterado o critério da titularidade do direito como fator que determina ou autentica a legitimidade para agir, e passando este critério para o *exercício em juízo do devido processo legal*, dá para afirmar que essa escolha abstrata do legislador não está sujeita a equívocos? Estes entes coletivos escolhidos abstratamente são realmente representantes adequados?

É claro que não. Ora, quem me garante que sendo eu um advogado com experiência de mais de vinte anos de advocacia e um estudioso comprometido com o direito ambiental não sou melhor representante adequado do que a associação de moradores do meu bairro que pretenda ajuizar uma ação civil pública ambiental para impedir determina atividade poluente que pretenda se instalar em área residencial?

A grande verdade é que só é possível saber se há, ou não há, a *representação adequada* que deve existir desde o início do processo, mas que só será exercida no desenvolver do processo, se no início do conflito deduzido em juízo se perquirir em cada caso concreto, se aquele sujeito, seja ele quem for, apresenta parâmetros que permitam aferir uma grande probabilidade de que tenha, de fato, em concreto a tal representação adequada.

Enfim, o só fato de ter cidadão não é certeza de que irá representar adequadamente a titularidade do direito, assim como o só fato de ser uma associação nos termos da lei civil não é passaporte incontestedapresença da representatividade adequada. Se no caso do cidadão ainda existe o vínculo dele com a coisa pública, pois pelo menos é ele diretamente quem sofre as consequências do direito tutelado, no caso das pessoas jurídicas o que se tem são pessoas jurídicas (ficção) supostamente representativa de grupos ou da coletividade.

A grande verdade é que em qualquer caso seria preciso muito mais do que a lei dizer que "a" ou "b" são legítimos a partir de uma presunção legal do legislador de que tais entes são melhores defensores do direito coletivo do que os próprios titulares, mormente porque altera o critério da titularidade do direito para o de tutela processual desse mesmo direito. Seria preciso que além desta *presunção abstrata* a verificação em concreta também ocorresse, ou seja, em cada caso concreto o ente coletivo, mormente quando se trate de entes privados, restasse demonstrado que há isenção em relação ao poluidor, capacidade econômica para enfrentar o poluidor, há experiência e expertise de acordo com o direito a ser tutelado, etc.

Sem que se tenha uma certeza prática e fática de que sejam verdadeiramente legítimos para defender uma demanda ambiental em cada caso específico, enfim, se têm condições reais e concretas de defender esta ou aquela demanda ambiental não há condições de afirmar que é melhor um cidadão ao invés de uma associação.

Claro que entes como o *Parquet* ou entes políticos como União, Estados e Municípios detêm presunção "quase absoluta" de que possuem essa condição, mas o mesmo não se diga em relação à alguns antes da administração pública com personalidade judiciária e em especial às associações civis, que ainda não possuem a *credibilidade abstrata* da população para que possam ser consideradas seus *representantes adequados*.

Enfim, cabe ao legislador sopesar a eficácia desse sistema e, depois disso, adotar uma ampliação da legitimação ativa para agir em prol do ambiente na ação popular e na ação civil pública, sem as exclusões comentadas.

Lamentavelmente foi vetado o artigo 333 do CPC onde previa a conversão da ação individual e coletiva, onde se previa que o autor originário da ação individual atuaria na condição de litisconsorte unitário do legitimado para condução do processo coletivo. Esta ampliação apostava na universalização da tutela do direito coletivo, como no exemplo do meio ambiente aqui invocado, permitindo maior participação da sociedade na sua tutela.

Em nosso sentir é possível que essa aproximação com o sistema americano – que já é feita pela lei de proteção ambiental argentina, mexicana, etc. – pudesse não representar um ganho prático muito grande, porque a relação de titularidade do indivíduo com o bem público é quase inexistente no nosso País, onde muitos pensam que o que é público não lhes pertence, porque enxergam o bem público como " do governo", mas mesmo assim legitimaria determinadas pessoas físicas representativas de um segmento, ou com expertise sobre determinados assuntos, a promover ações civis públicas[9].

A verdade é que da forma como está descrita a legitimidade no sistema processual coletivo – ação civil pública –, apenas os entes coletivos, abstratamente considerados pelo legislador, é que podem promover a ação civil pública em prol dos interesses coletivos. Mormente no caso das associações isso não traz nenhuma garantia de que os titulares do direito serão *adequadamente representados*, e, por isso a jurisprudência do Superior Tribunal de Justiça firmou-se no sentido de que pode haver um controle judicial das associações civis no tocante à verificação da sua pertinência temática para propor a demanda, ou seja, possuem uma *legitimidade abstrata condicionada* à demonstração em concreto na demanda de que atendem a uma requisito (1) *formal* (exige

---

9. Aliás, já dizia Geraldo Ataliba que só mesmo a sociologia para entender por que o bem público no nosso País não é considerado pelo povo como um bem de sua propriedade. Talvez as condições básicas de saúde, educação e segurança, sempre sonegadas à maioria, somadas aos altos índices de corrupção, levem a população, esmagadora, a pensar que o Estado não é uma ficção, mas algo real e pernicioso.

sua constituição nos termos da lei civil), (2) *temporal* (constituição há pelo menos um ano)[10] e (3) *institucional* (tenha dentre os seus objetivos estatutários a defesa do interesse coletivo ou difuso – pertinência temática).[11] Entretanto, o mais interessante desta opção do legislador (legitimidade coletiva abstrata e *ope legis*) dos entes coletivos está diretamente relacionada com o regime jurídico da coisa julgada *secundum eventum*. Justamente por não ter certeza que o *representante adequado* será realmente um *representante adequado* e assim não correr o risco de sacrificar o direito da coletividade, é que o legislador adotou o sistema da coisa julgada *secundum eventum* como será comentado adiante em capítulo próprio.

É preciso lembrar que não basta a conformidade à lei para que a legitimidade, em sentido lato, seja verdadeiramente existente. É preciso coincidir o plano jurídico normativo com o plano material, em concreto, com perguntas e respostas coerentes, que atestem um vínculo de autenticidade, lídimo, conquistado a partir de uma relação concreta e cotidiana, que firme um compromisso sincero e uma verídica conexão de representatividade do titular do direito com o ente coletivo que pretende ser o seu *representante adequado*. Um bom exemplo disso, de uma legitimidade coletiva que ultrapassa a mera conformidade legal, é a legitimidade concreta, vista aqui como respeito e confiança social firmada ao longo de anos entre o ministério público e a sociedade tutela do patrimônio público desta mesma sociedade, ou quiçá, da defensoria pública com os interesses dos necessitados, etc.

---

10. Nesta hipótese, permite-se que o magistrado dispense o requisito legal da pré-constituição sempre que exista manifesto interesse social evidenciado pela dimensão ou característica do dano, ou pela relevância do bem jurídico a ser protegido.

11. AgRg nos EDcl nos EDcl no REsp 1150424/SP, Rel. Ministro Olindo Menezes (Desembargador convocado do TRF 1ª REGIÃO), PRIMEIRA TURMA, julgado em 10/11/2015, DJe 24/11/2015), (AgRg no REsp 901.936/RJ, Rel. Ministro LUIZ FUX, Primeira Turma, julgado em 16/10/2008, DJe 16/03/2009).

Capítulo 6 • O direito ao equilíbrio ecológico e seus reflexos

Enfim, essa legitimidade dos entes coletivos é concorrente (todos os do art. 5.º, *caput* e incisos, da Lei 7.347/1985 e os do art. 82, *caput* e incisos, do CDC), e qualquer dos entes pode promover a referida demanda, isolado ou em litisconsórcio. Como nenhum ente precisa da autorização do outro, trata-se, então, de uma *legitimação não complexa*, equivocadamente denominada de *disjuntiva*.

A pergunta que cala é por que o legislador não admitiu a chance de testar o modelo do artigo 333 do CPC que foi revogado. Talvez fosse uma oportunidade para que o indivíduo que integra a coletividade realmente pudesse ler o artigo 225, *caput* (*dever do poder público e da coletividade proteger e preservar o meio ambiente*) de forma a enxergar que o equilíbrio ecológico só é de todos porque é dele também. Segundo pensamos, nada obstante o veto mencionado, o modelo de legitimação (art. 977 e 983) previsto no procedimento do IRDR do CPC pode e deve ser utilizado na ação civil pública para permitir que se realize no caso concreto a legitimidade adequada.

Amicus curiae *e sua atuação em juízo pro ambiente*

Em uma sociedade plural e heterogênea onde há muito tempo não mais existe um inóspito abismo entre o interesse privado e o público, pode-se identificar uma série de interesses ou direitos que são pertencentes a uma coletividade mais ou menos organizada, e por vezes indeterminada ou indeterminável. É neste contexto social que se insere o *amicus curiae*, um terceiro *enigmático* e sua intervenção em juízo. Tal ente (pessoa física ou jurídica) pode ingressar em juízo, de forma provocada ou espontânea, como se fosse um portador ideológico, um porta voz, um representante adequado desses interesses dispersos nesta sociedade plural que vivemos, ou seja, permite-se que ingresse em um processo em curso, em qualquer fase que se encontre, com a finalidade de contribuir ou cooperar com o juízo, trazendo elementos de natureza fática ou jurídica, ou ambas, justamente para que este sujeito imparcial acumule a maior quantidade e qualidade de conhecimento possível sobre o tema e assim permita proferir um decisão mais rente e justa acerca do referido tema para o qual o *amicus curiae* tem representatividade adequada.

O ingresso em juízo do amicus curiae

O legislador (art. 138 do CPC) deixou claro que o *amicus curiae* é um personagem que pode encarnar-se sobre uma pessoa natural ou jurídica, órgão ou entidade especializada. O que é importante é que tal ente tenha representatividade adequada de pessoas, classes, categorias ou grupos, organizados ou não, determináveis ou não, insertos na sociedade e que possam ser afetados pela matéria, ou pelo tema ou até mesmo pela dimensão social da lide debatida em juízo; e que a partir desta representatividade adequada possa colaborar com o juízo no sentido de municiá-lo com informações de fato e de direito que sejam relevantes à sua cognição.

O *amicus curiae* tanto pode ingressar em lide pendente de forma espontânea ou provocada, a requerimento da parte ou de ofício, o que só demonstra o seu papel de colaborador com o juízo.

Segundo o artigo 138 "O juiz ou o relator, considerando a relevância da matéria, a especificidade do tema objeto da demanda ou a repercussão social da controvérsia, poderá, por decisão irrecorrível, de ofício ou a requerimento das partes ou de quem pretenda manifestar-se, solicitar ou admitir a participação de pessoa natural ou jurídica, órgão ou entidade especializada, com representatividade adequada, no prazo de 15 (quinze) dias de sua intimação"

Uma vez admitida e sua intervenção, caberá ao juiz ou ao relator, na decisão que solicitar ou admitir a intervenção, definir os poderes do *amicus curiae*. Tais poderes encontram limites legais no próprio artigo 138 do CPC, que deixa claro que a referida intervenção não implica em alteração da competência e tampouco permite a interposição de recursos, ressalvados os embargos de declaração e o recurso contra a decisão que julgar o incidente de resolução de demandas repetitivas.

Capítulo 6 • O direito ao equilíbrio ecológico e seus reflexos

A previsão da intervenção de terceiro pelo *amicus curiae* no Código de Processo Civil, aprimorando esta forma de intervenção que já havia sido experimentada em diplomas legislativos esparsos (art. 7º, § 2º, da Lei 9.868/99 art. 7º, § 2º, da Lei 9.868/99, art. 14, § 7º, da Lei 10.259/2001, art. 3º, § 2º, da Lei 11.417/2006) mostra o avanço do direito processual civil brasileiro e em especial no sentido de reconhecer a importância do dever de colaboração e do contraditório na formação de uma decisão justa e adequada ao direito objeto do litígio, especialmente considerando as diversas e complexas situações jurídicas da nossa sociedade (plural e heterogênea) que são resolvidas pelo Poder Judiciário.

6. ELEMENTOS DA DEMANDA AMBIENTAL

Uma demanda revela um conflito de interesses qualificados por uma pretensão resistida ou insatisfeita deduzida em juízo. Não se discute que, no *plano do processo*, uma demanda pode não retratar toda a extensão da crise existente no direito material, porque não pode o Estado oferecer nem proteção a mais nem diversa da que foi solicitada pelo jurisdicionado. Daí por que a delimitação dos lindes da crise levada ao Judiciário é de suma importância, sem contar o fato de que a correta delimitação do conflito deduzido em juízo terá importância ainda sobre os institutos da *litispendência* e da *coisa julgada*.

O critério adotado pelo legislador para personificar o conflito levado a juízo se dá pela identificação dos elementos da demanda, que é, portanto, um critério de natureza bifronte, porque, embora se refira a institutos do processo, é no plano material do conflito de interesses que iremos descobrir a sua identidade. Trata-se de identificar os seguintes elementos: *partes, pedido* e *causa de pedir*.

Como dissemos, não há como identificar os três elementos sem tocar no direito material, porque é nele que encontraremos as respostas para saber quais são as partes, qual o pedido e qual a causa de pedir. Ainda, como se verá, alguns aspectos específicos e característicos do direito material ambiental, e mais

177

especificamente do bem ambiental, determinarão observações muito peculiares na identificação dos elementos da demanda.

6.1 Partes

No tocante às partes, o problema da identificação da demanda é bastante interessante, pois, no veículo processual mais frequente de tutela jurisdicional do meio ambiente – a ação civil pública –, o legislador admite que o condutor da demanda não seja, precisamente, aquele que está envolvido no conflito ambiental, posto que delega a entes coletivos a finalidade de perseguir a tutela ambiental. A intenção do legislador era, e ainda é, lamentavelmente, pelo veto ao artigo 333 do CPC, a de que tais entes fossem legítimos representantes adequados da coletividade (verdadeira titular do meio ambiente ecologicamente equilibrado), retirando do indivíduo o direito de ele mesmo postular e conduzir a ação civil pública, por razões de hipossuficiência técnica e econômica frente aos litigantes contrários. Nada impede, segundo pensamos, que o juiz se valha do art. 977 combinado com o artigo 983 para aferir – e eventual ampliar – convidando para o processo aquele que possui a *adequada* legitimidade e que terá, verdadeiramente, condições de representar em juízo a tutela do ambiente.

Assim, do ponto de vista daquele que postula a demanda ambiental, seja ele o cidadão na ação popular, seja ele o ente coletivo na ação civil pública, parece-nos que, diante do princípio constitucional do acesso à justiça – de que nenhuma lei excluirá da apreciação do Poder Judiciário lesão ou ameaça a direito e de que ninguém será privado do seu direito sem o devido processo legal –, os efeitos negativos da litispendência e da coisa julgada (art. 485, V, do CPC) não poderão jamais ser lidos de forma a limitar o referido acesso das pessoas à tutela do bem ambiental.

O caráter difuso/público do bem ambiental e a sua essencialidade ao direito à vida, sua infungibilidade, fazem com que a identificação do conceito de legitimado ativo seja tomada em sentido *ampliativo* e não restritivo, como pretende a teoria do direito processual civil clássico.

Portanto, a *representação adequada* foi idealizada para a ação civil pública, por critério legislativo – *ope legis* –, levando-se em consideração o exercício do *due process of law*, ou seja, a melhor defesa possível em juízo do meio ambiente, segundo os postulados e garantias constitucionais da ampla defesa, contraditório, duração razoável do processo, paridade de armas etc. Todavia, bem se sabe que existe uma distância enorme entre aquilo que o legislador projeta como adequado e aquilo que na prática se mostra adequado. Por isso, a identificação da parte na demanda ambiental – mormente se se tratar de ação civil pública – não guarda a identidade com o direito material postulado, pois não será o condutor da ação civil pública que sofrerá, diretamente, os efeitos do julgado.

Também não se pode dizer que exista aí um simples caso de *legitimação extraordinária*, porque, na prática, seria impossível pensar na *legitimação ordinária*. Se esta é impossível, não há falar em legitimidade extraordinária. Assim, a parte na demanda ambiental é o condutor da ação, ou seja, aquele que o legislador apontou como adequado para representar a coletividade, seja porque nela está incluído, como no caso da ação popular, seja porque entendeu que outros entes coletivos seriam representantes que conseguiriam exercer com maior rendimento o devido processo legal. Por isso, não pode o conceito de parte servir para qualquer exegese restritiva no âmbito do processo civil coletivo.

Já no que se refere ao polo passivo da demanda, qual seja, em face de quem se reclama a tutela jurisdicional ambiental, deve ocupar o polo passivo, solidariamente, aqueles que direta ou indiretamente causaram o desequilíbrio ecológico.[12] O art. 3.º, IV, da Lei 6.938/1981 usa propositadamente a expressão "direta ou indiretamente" para fixação do nexo causal entre a degradação

---

12. Ao dizer que se impõe ao poder público e à coletividade o dever de proteger e preservar o equilíbrio ecológico "para as presentes e futuras gerações", o art. 225, *caput*, da CF/1988 deixa evidente que qualquer sujeito pode ser em tese poluidor.

ambiental e o poluidor, para deixar claro que a norma contenta-se com a prova indiciária – fatos indiretos –, e, mais ainda, que a contribuição do poluidor para a degradação pode ter sido indireta, qual seja, não importante se foi ou não o maior partícipe na consecução do desequilíbrio do ambiente.[13]

A indivisibilidade do bem ambiental torna absolutamente indiferente se a participação de um dos poluidores foi maior ou menor do que a do outro poluidor no ilícito ou no dano ao meio ambiente. Para o meio ambiente, *todos que concorreram* para o risco, ilícito ou dano ao meio ambiente respondem solidariamente, e, apenas em posteriormente, em ação de regresso entre si é que poderão discutir a proporção da causação de cada um dos poluidores ao prejuízo. Na esteira do Superior Tribunal de Justiça "(...) no dano ambiental e urbanístico, a regra geral é a do litisconsórcio facultativo. Segundo a jurisprudência do STJ, nesse campo a "responsabilidade (objetiva) é solidária" (REsp 604.725/PR, Rel. Ministro Castro Meira, Segunda Turma, DJ 22.8.2005, p. 202); logo, mesmo havendo "múltiplos agentes poluidores, não existe obrigatoriedade na formação do litisconsórcio", abrindo-se ao autor a possibilidade de "demandar de qualquer um deles, isoladamente ou em conjunto, pelo todo".[14]

É de se dizer que também poderá figurar como réu nas demandas ambientais, assumindo o conceito de poluidor do artigo 3º, IV da Política Nacional do Meio Ambiente, a pessoa jurídica de direito público que quando da sua omissão ao cumprimento adequado do seu dever de fiscalizar resultar de forma determinante para a concretização ou o agravamento do dano causado. Isso não quer dizer que o Estado seja sempre réu por omissão, mas apenas quando seu ato omissivo foi realmente decisivo para a causação ou ampliação ou perenização dos danos ao meio

---

13. Nesse sentido o REsp 880.160-RJ, Rel. Min. Mauro Campbell Marques, j. 04.05.2010.

14. AgRg no AREsp 432.409/RJ, Rel. Ministro HERMAN BENJAMIN, SEGUNDA TURMA, julgado em 25/02/2014, DJe 19/03/2014.

Capítulo 6 • O direito ao equilíbrio ecológico e seus reflexos

ambiente. Não se pode perder de vista que vitimar o Estado é vitimar a população duplamente, por isso com cuidado e apenas quando evidentemente o nexo da omissão com o dano é que deve ser incluído no polo passivo da demanda.[15]

É de se dizer que como o bem ambiental – equilíbrio ecológico – é instável, perene, as degradações e desequilíbrios que lhes sejam desferidos não terminam ou se estancam após a prática do ato delituoso, porque, ao contrário, há uma perpetuação do estado danoso que se agrava no tempo e no espaço. Isso faz com que, por exemplo, aquele que adquire uma propriedade já devastada e nada faz para recuperá-la, esteja contribuindo para o agravamento do dano e do desequilíbrio que fora causado antes mesmo da sua aquisição. Essa "perpetuação" do estado danoso é, também, um ilícito que coloca o novo proprietário como legitimado passivo para responder a eventual demanda ambiental.[16]

---

15. "A jurisprudência predominante no STJ é no sentido de que, em matéria de proteção ambiental, há responsabilidade civil do Estado quando a omissão de cumprimento adequado do seu dever de fiscalizar for determinante para a concretização ou o agravamento do dano causado pelo seu causador direto. Trata-se, todavia, de responsabilidade subsidiária, cuja execução poderá ser promovida caso o degradador direto não cumprir a obrigação, "seja por total ou parcial exaurimento patrimonial ou insolvência, seja por impossibilidade ou incapacidade, por qualquer razão, inclusive técnica, de cumprimento da prestação judicialmente imposta, assegurado, sempre, o direito de regresso (art. 934 do Código Civil), com a desconsideração da personalidade jurídica, conforme preceitua o art. 50 do Código Civil" (REsp 1.071.741/SP, 2ª T., Min. Herman Benjamin, DJe de 16/12/2010). 2. Examinar se, no caso, a omissão foi ou não "determinante" (vale dizer, causa suficiente ou concorrente) para a "concretização ou o agravamento do dano" é juízo que envolve exame das circunstâncias fáticas da causa, o que encontra óbice na Súmula 07/STJ. 3. Agravos regimentais desprovidos. (AgRg no REsp 1001780/PR, Rel. Ministro TEORI ALBINO ZAVASCKI, PRIMEIRA TURMA, julgado em 27/09/2011, DJe 04/10/2011).

16. Neste sentido Área De Proteção Ambiental – Dano Ecológico In Re Ipsa – Restauração – Obrigação **Propter** Rem) STJ – AgRg no REsp 1367968-SP, AgRg no AREsp 327687-SP, REsp 1307938-GO, EDcl no Ag 1224056-SP, AgRg no REsp 1206484-SP o mesmo sentido, RMS 18.301-MG, *DJ* 03.10.2005; REsp 865.309-MG, *DJe* 23.10.2008; REsp 821.083- MG, *DJe*

6.2 Pedido e causa de pedir

O pedido é o bem da vida pretendido pelo jurisdicionado. É a solução ofertada pelo próprio direito material que o jurisdicionado pretende que seja reconhecida e aplicada pelo Estado-juiz. O pedido é a tutela esperada e desejada, que em tese será apta a debelar a crise jurídica existente no mundo real e concreto. Para cada tipo de pedido há a técnica adequada e, nesse particular, o provimento correto e específico apto para debelar a crise. O provimento adequado é o que se denomina de *pedido imediato*, e o bem da vida, enfim, a solução ofertada pelo direito material que é requerida pelo jurisdicionado e que será imposta pelo Poder Judiciário, é o que se denomina de *pedido mediato*. A natureza deste é material; daquele, é processual.

Já a causa de pedir é o fato jurídico ou o fundamento do pedido, ou – sendo um pouco mais cartesiano – o encaixe do fato com o seu suporte fático: fato gerador com sua hipótese de incidência. Não é um ou outro isoladamente, mas juntos, porque é da incidência de um (fato) sobre o outro (hipótese de incidência) que nasce a norma jurídica concreta que será reclamada pelo jurisdicionado (pedida a sua revelação ou satisfação).

São, pois, o pedido e a causa de pedir que delimitam, objetivamente, o alcance da tutela reclamada (objeto litigioso) e de alguma forma delimitam o objeto de cognição do juiz, que só será ampliado se o réu oferecer defesa substancial trazendo fatos novos relativamente ao *meritum causae*. Corretamente o CPC determina no artigo 322, § 2º que a interpretação do pedido considerará o conjunto da postulação e observará o princípio da boa-fé. Isso permite dar mobilidade necessária a uma interpretação ampliativa da pretensão ambiental, que não raramente o *thema decidentum* só se torna claro e com limites precisos ao fim da fase postulatória,

---

09.04.2008; REsp 343.741-PR, *DJ* 07.10.2002; REsp 1.087.370-PR, *DJe* 27.11.2009; REsp 453.875-PR, *DJe* 11.11.2009, e EREsp 218.781-PR. REsp 1.179.316-SP, Rel. Min. Teori Albino Zavascki, j. 15. 06.2010.

Capítulo 6 • O direito ao equilíbrio ecológico e seus reflexos

permitindo que o despacho saneador do artigo 357, II e IV do CPC se apresente como peça fundamental não apenas para o contraditório e ampla defesa e segurança jurídica, mas também à própria delimitação do litígio e da pretensão. Recorde-se que para a construção desta decisão saneadora, considerando a necessidade de um processo cooperativo e constante diálogo entre as partes e o juiz, é necessário que ele seja fruto de um debate onde se discuta os fundamentos das partes para que se possa assim delimitar os termos do litígio e dessa forma suprir as insuficiências ou imprecisões na exposição da matéria de facto alegadas pelo autor ou pelo réu e que eventualmente ainda subsistam ou se tornem patentes na sequência da instrução probatória.

Diz ainda o Código que o autor deve deduzir o pedido *com as suas especificações* (art. 319, IV, do CPC), e expressamente adota a regra da *estabilidade da demanda*, ou seja, deve a lide adentrar estável (pedido e causa de pedir) na fase instrutória para permitir uma decisão justa e que retrate com fidelidade o que foi pretendido pelas partes. É o que determina o art. 329 do CPC.[17] Apenas excepcionalmente o Código admite alterações subjetivas ou objetivas na demanda, fora das hipóteses descritas naqueles dispositivos.

A regra da estabilidade da demanda é extremamente louvável porque tem por norte preservar a segurança jurídica e, especialmente, o contraditório e a ampla defesa de ambas as partes. Não se trata, portanto, de mera preocupação formal com a economia processual, senão de verdadeira e nobre atenção para com o contraditório e a ampla defesa. É que, se no curso do processo se admitirem alterações do pedido e da causa de pedir, dita

---

17. Art. 329. O autor poderá: I – até a citação, aditar ou alterar o pedido ou a causa de pedir, independentemente de consentimento do réu;II – até o saneamento do processo, aditar ou alterar o pedido e a causa de pedir, com consentimento do réu, assegurado o contraditório mediante a possibilidade de manifestação deste no prazo mínimo de 15 (quinze) dias, facultado o requerimento de prova suplementar. Parágrafo único. Aplica-se o disposto neste artigo à reconvenção e à respectiva causa de pedir.

instabilidade nos elementos da demanda poderá representar um sério problema em relação à própria justiça da decisão, no sentido de que teria sido desrespeitado o contraditório de todos os partícipes do processo, comprometendo, inclusive, a legitimidade das decisões judiciais.

Todavia, não obstante os sacrossantos princípios que atuam sobre a estabilidade dos elementos da demanda, pensamos que o pedido e a causa de pedir nas demandas ambientais devem ser analisados e interpretados sob um enfoque bem diverso do que aquele que normalmente se usa no direito processual clássico.

Como se disse, o bem ambiental é altamente instável, possuindo uma sensibilidade tal que pequenas variações de espaço e tempo podem alterar sobremaneira uma situação jurídica ambiental. Uma pequena alteração de um fator ambiental – como, por exemplo, a água, o ar, o clima, o vento, a pressão etc. – pode trazer inúmeras variações para o equilíbrio ecológico, causando enorme prejuízo ao meio ambiente. Considerando ainda a sua essencialidade à vida, e também porque o bem ambiental é ubíquo – comunica-se sem fronteiras –, é muito importante que, quando se pretenda levar a juízo a tutela jurisdicional do ambiente, o processo não seja uma ferramenta que engesse a proteção ambiental, isto é, é deveras importante que o processo, como técnica e método de realização de direitos, seja capaz de se mostrar maleável o suficiente – respeitados os limites do devido processo legal – para permitir uma tutela jurisdicional ambiental justa e efetiva.

De que adiantaria – considerando a instabilidade do bem ambiental – o sistema processual oferecer técnicas de tutela que não acompanhem essa exigência imperiosa do meio ambiente? A estabilidade da demanda do processo civil individual, ainda que com a sensível evolução do NCPC ou a possibilidade de ajuste das questões de fato e de direito do artigo 357, não se coaduna com a instabilidade do bem ambiental.

Por isso o princípio processual da *estabilidade da demanda* deve ser revisitado quando se estiver diante de uma lide ambiental.

Capítulo 6 • O direito ao equilíbrio ecológico e seus reflexos

Antes de qualquer análise que se possa fazer sobre os princípios do processo, é preciso que lembremos que o processo é instrumento do direito material. Sua função é servir de ferramenta para a imposição do direito material. O processo existe para essa finalidade. Ontologicamente, essa é a sua função. De nada adianta o *processo* ser um conjunto de técnicas que de antemão se sabe que não serão aptas a debelar certos tipos de crises. Será, pois, apenas uma ferramenta ilustrativa e ilusória. Por isso, é preciso encontrar fórmulas ou métodos de fazer com que o processo sirva para todos os casos, ou, em outras palavras, é preciso excogitar técnicas e soluções processuais que sejam aptas para debelar todos os tipos de crises jurídicas sem comprometer os princípios sagrados do devido processo legal. Evidentemente, não será padronizando as técnicas ou colocando procedimentos *standards* para todo e qualquer tipo de crise que se encontrará a solução adequada.

Se é certo que a estabilização da demanda é imprescindível para uma justa e segura realização do *devido processo legal*, por outro lado é certo também que essa mesma estabilização poderá ser, paradoxalmente, um vetor de agressão ao próprio devido processo legal. Isso porque a estabilidade da demanda deve ser aplicada e exigida sempre que o bem da vida seja estável e não sujeito a alterações de ordem fática que independam da vontade do jurisdicionado.

Aproximando o problema das ciências ambientais, verifica-se que o próprio conceito de meio ambiente denuncia que o *equilíbrio ecológico*, bem de uso comum do povo, é formado pela combinação química, física e biológica de diversos fatores ambientais (bióticos e abióticos) que independem da ação humana. Logo, regra geral, uma crise jurídica ambiental reclama não só proteção jurídica imediata, rápida e efetiva, mas também uma proteção jurisdicional que seja capaz de acompanhar as eventuais alterações que o bem ambiental poderá vir a sofrer ao longo do processo, porque, pelas suas próprias características, a natureza é sensível e instável, gerando alterações que poderiam comprometer a sacrossanta regra da estabilidade da demanda determinada pelo engessamento e restrição na fixação e interpretação do pedido e da causa de pedir.

Apenas a título de exemplo, basta imaginar a hipótese de ter sido formulado um pedido de reflorestamento de uma área indevidamente desmatada com vistas à restauração do equilíbrio ecológico: quando a demanda chega ao seu final, a área desmatada tornou-se ou já era maior do que a que havia sido delimitada pelo pedido inicialmente, mas no momento da propositura da demanda não era possível delimitá-la com alguma segurança. Claro que nesta hipótese, se o pedido não puder ser interpretado extensivamente, haverá uma injustiça sem precedentes, já que se estará impondo à coletividade a necessidade de buscar uma nova tutela para debelar apenas uma extensão um pouco maior daquela mesma crise jurídica.

Enfim, ter-se-ia de admitir, e definir, que nas lides ambientais o pedido sempre será interpretado extensivamente, sem que disso resulte qualquer violação do princípio processual da congruência ou da estabilidade da demanda. É preciso dar o máximo de rendimento ao artigo 322, § 2º do CPC para que seja justa a tutela ambiental. Para evitar que essa "extensividade" seja algoz do contraditório e da ampla defesa – alguém ter sido condenado a fazer algo sobre o que não teve oportunidade de se defender –, pensamos que a extensão da condenação não seria imediata na própria sentença, mas dependeria de prévia liquidação por artigos para que se evite a surpresa processual, típica dos regimes absolutistas.

Destarte, a tutela jurisdicional ambiental reclama ainda a necessidade de se dar uma *mobilidade ao pedido e à causa de pedir*. Claro que aqui não se está falando na causa de pedir próxima (hipótese de incidência) nem no pedido imediato (provimento jurisdicional), porque, quanto a estes, já vigora no processo tradicional tanto a regra do *iura novit curia*, quanto a regra da atipicidade do provimento escolhido, ou seja, o que importa é que o fato trazido tenha sido objeto de discussão e amplo contraditório entre as partes, que o bem da vida esteja delimitado e que esteja clara a intenção do autor, porque é perfeitamente possível

Capítulo 6 • O direito ao equilíbrio ecológico e seus reflexos

ao juiz adequar a técnica processual à pretensão desejada pelo jurisdicionado.[18]

Não se pode, evidentemente, permitir uma causa de pedir aberta, de forma a admitir ou legalizar surpresas fáticas, porque o prejuízo aí seria *in re ipsa* para a defesa, como aliás expressamente veda o artigo 10 do CPC ao dizer que o juiz não pode decidir, em grau algum de jurisdição, com base em fundamento a respeito do qual não se tenha dado às partes oportunidade de se manifestar, ainda que se trate de matéria sobre a qual deva decidir de ofício.

Todavia, para evitar o desperdício de atividade jurisdicional, permitindo que seja adequada à realidade fática que foi alterada no curso do processo – algo que pode ser comum no processo ambiental –, deveria ser admitido que, a requerimento da parte interessada, mesmo depois do despacho saneador, porém antes da sentença, verificada a boa-fé processual, se ajustasse o pedido ou a causa de pedir, sempre nos limites do conflito existente, concedendo à parte o direito ao contraditório e ampla defesa em prazo suficiente para a oferta e prova das exceções que entendesse necessárias. Não adotar esse raciocínio hermenêutico significa, por exemplo, adotar a *perda superveniente do objeto* e, com isso, a extinção da demanda ambiental, nos termos do art. 493 do CPC.

Ora, sabendo-se que o bem ambiental é altamente instável e sensível e que as variações na causa de pedir e no pedido serão comuns no curso de uma longa demanda ambiental, pensamos que não adotar nas lides ambientais uma nova regra sobre a estabilidade da demanda (exceção à regra tradicional da estabilidade da demanda) é ferir a própria segurança jurídica, senão o próprio devido processo legal.

Por isso, em síntese, nas lides ambientais, é possível, com base nos artigos 5º e 6º e 322, § 2º e 357, II e IV que se afaste a regra

---

18. É irrelevante, pois, o fato de no final da petição inicial estar solicitado o *provimento declaratório de nulidade do contrato*, se, a rigor, o que pretende o jurisdicionado é a anulação ou rescisão do negócio jurídico, e isso esteja claro na sua petição, permitindo o exercício saudável da defesa.

imperativa do art. 319 do CPC, admitindo que se altere (aumente) o pedido ou a causa de pedir, sempre antes da sentença, desde que seja oportunizado o contraditório e a ampla defesa da parte.[19]

6.3 Competência, conexão, continência e litispendência nas lides ambientais

6.3.1 Introito

Imaginem, num país com aproximadamente 200 milhões de habitantes, como é o Brasil, o número de conflitos de interesse existentes que surgem no dia a dia, e destes, os que acabam gerando uma lide (conflito de interesses qualificados por uma pretensão resistida deduzida em juízo). Atualmente existem no nosso país em torno de 100 milhões de processos, o que dá uma média absurda e preocupante de um processo para cada duas pessoas. E, se considerarmos que em cada processo tem no mínimo um autor e um réu... então a equação é em torno de um para um.

Pois bem: a partir desse trágico número, imaginem se todos os juízes estivessem habilitados para julgar todas as lides que batessem na porta do Poder Judiciário! Percebam que haveria um verdadeiro caos, pois se, independentemente da matéria, da pessoa, do lugar ou do pedido, fosse possível ajuizar uma demanda aqui ou no Amazonas, tanto no primeiro grau de jurisdição quanto no segundo, tanto na vara de família quanto na justiça do trabalho, teríamos, além de uma enorme insegurança jurídica, um enorme desperdício de jurisdição e economia, inúmeros

---

19. Nesse sentido, de readequação do princípio da congruência às lides ambientais, admitindo uma mobilidade do pedido e da causa de pedir, são as recentes decisões do Superior Tribunal de Justiça (evidenciado no *Informativo* 445/2010): RMS 18.301-MG, *DJ* 03.10.2005; REsp 865.309-MG, *DJe* 23.10.2008; REsp 821.083- MG, *DJe* 09.04.2008; REsp 343.741-PR, *DJ* 07.10.2002; REsp 1.087.370-PR, *DJe* 27.11.2009; REsp 453.875-PR, *DJe* 11.11.2009, e EREsp 218.781-PR. REsp 1.179.316-SP, rel. Min. Teori Albino Zavascki, j. 15.06.2010.

Capítulo 6 • O direito ao equilíbrio ecológico e seus reflexos

conflitos de competência, entre tantos outros problemas de que não cabe aqui falar.

Exatamente para evitar problemas dessa monta, o Poder Judiciário, como representante da atividade jurisdicional típica, possui uma estrutura organizacional com inúmeros órgãos jurisdicionais, e, inúmeros servidores públicos que atuam e fazem com que se exercite da melhor força possível a função jurisdicional, segundo critérios de distribuição de competência.

Portanto, enquanto a jurisdição é abstrata e se relaciona com a função soberana resolver os conflitos, temos, de outro lado, a figura da competência, que permitirá a cristalização dessa jurisdição, ou seja, o seu exercício in concreto em cada processo instaurado perante o órgão jurisdicional definido como competente.

6.3.2 O local do dano

Não adianta sabermos que a matéria objeto da lide, que o valor da causa, a função do magistrado, o território etc., constituem critérios determinadores da competência se não tivermos a compreensão adequada do exato momento de empregá-los quando estamos determinando a competência de um órgão jurisdicional para uma determinada lide que se pretenda levar ao Judiciário. A descoberta do órgão competente se faz em etapas sucessivas, num processo lógico em que se parte do abstrato para o concreto, ou seja, o juízo competente.

Como bem determina o artigo 48 do CPC, desde que obedecidos os limites estabelecidos pela Constituição Federal, a competência é determinada pelas normas previstas neste Código ou em legislação especial, pelas normas de organização judiciária e, ainda, no que couber, pelas constituições dos Estados.

Esses "critérios determinadores da competência" que são definidos pelo legislador podem se distinguir em dois tipos: cogentes e disponíveis, o que implica dizer que os primeiros são de cumprimento obrigatório, enquanto os segundos ficam ao sabor da manipulação pelas partes.

São exemplos do primeiro os critérios estabelecidos em razão da pessoa que litiga, da matéria envolvida, da hierarquia de quem julgará etc. Já o critério determinado em razão do território constitui exemplo do segundo tipo.

Em relação às ações coletivas ambientais há regras que cuidam do tema, sem exauri-lo, e que estão descritas no art. 2.º da Lei 7.347/1985, que tem a seguinte redação:

> Art. 2º As ações previstas nesta Lei serão propostas no foro do local onde ocorrer o dano, cujo juízo terá competência funcional para processar e julgar a causa.
>
> Parágrafo único. A propositura da ação prevenirá a jurisdição do juízo para todas as ações posteriormente intentadas que possuam a mesma causa de pedir ou o mesmo objeto

No caso acima, disse o legislador que a competência é do juízo do local do dano, mostrando, pois, que o espaço geográfico, ou seja, o lugar, é determinante para se descobrir o juízo competente. Mesmo que tenha dito que se trata de *competência funcional* isso em nada altera a natureza de competência territorial. Na verdade, a intenção do legislador ao dizer "do tipo absoluta", pois sua intenção era rechaçar expressamente qualquer tentativa de interpretação que dissesse ser a competência da ACP territorial e, com isso, de natureza relativa. Na verdade, pensamos que mal nenhum teria em se dizer ser a competência territorial, mas com regime jurídico de cogência, de ordem pública, que não admite disposição. Seria uma exceção à regra da competência territorial, que normalmente tem regime jurídico dispositivo. Na verdade, pensamos que mal nenhum teria em se dizer ser a competência territorial, mas com regime jurídico de cogência, de ordem pública, que não admite disposição. Seria uma exceção à regra da competência territorial, que normalmente tem regime jurídico dispositivo. Trata-se de *competência territorial absoluta*, posto que determinada pelo critério geográfico, que, porém, não admitiria derrogação pelas partes, como normalmente ocorre com os casos de competência *ratione loci* (art. 63 e ss. do CPC).

Capítulo 6 • O direito ao equilíbrio ecológico e seus reflexos

A expressão *local do dano* utilizada pelo legislador para definir o critério geográfico é passível de críticas quando se está diante de uma demanda ambiental. E vários são os motivos. Ora, a ação coletiva ambiental não é remédio apenas *reparatório de um dano*, mas também preventivo de um dano que não ocorreu, ou ainda inibitória ou de remoção de um ilícito. Ainda, nem sempre nela se veicula uma pretensão condenatória como poderia indicar a terminologia empregada de *local do dano*. Também criticável é a adoção de critério que depende de comprovação fática, e no presente caso, pior ainda, porque atrela tal situação, "local do dano", às questões de mérito da própria demanda ação coletiva ambiental para reparação dos danos causados ao meio ambiente. Assim, é estranha a situação, mas será possível que ocorra de uma ação civil pública ser julgada improcedente porque não houve o pretenso dano que se queria ressarcir. Nesse caso, o juízo do "local do dano" teria julgado improcedente a ACP porque não havia dano a ser ressarcido! Mas não é só já que o texto fala em *local do dano* e não em *origem do dano*, de forma que considerando a enorme extensão dos danos ambientais está aberta a porta para uma sucessão de demandas ambientais idênticas ou conexas. Enfim, o "local do dano" deve ser apenas uma referência para identificar a competência territorial para processar e julgar a ação civil pública, admitindo que seja utilizável para *local do ilícito* nas ações inibitórias ou de remoção do ilícito, o "local do ato" se a pretensão for anular ou declarar a invalidade do ato, etc.

Para aqueles que militam com o direito ambiental é muito claro que a *reparação* ou a *restauração* do *equilíbrio ecológico* é algo muito complexo pois além deste macrobem ambiental, cuja titularidade é de todos, é possível que existam uma série de danos a terceiros que se viram privados pelo dano aos microbens ambientais. Imaginando um horrível desastre dor derramamento de substancias tóxicas e poluentes no leito de um Rio que banha mais de um Estado da Federação é preciso separar o *dano ao equilíbrio ecológico* do dano individuais e coletivos decorrentes da destruição dos microbens ambientais (água contaminada que impede as atividades sociais e econômicas, peixes contaminados que impede a pesca, restaurantes, hotéis e pousadas, práticas desportivas, etc.). Uma coisa é o dano ao equilíbrio ecológico – degradação do equilíbrio ecológico – que exige a restauração dos ecossistemas e biomas, além da indenização pelo dano extrapatrimonial ambiental; outra coisa são os danos individuais e coletivos, patrimoniais e extrapatrimoniais, decorrentes da privação da água contaminada, dos peixes contaminados, etc. Recorde-se que os *efeitos da poluição* (art. 3º, IV da PNMA) são v. O dano ambiental é um, e, os danos individuais sofridos pela privação de microbens de uso comum é coisa diversa.

Nesse diapasão, aproximando o instituto da *competência* às *lides ambientais* é preciso enxergá-lo sob a matiz do devido processo legal ambiental, permitindo que as peculiaridades da tutela do meio ambiente influenciem na melhor exegese do instituto.

Deve-se dizer que a regra constitucional de que todos têm o direito de ser julgados por uma autoridade competente não é só um chavão que implica um critério formal e de certa forma privatístico do princípio do *juiz natural*. É que o direito de ser julgado por uma autoridade competente não implica apenas, na perspectiva individual, o direito de saber qual o juízo competente, previamente ao fato ocorrido; o fato de não podermos *escolher* o órgão judicial e de que esta autoridade esteja investida de jurisdição segundo os ditames da lei. O princípio deve ser visto além desse espectro formal e privatista. Deve-se ir adiante.

No direito ambiental, mais do que a existência de varas especializadas na questão ambiental, que demanda conhecimento jurídico específico do órgão julgador, é preciso que a competência seja determinada de forma que o órgão jurisdicional seja aquele que esteja mais próximo da situação tutelanda, ou seja, é preciso que o juízo e respectivo juiz da causa situem-se em local em que seja possível o maior rendimento do princípio da oralidade,

Capítulo 6 • O direito ao equilíbrio ecológico e seus reflexos

bem como a efetividade das decisões por ele proferidas.[20] Não se deve perder de vista que "a *ratio essendi* da competência para a ação civil pública ambiental, calca-se no princípio da efetividade, por isso que, o juízo federal do local do dano habilita-se, funcionalmente, na percepção da degradação ao meio ambiente posto em condições ideais para a obtenção dos elementos de convicção conducentes ao desate da lide".[21]

É absolutamente possível e até recomendável dar interpretação análoga àquela que, desde longa data, é dada para identificar o juízo competente nos embargos à execução. Ali no artigo 914, §2º do CPC tem-se regra de cooperação processual entre os juízos envolvendo a cisão da competência de acordo com o ato a ser atacado. Segundo o referido dispositivo "na execução por carta, os embargos serão oferecidos no juízo deprecante ou no juízo deprecado, mas a competência para julgá-los é do juízo deprecante, salvo se versarem unicamente sobre vícios ou defeitos da penhora, da avaliação ou da alienação dos bens efetuadas no juízo deprecado". Ora, o mesmo raciocínio pode ser dado analogamente para os conflitos ambientais, ou seja, é perfeitamente possível fixar um juízo competente para processar e julgar questões que envolvam a execução de medidas de contenção do impacto que sejam distintas – e em cooperação – com a competência para, por exemplo, realizar a prova, ou realizar o julgamento de questões etc. É preciso pensar de forma dinâmica e adequada à tutela do meio ambiente. Dificilmente os conflitos ambientais se restringem

---

20. É a partir da leitura do princípio fundamental do *justo e efetivo* acesso à justiça (art. 5.º, XXXV, da CF/1988) que se permitirá afastar eventual regra legal que estabelece norma de fixação de competência que ao invés de facilitar, dificulta e torna-se obstáculo à obtenção da tutela jurisdicional justa e tempestiva.

21. (CC 39.111/RJ, Rel. Ministro Luiz Fux, Primeira Seção, DJ 28/02/2005). A respeito, ainda: AgRg no REsp 1043307/RN, Rel. Ministro Herman Benjamin, Segunda Turma, DJe 20/04/2009; CC 60.643/BA, Rel. Ministro Castro Meira, Primeira Seção, DJ 08/10/2007; CC 47.950/DF, Rel. Ministra Denise Arruda, Primeira Seção, DJ 07/05/2007.

aos limites do "foro" do juízo e o local do dano é não raramente, muito distante do local da origem do dano.

Aliás, no tocante à proximidade do juiz em relação à prova em matéria ambiental é indubitável que a coleta e ao acesso aos meios e fontes de prova deve ser levado em consideração quando se fala em *local do dano*, pois não raramente serão necessárias inspeções judiciais ao local do fato ou ato que deu origem à demanda ambiental; a rigor, só assim se conseguirá ter a exata noção do alcance do que estaria documentado nas petições (ação e defesa) contidas nos autos do processo. É fora de dúvidas que a realidade ambiental nem sempre é muito bem tratada ou retratada nas provas documentais, e muitas vezes é a sensibilidade do magistrado, *in loco*, que permitirá colher e verificar as provas necessárias à solução do litígio. O magistrado de primeiro grau, aquele que julga a demanda coletiva ambiental em primeiro lugar, tem um papel fundamental na formação da norma concreta, especialmente porque é no seu degrau jurisdicional que se dará a atividade probatória, e é especialmente aí que se colherão os elementos de prova que estarão à disposição de outros magistrados de graus superiores.

Por isso, *sob a perspectiva da coleta e obtenção da prova*, a competência do "local do dano" deve ser compreendida como a competência firmada pelo critério geográfico (territorial), inderrogável pelas partes, cujo fator determinante para a sua fixação deve ser, propriamente, o local onde a obtenção da prova seja mais eficiente para a futura *revelação* da norma jurídica concreta. O que impede um juízo onde sejam centralizadas as produções de prova para trazer maior eficiência? É perfeitamente possível valer-se das regras e conexão e cooperação para centralização de juízos – ou juízo – que realizem as produções de prova.

Mas não é apenas sob a perspectiva da revelação da norma concreta que a competência do local do dano deve ser fixada. Deve-se pensar no "local do dano", também, sob a *perspectiva de cumprimento dos provimentos judiciais*, ou seja, onde a decisão judicial (ou título extrajudicial) possa ser cumprida com maior

Capítulo 6 • O direito ao equilíbrio ecológico e seus reflexos

eficiência sobre o objeto tutelando e atingir de forma direta o maior número de pessoas que representam a coletividade tutelada. É preciso dar à competência um critério mais pragmático, e, neste particular, não se pode aceitar que um juízo e um juiz, longe do fato ensejador da demanda ambiental (seja ela declaratória, constitutiva ou condenatória), possam exercer a sua atividade da melhor forma.

Assim, excluídas as regras de competência da justiça federal previstas na Constituição Federal de 1988, pensamos que a competência do "local do dano" da ação civil pública em que pesem as críticas sobre a redação do *caput* do art. 2.º da Lei 7.347/1985 – deve ser vista como um importante instrumento de efetivação do direito ambiental em juízo, e, mais que isso, pensamos, que a competência do "local do dano ou do fato ensejador ou originário da demanda ambiental", enfim, o local onde a tutela poderá ser revelada ou efetivada (revelação e atuação da norma concreta) é importantíssimo para propiciar uma verdadeira e pronta tutela jurisdicional do meio ambiente. Nesse particular, cremos ter sido este o motivo para o legislador ter dito que sua natureza (da competência) seria absoluta.

É claro que se o "local do dano", ou do "fato", ou do "ato" envolve uma situação difusa, muitos serão, em tese, os possíveis locais e juízos competentes para julgar as demandas ou a demanda que venha a ser proposta, ou seja, existirão muitas *competências concorrentes*. Nesse particular, pensamos, é um erro entender que *qualquer um deles* seria o competente, com base no critério *cronológico da prevenção* como o mais adequado para tanto como aliás alude o parágrafo único da LACP.

Ainda que algum (ou qualquer um) desses juízos possa proferir medidas de urgência, a definição do juízo competente – dentre os vários abstratamente possíveis – deve se dar, precisamente, não a partir de uma análise genérica do "local do dano" (pois vários seriam os locais possíveis, dado o caráter difuso do bem ambiental), mas exatamente a partir da verificação, entre os eventuais concorrentes, do juízo que possa, nesta ordem, melhor *efetivar* e *revelar* a norma concreta.[22]

Trata-se de identificar o juízo competente do "local do dano" não propriamente pelo local onde o dano ambiental ocorreu, porque, neste particular, o caráter ubíquo do bem ambiental levará o dano a vários locais distintos, mas sim identificar o juízo competente pelo local onde o juízo possa melhor efetivar (com maior rapidez e maior e mais imediato alcance da tutela) os comandos jurisdicionais em prol do meio ambiente.

Observe-se que o próprio CPC admite que o juízo da execução não seja o juízo da cognição, nos termos do art. 516, parágrafo único. Tal permissão foi dada – quebrando a competência funcional pelas fases do processo – justamente porque nem sempre o juízo da cognição é o melhor juízo para concretizar a norma jurídica concreta revelada. Diante disso, por que não inverter a ordem nas lides ambientais, onde, regra geral, no início da demanda tem-se a concessão e a execução de provimentos liminares? Por que não admitir que o "local do dano" seja entendido como aquele onde o juízo possa promover de forma mais efetiva a restauração do dano causado ou o seu impedimento, pois nem sempre o local do dano ambiental é único, e nem sempre é onde poderá ser mais bem efetivado os provimentos ambientais? Em

---

22. A colheita da prova é essencial para revelar a norma concreta. Uma vez revelada, a preocupação é com a sua efetivação. Para a tutela do meio ambiente, que se rege pela probabilidade, e normalmente o primeiro ato é a obtenção de provimento antecipatório com provas trazidas pelo autor da demanda, percebe-se que o mais importante é que o juízo seja aquele do local onde a norma concreta (provisória ou definitiva) seja mais lepidamente efetivada. De que adianta um juízo que possa colher com maior perfeição a prova e dar uma sentença segura se a efetivação do provimento dependerá da colaboração de outro juízo, por intermédio da jurássica carta precatória? Por isso, o critério do *local do dano* deve ser visto sob a perspectiva do cumprimento ou da efetivação do título executivo (provisório ou definitivo), ou seja, o primeiro critério seria o juízo que pode cumprir, com maior eficácia social, o comando judicial em favor do meio ambiente.

Capítulo 6 • O direito ao equilíbrio ecológico e seus reflexos

tempo: se pensarmos que em matéria ambiental a tutela prioritária é normalmente preventiva (para evitar o dano), impondo a realização de condutas de fazer e de não fazer, então é perfeitamente possível que o local do futuro e potencial dano não seja o local onde a execução seja mais facilmente cumprida. Basta pensar, por exemplo, nas ações de reparação pecuniária do dano causado ao meio ambiente, nas quais o que importa é onde se encontra o patrimônio do executado sujeito à responsabilidade. No caso, o patrimônio do poluidor pode estar em local diverso do local onde ele degradou o ambiente.

Ainda em relação à melhor interpretação do *local do dano* é preciso lembrar que em relação ao meio ambiente, nem sempre o local do dano é onde se deu a origem do dano. É possível que a poluição atmosférica causada na fronteira de um Município (comarca) com o outro, mas em razão dos constantes ventos seja o município vizinho (comarca) onde se verifique o desequilíbrio ecológico. Nesta hipótese o local do dano deve compreender também a *origem do dano*, pois talvez seja aí o melhor local para estancar a danosidade ambiental. Enfim, usando as palavras agudas e cirúrgicas do Ministro Herman Benjamin, "qualquer que seja o sentido que se queira dar à expressão "competência funcional" prevista no art. 2º, da Lei 7.347/85, mister preservar a vocação pragmática do dispositivo: o foro do local do dano é uma regra de eficiência, eficácia e comodidade da prestação jurisdicional, que visa a facilitar e otimizar o acesso à justiça, sobretudo pela proximidade física entre juiz, vítima, bem jurídico afetado e prova"[23].

6.3.3 A modificação da competência

No tocante aos institutos da conexão e continência e seus efeitos – modificação legal da competência (art.54 e ss.) – pensamos

---

23. REsp 1057878/RS, Rel. Ministro Herman Benjamin, Segunda Turma, julgado em 26/05/2009, DJe 21/08/2009.

que tais dispositivos devem ser aplicados à tutela jurisdicional do meio ambiente de forma a respeitar a legislação especial, além de também ser compreendido de conforme as peculiaridades do direito ao meio ambiente ecologicamente equilibrado.

É de se recordar que o critério para descobrir a existência de conexão e continência a partir dos três elementos – processuais – da demanda (partes, pedido e causa de pedir) é totalmente vinculado à segurança jurídica, pois esta foi a forma que o legislador encontrou de trazer certo ar de objetividade à verificação da ocorrência da conexão[24] e com isso a modificação legal da competência. O direito processual brasileiro, seguindo a teoria de Mattirollo, adotou a regra processual para identificação da conexão, afastando-se do critério subjetivo, porém pragmático, de se identificá-la – e o respectivo efeito de reunião das demandas – pela lide deduzida em juízo.[25]

Ora, pela análise material e não simplesmente processual do conflito deduzido em juízo, aspectos como fundamento do pedido e da defesa, pedido mediato, questões deduzidas na demanda, provas a serem produzidas, possibilidade de decisões contraditórias etc., seriam elementos decisivos para saber se existiria ou não a conexão entre demandas, e aí caberia ao magistrado, após essa análise pragmática, a decisão de reunir ou não as demandas conexas.

Não há dúvida que o critério de identificação dos elementos da demanda para verificação da existência da conexão e da continência no Código de Processo Civil, com o fim de gerar a reunião das demandas, é individualista e destinado à proteção da segurança jurídica. Só que tal critério mostra-se insuficiente em relação à tutela coletiva do ambiente, que exige uma análise

---

24. A continência é espécie qualificada de conexão.

25. Art. 55. Reputam-se conexas 2 (duas) ou mais ações quando lhes for comum o pedido ou a causa de pedir.§ 1o Os processos de ações conexas serão reunidos para decisão conjunta, salvo se um deles já houver sido sentenciado.

mais pragmática do problema atinente à verificação da conexão e seus efeitos.

A instabilidade do bem ambiental e a possibilidade de que tanto o pedido como a causa de pedir sejam modificados após o despacho saneador, desde que respeitados o contraditório e a ampla defesa, impedem a aplicação segura do critério processual para verificação da conexão e continência. Melhor seria, *in casu*, que o legislador permitisse que o juiz utilizasse critérios mais pragmáticos para a verificação da conexão e eventual reunião das demandas, tais como o aproveitamento da prova a ser produzida nas ações em curso, as questões afins deduzidas na defesa de ambas as partes das diferentes causas, os mesmos fundamentos de fato e de direito pelos diferentes representantes adequados nas diferentes demandas, a possibilidade de contradição nas decisões nelas proferidas etc. Todos esses aspectos contribuiriam para o magistrado dizer se existiria ou não a conexão entre as lides ambientais. E mais: só seria verificada a existência de conexão ou continência (esta é uma espécie qualificada de conexão), de ofício ou por provocação da parte, para o fim de reunir as demandas concomitantes e assim economizar jurisdição e evitar julgamentos de repercussão coletiva que fossem contraditórios.

Assim, uma vez decidida a reunião das demandas,[26] o critério para se saber qual juízo deveria receber as demandas conexas (ou eventuais demandas futuras) para ulterior julgamento deve ser o da prevenção como alude o art. 2º da LAC e artigos 58[27] e 59 do CPC[28]. Percebe-se que ambos adotam o critério *cronológico* para fixar a prevenção.

---

26. Se se admite a reunião dessas demandas, sendo ambas com competência funcional absoluta, então é porque o regime da competência absoluta neste caso cede ao imperativo maior de economia processual e segurança jurídica em evitar decisões coletivas contraditórias.

27. Art. 58. A reunião das ações propostas em separado far-se-á no juízo prevento, onde serão decididas simultaneamente.

28. Art. 59. O registro ou a distribuição da petição inicial torna prevento o juízo.

Enfim, seria esta a melhor e mais eficiente cronologia para verificação de qual juízo seria o mais adequado para processar e julgar as demandas conexas que serão reunidas ou distribuídas por dependência?

Por que não reuni-las naquele juízo onde o processo esteja mais adiantado? Por que não a admitir para aquele onde já tenha ocorrido o fim da fase postulatória? Por que não admitir que sejam as demandas conexas remetidas para o juízo onde esteja tramitando a maior parte de demandas conexas? Por que não a admitir para o local onde se concentre a maior parte dos "danos ambientais" ou onde eles podem ser mais facilmente eliminados? Por que não a admitir para o local onde já se tenha executado algum provimento judicial (liminar, por exemplo)? Enfim, parece-nos que o mais adequado é não estabelecer um critério fixo e engessado, porque as regras do art. 58 e 59 do CPC combinado com o artigo 2º, parágrafo único da LACP poderão *não* ser as mais adequadas e eficientes para a tutela ambiental. De qualquer forma, menos eficiente será – porque se trata de dano nacional ou regional – abandonar o critério do local do dano para usar o artigo 93 do CDC, pois nesta hipótese, por exemplo, pode ocorrer de o dano regional não atingir nenhuma capital dos Estados envolvidos e no entanto uma delas seria o foro competente. Estaria aviltada a regra da proximidade do juízo com o local do dano ambiental.

O mesmo se passa em relação à existência de duplicidade de litispendência, ou seja, repetição de uma demanda coletiva em curso. Nesse caso, havendo "duas ou mais" demandas iguais, em respeito ao princípio da universalização da jurisdição, este se sobrepõe à economia processual e determina que as ações repetidas não sejam simplesmente extintas no seu juízo de origem, mas reunidas no juízo prevento.

A litispendência deve ser vista sob o ponto de vista material, ou seja, pela verificação da lide deduzida em juízo e suas repercussões coletivas. Se o sistema processual coletivo é informado pelo princípio do acesso à justiça, em que a ação é apenas uma porta de acesso ao Poder Judiciário, devendo ensejar a maior

Capítulo 6 • O direito ao equilíbrio ecológico e seus reflexos

participação e a universalização da justiça para todos os cidadãos, não nos parece que, por outro lado, possa o legislador invocar a *economia processual* para justificar o fechamento das portas de acesso à justiça com o trancamento das demandas repetidas nos seus juízos de origem. Deve-se, sim, compatibilizar a coexistência de demandas coletivas, permitindo a sua reunião para que apenas uma delas possa seguir em frente, aproveitando as provas e os argumentos produzidos naquelas que foram reunidas, e permitindo, desde então, que os legítimos representantes adiram e intervenham na demanda que prosseguirá. Enfim, só se trancará a demanda repetida depois de ela ser reunida e permanecer anexa e apensa àquela que seguirá adiante, dela aproveitando-se todas as provas e argumentos utilizados. Assim, reúnem-se as demandas litispendentes (o legislador adota, também aqui, o critério abstrato e cronológico da prevenção, que, segundo pensamos, é de questionável eficiência para as lides coletivas ambientais), anexando-as àquela que prosseguirá até o final.

6.4 Tutela de urgência nas demandas ambientais

6.4.1 Introito

No artigo 294 do CPC o legislador colocou sob o tronco comum da *tutela provisória* as tutelas de *urgência* e da *evidência*. Expressamente disse que: "a tutela provisória pode fundamentar-se em urgência ou evidência". Ambas têm como tronco ontológico único a função de evitar que o tempo do processo seja um fator de injustiça na prestação da tutela jurisdicional. Por isso, ambas pretendem corrigir o problema do "fator tempo" neutralizando o processo contra as situações de urgência que tanto podem afetar o próprio processo quanto o direito material nele contido (tutela de urgência cautelar ou antecipada) ou então redistribuindo o ônus do tempo de duração do processo segundo critérios de evidência do direito pleiteado em juízo (tutela da evindência).

A tutela provisória de urgência é funcional em relação à tutela final e serve para imunizar os efeitos deletérios que o tempo causa ao processo (instrumento) ou ao seu conteúdo (direito material), e por isso constitui um arcabouço de técnicas processuais que devem ser prontas e rápidas, sob pena de se tornarem inúteis. Essas formas de tutela são realizadas por intermédio das medidas cautelares e das antecipações de tutela de mérito, tal como denomina o CPC. O signo comum entre ambas é, sempre, a urgência, e o seu traço diferenciador – que teria sido desnecessário manter ante a intenção simplificadora do Código – é o do objeto que será precipuamente protegido dos desgastes provocados pelo fenômeno temporal.

Já a tutela da evidência também atua em prol da efetividade e serve para proporcionar ao jurisdicionado a efetivação da tutela pretendida desde o momento em que seu direito mostre ser evidente no curso do processo, evitando que tenha que suportar o ônus da demora do processo para receber no final a tutela jurisdicional. Mas nela nada há de funcional, ou seja, antecipa-se o resultado por ele mesmo, e sem nenhuma razão extra de ordem jurídico social iminente (urgência). Existem diversas técnicas processuais de tutela da evidência, tais como a *execução de títulos executivos extrajudiciais, o cumprimento provisório da sentença, a improcedência liminar do pedido, o julgamento antecipado da lide pelos efeitos da revelia, o julgamento parcial da parte incontroversa da demanda, a antecipação do provimento por intermédio da tutela provisória,* etc. Aqui, vista como espécie de tutela provisória do artigo 294 do CPC, a *tutela da evidência* segue a disciplina comum desta modalidade de técnica processual. Mas frise-se: ledo engano imaginar que apenas no artigo 294 e ss. está a técnica processual de tutela do direito evidente. Aqui se tem apenas a técnica da tutela da evidência sob a modalidade de *tutela provisória*.[29]

Assim, em razão dos riscos de dano causados pelo tempo, ambas as modalidades, urgência e evidência do art. 294 e ss. do

---

29. Sendo o compromisso de ajustamento de conduta um título extrajudicial – técnica de evidência – é perfeitamente possível que sua efetivação seja feita mediante as técnicas do artigo 297 do CPC que implicam em utilização do artigo 139, IV do Código.

Capítulo 6 • O direito ao equilíbrio ecológico e seus reflexos

CPC podem ser encartadas no tronco comum das tutelas diferenciadas e merece aplausos o legislador.

A tutela do meio ambiente tem em si, *in re ipsa*, a necessidade de ser prestada de forma urgente. As peculiaridades do *equilíbrio ecológico* como a *essencialidade*, a *perenidade*, a *complexidade*, a *instabilidade*, a *indivisibilidade*, a *ubiquidade* são alguns dos elementos intrínsecos do meio ambiente que exigem, frise-se, exigem que o processo seja dotado de elementos adequados e capazes de evitar que o equilíbrio ecológico seja degradado, pelo simples fato de que é absolutamente impossível o retorno ao *status quo ante*. A única forma de tutela justa e adequada do direito fundamental ao meio ambiente é aquela que evita o dano, impedindo o desequilíbrio ecológico. É sempre preciso rememorar que este bem é *essencial* ao proteção e abrigo de todas as formas de vida; que é *ubícuo* não sofrendo limites especiais e temporais para se manifestar; é *indivisível* porque o desequilíbrio do meio ambiente afeta a todos os seres vivos; é *reflexivo* já que normalmente quando se desequilibra o meio ambiente também são afetados os microbens ambientais que o formam, espalhando danos individuais e coletivos; complexo porque formado a partir de uma mistura química, física e biológica de componentes bióticos e abióticos; é *difuso* porque pertence a uma coletividade indeterminável, etc. Isso tudo implica reconhecer que *impedir o desequilíbrio ecológico* é um mantra básico, lógico do direito ambiental, que decorre da essência do direito material ao meio ambiente ecologicamente equilibrado. Para alcançar este desiderato as tutelas de urgência devem ser um mecanismo corriqueiro – e não excepcional como em qualquer caso – na proteção jurisdicional do meio ambiente.

A Lei de Ação Civil Pública possui técnicas processuais de tutela urgente que unidas ao sistema de tutela provisória urgente do CPC (art. 294 e ss.) ofertam ao jurisdicionado armas processuais capazes de garantir a incolumidade do equilíbrio ecológico ou, quando isso não for possível, a tutela urgente de restauração e reparação pelos prejuízos causados.

6.4.2 Aspectos gerais

Falar em tutela jurisdicional urgente não significa, a rigor, que haja uma solução material (tutela) diferente da tutela jurisdicional não urgente. Sob o ponto de vista do resultado dado pelo Judiciário a uma crise jurídica (tutela jurisdicional em sentido material), entre a tutela dada de modo lépido e a que é dada de modo ordinário não há diferença, pois a revelação da norma concreta é a mesma. O discrímen entre uma solução e outra não está – normalmente – na solução material prevista no plano substancial, mas sim nos meios e instrumentos que irão impor dita solução.

Enfim, tutela urgente significa *urgência na prestação da tutela* e, portanto, o aspecto da urgência não tem o condão de alterar a substância da solução prevista no plano material. O que existe é que, em situações específicas, atípicas e invulgares, o jurisdicionado se vê aflito em razão de um perigo iminente que poderá comprometer de modo precípuo ou o próprio direito reclamado ou, então, o meio instrumental de impor dita solução.

Nesses casos, o sistema jurídico-processual oferta aos jurisdicionados diferentes *tipos de técnicas processuais* que devem ser adotados de forma adequada para neutralizar o dano que a situação de urgência poderá causar ao processo ou ao direito material. Assim, estas técnicas de tutela tanto podem prestar-se à finalidade cautelar ou satisfativa do direito, ou seja, tanto servem para a função de conservar e assegurar o instrumento apto a impor o direito, quanto servem igualmente para a antecipar ao jurisdicionado os próprios efeitos da tutela final, do bem da vida perseguido.

Seja para a função cautelar, seja para a satisfativa, seu móvel é a urgência, e isso nada tem a ver com a solução material prevista no ordenamento para aquela situação jurídica reclamada. Se for uma pretensão à cautela, a solução será *uma medida processual assecuratória*, consevativa independentemente do nome q possa se lhe atribuir. Se, por outro lado, se trata de pretensão que vise

Capítulo 6 • O direito ao equilíbrio ecológico e seus reflexos

resolver uma crise no direito material, a solução será aquela prevista no ordenamento material (direito substancial).

O verdadeiro *quid* da "tutela provisória urgente", portanto, não é a "tutela" em si mesma, senão o *fenômeno urgente* que compromete a tutela jurisdicional e que precisa ser neutralizado por mecanismos que ou antecipem a satisfação do direito ou protejam o próprio instrumento.

Esses mecanismos especiais e diferenciados recaem sobre o *processo* (alterações nas regras de cognição e no conteúdo do debate), sobre o *procedimento* (na forma com que se desenvolve essa relação jurídica) e sobre os *provimentos* (na natureza, na força, na intensidade) que comandarão a imposição da solução requerida.

Assim, a urgência do provimento diz respeito à obtenção mais rápida, lépida e, portanto, urgente de uma solução satisfativa ou conservativa. Portanto, se o fenômeno está vinculado *à obtenção mais célere do resultado*, é porque a *efetividade da medida urgente* é fenômeno que se liga aos *mecanismos instrumentais* de obtenção dos resultados. Assim, o que deverá ser profundamente influenciado, adequado, diferenciado e moldado pela urgência são os instrumentos processuais (*processo, procedimento e provimento*) destinados a inibir o dano que a situação urgente pode causar.

A semelhança e a dessemelhança entre os tipos de tutela urgente (que visam conservar ou antecipar os efeitos do direito material) são mais do que simples ou meras proposições teóricas. Já ficou claro que, em razão do risco de dano causado pelo tempo, ambas as modalidades podem ser encartadas no tronco comum da urgência.

Assim, seguindo a trilha aberta pelo legislador, sistematizam-se, no tronco da urgência (tutelas provisórias de urgência), as tutelas satisfativas e conservativas do direito (prevenção do processo e prevenção do direito material), estabelecendo, dentro do possível e ressalvadas algumas peculiaridades aqui e alhures, um regime jurídico único para elas, que afinal são irmãs em relação à necessidade de se evitarem prejuízos resultantes dos efeitos deletérios do tempo no processo.

6.4.3 O fenômeno da urgência

A obviedade do comentário beira o ridículo, pois tutela urgente designa toda e qualquer modalidade de tutela cujo móvel qualificador é a urgência. Assim, seja a tutela conservativa, seja a satisfativa, quando são movidas pelo fenômeno da urgência, possuem um laço de parentesco tal que não permite que sejam tratadas de forma diferente, tais as semelhanças que existem entre elas.

As situações de urgência não escolhem nem hora, nem local para ocorrerem. O que se sabe é que precisam ser rapidamente debeladas, sob pena de o risco que surge iminente deixar de ser abstrato e passar a ser concreto, tornando inútil e sem razão de ser uma proteção tardia.

As situações de urgência são marcadas pela presença de um fato que causa risco de dano ou ao instrumento (processo) ou ao bem da vida a ser tutelado. Aqui, o dano (ou o risco como no caso da proteção do meio ambiente) é direto ao bem juridicamente protegido; ali, indireto, porque o risco incide sobre o instrumento que o protege. Para esses casos de risco de dano ao bem da vida ou ao instrumento que o protege, o legislador prevê as tutelas de urgência, que, em razão de sua própria razão de ser, devem ser marcadas por técnicas processuais de sumarização do procedimento, sumarização da cognição, adiantamento da tutela e efetivação imediata do provimento judicial.

As tutelas de urgência podem ser, segundo o objeto a ser tutelado, bipartidas em *tutelas de urgência satisfativas* (preventivas do direito material) e *tutelas de urgência assecuratórias* (preventivas do próprio processo). As primeiras visam obter a proteção do próprio bem da vida, e, quando são concedidas, trazem satisfação ao demandante. As segundas visam à proteção do instrumento e das técnicas de tutela (ao processo), e por isso apenas conservam a integridade do processo, sem trazer qualquer satisfação (incremento do patrimônio) ao demandante. Todavia, num ou noutro caso, as tutelas inibem o problema da urgência, o risco de prejuízo

Capítulo 6 • O direito ao equilíbrio ecológico e seus reflexos

ao processo ou ao direito material nele contido, e por isso devem ser tratadas sob um mesmo regime jurídico.[30]

Outrossim, é importante salientar que a situação de urgência surge normalmente fora do processo e recai sobre uma situação de fato, que como tal deve ser demonstrada (provada), ainda que num juízo de probabilidade, quando se requer a proteção jurisdicional conservativa ou satisfativa.

Claro que a própria situação de urgência coloca o reclamante muitas vezes numa posição fragilizada e hipossuficiente em relação à prova da urgência, e por isso o magistrado deve reconhecer que a cognição sumária decorrente do adiantamento da tutela implica em aceitar que nem os fatos e nem as eventuais provas desses fatos são inicialmente apresentados de modo completo. Isso tudo para evitar o risco de que a referida tutela prestada seja inútil porque a prova da urgência não foi satisfatória no momento em que foi reclamada.

Em relação à tutela do meio ambiente, tal como foi dito anteriormente, o direito fundamental ao equilíbrio ecológico tem em seu genótipo uma série de características que realmente impõem ao operador do direito o reconhecimento de que sem urgência na tutela é impossível dar um tratamento adequado ao meio ambiente.

A *ubiquidade* do bem ambiental, que o faz onipresente, lançando seus tentáculos para lugares imprevistos e inimagináveis implica em reconhecer que o bem ambiental espalha-se de tal forma por todo o ecossistema que se torna impossível limitar geograficamente os efeitos que lhe são causados. O bem ambiental não respeita limites geográficos ou políticos impostos pelo ser humano. Outro aspecto diz respeito à *instabilidade* (sensibilidade) do bem ambiental. Ora, sendo o equilíbrio ecológico um bem jurídico que depende de uma mistura *química, física e biológica*

---

30. O legislador não fez, mas poderia ter feito uma distinção que levasse em conta a natureza patrimonial ou extrapatrimonial (vida, saúde, educação, etc.) do direito colocado em risco pela situação de urgência.

dos recursos ambientais, e sendo essa mistura formada por uma alquimia perfeita entre os recursos ambientais – tal como uma orquestra, em que cada partícipe contribui decisivamente para um resultado harmônico (equilíbrio ecológico) –, a alteração de um dos fatores ambientais (água, ar, clima, pressão etc.) leva, inexoravelmente, a um desequilíbrio ecológico. É daí que resulta a instabilidade do bem ambiental. Uma simples modificação de um dos fatores ambientais provoca um descompasso no equilíbrio ecológico, fato que torna praticamente impossível um retorno ao estado anterior. Isso porque, afinal de contas, o equilíbrio ecológico de um ecossistema é obtido após milhares de anos de combinações químicas, físicas e biológicas dos tais fatores (recursos) ambientais. Também é um ponto fundamental acerca do equilíbrio ecológico é a sua "essencialidade à sadia qualidade de vida", ou seja, o bem ambiental é imprescindível à manutenção, ao abrigo e à proteção de todas as formas de vida.

Além do que já foi comentado em tópicos acima, esses três aspectos do bem ambiental dão a exata noção da importância e da fragilidade do bem ambiental, mostrando que a palavra de ordem em relação ao equilíbrio ecológico é a tutela preventiva. Enfim, deve o Estado ofertar as técnicas processuais aptas a evitar o desequilíbrio ecológico. Não é demasia ou devaneio afirmar que a questão da urgência na proteção do meio ambiente é *in re ipsa*, pois a sua ubiquidade, instabilidade e essencialidade à vida não permitem que se adote outra *premissa* senão a de que toda tutela jurisdicional em favor do meio ambiente deve ser tratada com a máxima urgência, pelos riscos que o prejuízo ambiental causa à sociedade. Em matéria ambiental, vale sempre a máxima de que é *melhor prevenir do que remediar*. Por isso, em razão das características do próprio *direito*, o processo civil deve oferecer técnicas que sejam compatíveis com o direito a ser tutelado, e, como no caso do meio ambiente sobressai a necessidade de urgência na prestação da tutela jurisdicional, ainda que a pretensão veiculada seja repressiva (reprimir o dano) e não preventiva (do dano ou do ilícito), igualmente há a urgência na indenização do meio ambiente.

Capítulo 6 • O direito ao equilíbrio ecológico e seus reflexos

A leitura do art. 225 da CF/1988, bem como dos princípios da política do meio ambiente (art. 4.º da Lei 6.938/1981) assentam as seguintes regras: a) a palavra de ordem em relação ao meio ambiente é sempre precaver contra o risco e prevenir contra o dano, já que estes são sempre irreversíveis, daí por que ganha relevo a tutela jurisdicional preventiva; b) tratando-se de reparação do dano, deve ser privilegiada a solução *in natura*, porque é sempre a mais próxima da situação que existiria caso não tivesse ocorrido a crise de inadimplência.

6.4.4 A fungibilidade e a temporariedade das tutelas de urgência prestadas mediante antecipação do provimento judicial

As tutelas de urgência prestadas mediante o adiantamento do provimento judicial, com corte, portanto, na atividade cognitiva do magistrado, submetem-se ao regime jurídico comum da modificabilidade, revogabilidade como aliás toda e qualquer tutela provisória, inclusive a de evidência.

Entretanto, tratando-se de tutelas provisórias de urgência, o legislador estabelece no artigo 300 que *"tutela de urgência será concedida quando houver elementos que evidenciem a probabilidade do direito e o perigo de dano ou o risco ao resultado útil do processo".* Estes são fundamentos para a obtenção da medida de urgência. A pretensão à conservação do processo ou à antecipação dos efeitos da tutela de mérito dependem da demonstração da presença dos referidos requisitos: *probabilidade do direito e a situação de urgência que comprometa o fim útil do processo ou o perigo de dano.* Do primeiro nasce a *provisoriedade,* e do segundo a *temporariedade.*

A *provisoriedade* é característica comum a toda e qualquer tutela prestada mediante a técnica processual do adiantamento da tutela jurisdicional, pois está relacionado à antecipação de um provimento com base na probabilidade do direito referido. Exatamente porque tal característica é inerente à técnica processual do adiantamento da tutela, ela foi tratada anteriormente quando cuidamos deste tema.

Já em relação a situação de urgência existe a característica da *temporariedade*, que por relacionar-se apenas com as situações de urgência iremos tratá-la neste tópico.

6.4.5 Temporariedade

Diz-se ser *temporária* a medida urgente porque sua eficácia fica condicionada a seguinte premissa: que não cesse a situação de risco, ou seja, que subsista a situação de urgência que ensejou a concessão da medida, pois, se por algum motivo acabar o perigo da situação de risco que motivou a medida, ela poderá (deverá) ser revogada.[31]

Daí por que se fala no caráter temporário da medida, no sentido de que está ela vinculada ao fator tempo que ensejou a sua concessão e também ao suposto direito que enseja a sua concessão.

A *temporariedade* não se confunde com a *provisoriedade*. Esta vincula-se à cognição sumária utilizada para concessão da medida que se antecipa e aquela prende-se a situação de urgência. Isso quer dizer que nem toda tutela provisória submete-se ao regime da temporariedade, porque apenas as *provisórias urgentes* é que estão vinculadas à proteção jurisdicional contra uma situação de risco. À tutela da evidência do artigo 311 não se aplica a *temporariedade*, porque ela não se submete à urgência.

A *cessação da situação de risco* serve de *fundamento* para que a parte possa requerer a sua revogação, o que pode se dar no curso do processo onde foi concedida, ou até mesmo de forma autônoma quando o processo (na qual a medida for concedida) tiver findo.

A *cessação da situação de risco* pode ser presumida pelo legislador, mediante a criação de *presunções legais* que, se ocorridas, poderão ser conhecidas de ofício pelo magistrado, de forma que

---

31. Imagine, por exemplo, que a parte venha a falecer antes da urgente cirurgia a que deveria se submeter; que o certame licitatório seja totalmente anulado, etc.

Capítulo 6 • O direito ao equilíbrio ecológico e seus reflexos

a revogação da medida não dependerá de provocação do interessado. É o que acontece com as *tutelas provisórias urgentes de natureza cautelar antecedente*, tal como previsto no artigo tal como se observa nas hipóteses do artigo 309 do CPC: *"art. 309. Cessa a eficácia da tutela concedida em caráter antecedente, se: I – o autor não deduzir o pedido principal no prazo legal; II – não for efetivada dentro de 30 (trinta) dias; III – o juiz julgar improcedente o pedido principal formulado pelo autor ou extinguir o processo sem resolução de mérito. Parágrafo único. Se por qualquer motivo cessar a eficácia da tutela cautelar, é vedado à parte renovar o pedido, salvo sob novo fundamento."*

Assim, se por ventura o requerente da tutela cautelar antecipada obteve a medida requerida mas por desídia não promoveu a sua efetivação no prazo de 30 dias presume-se que não havia a situação de risco reclamada e, nesse caso, cessará a eficácia da medida cautelar.

Em outro caso, prevê o legislador que, se cabia ao requerente aditar a petição inicial a partir do momento da efetivação da medida e não o fez, também aí se entende que cessará a eficácia da medida solicitada.[32] Claro que esse dispositivo não se aplica quando a tutela de urgência cautelar é obtida no curso da própria demanda principal, bem como naqueles casos em que é inviável o aditamento após a efetivação da medida cautelar obtida em medida urgente cautelar requerida de forma antecipada, tal como se dá na medida de indisponibilização de bens referente a uma

---

32. Art. 303. Nos casos em que a urgência for contemporânea à propositura da ação, a petição inicial pode limitar-se ao requerimento da tutela antecipada e à indicação do pedido de tutela final, com a exposição da lide, do direito que se busca realizar e do perigo de dano ou do risco ao resultado útil do processo. § 1º Concedida a tutela antecipada a que se refere o caput deste artigo: I – o autor deverá aditar a petição inicial, com a complementação de sua argumentação, a juntada de novos documentos e a confirmação do pedido de tutela final, em 15 (quinze) dias ou em outro prazo maior que o juiz fixar; (...) § 2º Não realizado o aditamento a que se refere o inciso I do § 1o deste artigo, o processo será extinto sem resolução do mérito.

execução cuja obrigação vence muito depois do prazo previsto no art. 303, I do CPC.

Contudo, o inciso III do artigo 309 citado acima não decorre da cessação do fenômeno de urgência, e, portanto, da *temporariedade* da medida cautelar, mas sim da *provisoriedade* de qualquer provimento antecipado, seja ele cautelar ou satisfativo ou até mesmo de *evidência*, muito embora esteja inserido no tópico da tutela cautelar urgente.

Na verdade, o problema é anterior à cessação da eficácia, qual seja, refere-se à existência do direito invocado para a concessão do provimento antecipado. Enfim, é preciso ficar claro que qualquer medida dada em caráter antecipado "cessará a sua eficácia" quando o direito provável que fundamenta o adiantamento da tutela (cautelar ou satisfativa) alegado pelo requerente da medida não seja reconhecido ao final, sendo julgada a lide em seu desfavor. Isso porque se não há o direito plausível, não há como subsistir a tutela contra a situação de urgência, ainda que, de fato, esta urgência exista. Não existe um direito material ou substancial à proteção da urgência que esteja desvinculado do direito material que se pretenda tutelar.

6.4.6 Fungibilidade

A fungibilidade *é a possibilidade de substituição de uma coisa por outra de mesma espécie, qualidade, quantidade e* valor.

É preciso deixar claro legislador adotou a atipicidade da medida urgente cautelar, de forma que basta que esteja presente a pretensão à conservação e os fundamentos da urgência para que qualquer medida cautelar possa ser identificada como *adequada* a este fim. Assim é a franca possibilidade de *fungibilidade entre as tutelas urgentes cautelares*, pois a *pretensão à cautela é uma só*, ou seja, o que interessa é que se encontre a melhor medida assecuratória para obter a conservação com a *menor gravosidade possível*. Este é, portanto, o limite da fungibilidade, ou seja, poderá haver a fungibilidade entre uma e outra sendo necessário que

Capítulo 6 • O direito ao equilíbrio ecológico e seus reflexos

a medida cautelar substituta seja menos gravosa e tão eficiente quanto a medida substituída (art. 301 do CPC[33]). Obviamente que num modelo democrático de processo, a troca de uma medida por outra é permitida, até mesmo de ofício, mas é necessário que seja precedida de contraditório, em atendimento ao princípio da boa-fé e cooperação processual.

Tratando-se de medidas urgentes antecipatórias torna-se difícil imaginar, pelo menos em tese, a necessidade de sua substituição, justamente porque o seu papel não é *conservativo ou assecuratório*, mas sim satisfativo. Nas medidas urgentes *antecipatórias* pretende-se a antecipação os efeitos do direito postulado, de forma que a eventual mudança deveria ser feita segundo os ditames do princípio dispositivo e desde que atendidas as exigências de dos arts. 329 do CPC, referentes ao aditamento e alteração do pedido.

Considerando que a tutela cautelar ou a antecipada (satisfativa) possuem os mesmos fundamentos para a sua concessão e que vivem sob o mesmo rótulo da urgência, e considerando que a distinção entre ambas está nos fins a que se destinam, é inegável que o discrimen entre uma e outra não esteja, sempre, de modo tão evidente podendo existir situações onde seja difícil identificar se a hipótese é ou não *cautelar* ou *antecipada*. É claro que se deve admitir a fungibilidade entre ambas, pois foi justamente em razão dessa similitude que ambas estão sob o mesmo Título V da Parte Geral do CPC (tutelas provisórias).

Se forem requeridas em caráter incidental nenhuma dificuldade procedimental ocorrerá, porque são regidas pela *atipicidade procedimental*. Basta uma simples petição avulsa no bojo dos autos onde se discute a tutela principal.

Porém, se requeridas em caráter antecipado, aí sim poderá haver alguma dificuldade para compatibilizar o procedimento,

---

33. Art. 301. A tutela de urgência de natureza cautelar pode ser efetivada mediante arresto, sequestro, arrolamento de bens, registro de protesto contra alienação de bem e qualquer outra medida idônea para asseguração do direito.

porque há regras diversas para um e outro caso. Também aqui não deve haver óbice, pois, bastará o magistrado receber a medida requerida atribuindo-lhe a natureza e procedimento a ser adotado, se na hipótese do artigo 303 ou 305[34]. Enfim, o que não se pode admitir é que diante de uma situação de urgência e com os fundamentos preenchidos, fique a parte privada de obter a tutela porque não identificou adequadamente a sua natureza ao requerê-la.

6.4.7 A probabilidade do direito nas tutelas de urgência mediante adiantamento do provimento jurisdicional

A tutela de urgência pode ser requerida de forma autônoma ou incidental, resguardadas as diferenças procedimentais entre uma e outra. Assim, seja na forma de ação, seja na forma de mero incidente avulso nos autos, nos dois casos será necessário formular uma *pretensão* ao juiz e que este pedido esteja calcado em *fundamentos essenciais* que justifiquem a concessão da pretensão requerida: a plausibilidade do direito e a demonstração da situação de urgência que atenta contra o fim útil ao processo ou de perigo de dano ao direito da parte (art. 297).

Por opção do legislador não existe mais diferença entre os graus de sumariedade entre a obtenção da medida urgente cautelar da satisfativa, exigindo-se para ambas os mesmos requisitos de *probabilidade do direito alegado e demonstração da situação de urgência.*

Entretanto, embora todas as tutelas provisórias (urgência e evidência do artigo 294 do CPC) sejam feitas com base num juízo de cognição sumária, porque concedidas por intermédio da técnica de adiantamento do provimento judicial, pode-se constatar que existe diferença entre os graus de sumariedade (juízo de probabilidade) utilizados para convencimento do magistrado

---

34. Art. 305. (...) Parágrafo único. Caso entenda que o pedido a que se refere o caput tem natureza antecipada, o juiz observará o disposto no art. 303.

Capítulo 6 • O direito ao equilíbrio ecológico e seus reflexos

quando o confronto é entre as tutelas provisórias de evidência e urgência, e, isso não se dá apenas por uma razão semântica.

Na *tutela provisória da evidência* o grau de probabilidade é do direito alegado é maior do que nas tutelas provisórias de urgência, não apenas porque a maior parte das suas hipóteses de cabimento o adiantamento do provimento é posterior ao contraditório, mas também porque para a configuração da *evidência* o legislador fez questão de exigir situação jurídica de maior robustez, como por exemplo se observa nos incisos do artigo 311 do CPC.

Junto com a demonstração da situação de urgência, a plausibilidade do direito alegado constitui o fundamento dos provimentos cautelares ou satisfativos (antecipados). Assim como a plausibilidade do direito, o perigo da demora deve ser objeto de demonstração pelo requerente. Claro que, por se tratar de juízo de cognição sumária, também não se poderá exigir mais do que a "probabilidade" da existência do perigo da demora para a obtenção do provimento urgente na técnica de adiantamento da tutela com limitação da cognição. É óbvio que, se é limitada a cognição pelo material e dos fatos trazidos ao magistrado, isso implicará, igualmente, numa limitação de convencimento também no que toca à demonstração do perigo da demora. Todavia, presentes os referidos fundamentos, outra não será a solução senão a concessão do provimento cautelar ou satisfativo, devendo ser fundamentado pelo magistrado com as razões de seu convencimento, sendo impertinente e insuficiente a simples afirmação na sua decisão de que estavam presentes os requisitos e que por isso concedeu a medida. É preciso apontar quais foram os elementos de convencimento, enfim, o porquê do seu convencimento, sob pena de nulidade da decisão. A simples frase de que *estão presentes ou ausentes os fundamentos para acolhimento ou rejeição da medida urgente* é absolutamente insuficiente para atender ao artigo 93, IX da CF/88. Especialmente por se tratar de conceitos vagos, com muito maior razão devem ser explicitados os motivos pelos quais os requisitos estão ausentes ou presentes. Não sendo assim, a decisão é irremediavelmente nula.

6.4.8 Estabilidade da medida de urgência

6.4.8.1 Segurança jurídica, estabilidade (provisória e temporária) e provimentos provisórios urgentes

A eficácia negativa da coisa julgada resulta da necessidade de imprimir segurança jurídica e estabilidade às lides, respectivamente, já dirimidas pelo Poder Judiciário ou que estejam em curso, impedindo que se demande sobre a mesma situação já julgada ou que esteja com julgamento em curso.

Contudo, embora seja inapropriado falar, num primeiro momento, em *coisa julgada* nos provimentos judiciais marcados pela cognição sumaria, por outro lado há uma inescondível necessidade de imprimir segurança jurídica e estabilidade a toda e qualquer decisão judicial, aí incluindo os provimentos urgentes que ja tenham sido tutelados ou estejam em curso perante o Poder Judiciário.

Assim, sempre que as situações de urgência – cautelares ou satisfativas – forem prestadas mediante a técnica do adiantamento da tutela, terão sido fruto de uma cognição sumária sobre o direito material invocado (probabilidade do direito), e por isso mesmo tratam-se de *provimentos* provisórios, que proporcionam uma estabilidade provisória, porque, pelo menos em tese, não teriam aptidão para alcançar a coisa julgada material.

Todavia, conquanto tais provimentos não sejam marcados pelo selo da definitividade, não se lhes pode negar alguma estabilidade, evidentemente dentro dos limites cognitivos com que foram concedidos.

Assim, não será possível reacender e rediscutir a análise do provimento adiantado urgente, ainda que provisório, desde que com fulcro na mesma cognição, com base nas mesmas provas e fatos que ensejaram a concessão da medida, sob pena de se criar uma insegurança jurídica indesejável para o sistema.

Também não escapa da *estabilidade*, fruto do instituto da preclusão no processo, a analise da situação urgente (*periculum*

Capítulo 6 • O direito ao equilíbrio ecológico e seus reflexos

in mora) que traz risco iminente para o direito material ou para o próprio processo. Assim, uma vez apreciada e decidida, deve ela ficar acobertada pela estabilidade, podendo, no entanto, ser revogada ou modificada, desde que existam novas situações de fato ou de direito que permitam sua modificação ou revogação. Valem para este caso – estabilidade das situações urgentes – as mesmas considerações do parágrafo anterior.

Na tutela urgente tem como *causa de pedir:*

(1) A probabilidade do direito material a ser protegido e

(2) A situação de urgência que coloca em risco o fim útil do processo ou o direito material pretendido

Desta forma, pode-se dizer que em relação *direito provável* a sumariedade da cognição é que impõe a *provisória estabilidade* do que foi decidido.

Já em relação ao *periculum in mora* é a cessação da situação de urgência que impõe a *temporariedade da estabilidade.* É por isso que se diz que o provimento urgente deve estabilizar-se *rebus sic stantibus,* ou seja, enquanto permanecer *sem* alterações os fundamentos que justificaram a concessão da tutela urgente pelo provimento antecipado.

Assim, a *estabilidade provisória* refere-se à provisoriedade decorrente de uma decisão proferida com base em cognição sumaria sobre o direito material pretendido. Já a *estabilidade temporária* refere-se à temporariedade (tempo de duração) de uma situação de urgência. Perceba-se que a estabilidade do provimento urgente submete-se a um regime de *provisoriedade e temporariedade* que se relacionam com os fundamentos necessários à sua concessão, respectivamente, à *probabilidade do direito* e o *periculum in mora.*

Por isso, se a lide principal for posteriormente julgada em desfavor daquele que obteve a tutela urgente é certo que, como num dominó, o provimento urgente também cairá, simplesmente porque não há tutela urgente que se sustente sem o amparo, ainda que provável, de um direito material. Eis aí a *estabilidade provisória.*

Por outro lado, se a qualquer momento cessar a situação de urgência cessará a estabilidade do provimento, simplesmente porque não haverá mais a razão *urgente* que justificou a sua concessão. Eis aí a *estabilidade temporária*.

Como a *estabilidade provisória* decorre da cognição sumaria realizada sobre o direito material, em tese jamais deveria ser possível que tal estabilidade pudesse passar da condição de *provisória* à *definitiva*, que pois a definitividade é o selo marcante da coisa julgada material. No entanto, permitiu o legislador, tal como se verá adiante, que nos casos de tutela urgente satisfativa (antecipada) requerida em caráter antecipado seja possível que tal estabilidade provisória do provimento antecipado seja apto a receber uma *estabilidade definitiva* típica do fenômeno da coisa julgada material.

6.4.8.2 A estabilidade da tutela urgente cautelar e antecipada no art. 304 e 309 do CPC

O tema da estabilidade da tutela cautelar e da tutela satisfativa não passou despercebido pelo legislador que tratou do tema, respectivamente, nos artigos 309, parágrafo único e 304 do CPC. Mas, é claro que há diferenças na *estabilidade* de cada uma destas medidas, simplesmente porque há uma importante distinção entre elas: na tutela cautelar a pretensão é à segurança e na tutela antecipada a pretensão é à satisfação. A estabilização neste caso tem consequências mais sérias do que na estabilização da tutela cautelar.

Há duas formas de se estudar a *estabilização das medidas de urgência* (cautelar e antecipada). Primeiro, quando as medidas são requeridas de forma incidental a demanda ajuizada. Segundo, quando são requeridas de forma antecipada à demanda que será palco para atuar ou revelar a norma jurídica concreta. A *segunda* requer maiores cuidados do que a primeira em razão das dificuldades que apresenta.

Em se tratando de requerimento incidental da medida urgente, como dito acima, a situação não oferece maiores dificuldades,

Capítulo 6 • O direito ao equilíbrio ecológico e seus reflexos

simplesmente porque a medida urgente segue, sem riscos, a cognição da demanda na qual ela foi requerida, de forma que permanecera eficaz e estável se e somente se permanecer de pé a situação de urgência e, obviamente, se o pedido principal for reconhecido em favor do requerente.

A dificuldade emerge quando se trata de requerimento em caráter antecipado de tutela urgente antecipada ou cautelar (arts. 303 à 310).

Portanto, é preciso que fique bem claro que a existência de uma aguda situação de risco o legislador entendeu e reconheceu que é muito difícil para a parte lidar com a necessidade de obter um estancamento da situação de urgência, tendo que contratar um advogado e ainda por cima promover uma demanda onde todos os argumentos e fundamentos estejam expostos de forma profunda e completa e robustecidos à saciedade com todos os tipos de prova para atestar o alegado. Exatamente por isso permite que a petição inicial a ser proposta contenha apenas a exposição sumaria do direito instruída com as provas que naquele momento foi possível ele juntar. Uma vez proposta esta demanda, tudo o que o autor deseja é que o magistrado analise e conceda o provimento antecipado por ele requerido dada a aflição que o acomete pela situação de urgência. No fundo no fundo o que permitiu (e compreendeu) o legislador é que a tutela de urgência requerida em caráter antecedente não se compara com uma petição feita sem a lança ou a pressão da urgência. Ora, uma petição feita às pressas e movida pelo desespero da urgência não se compara com uma petição feita sem esta pressão e sem este desespero da urgência que impõe ao autor e seu advogado a necessidade de ir a juízo sem ter em mãos todos os elementos de prova, sem a melhor argumentação jurídica, sem a robustez que teria a petição caso tivesse tempo para trabalhá-la com calma.

Assim, logo após a concessão da tutela provisória antecipada, previu o legislador um *ônus perfeito* para o autor e outro para o réu.

O autor deve *aditar* a petição inicial nos 15 dias seguintes à obtenção da tutela antecipada, pois relembre-se, esta exordial presume-se ter sido feito às pressas, com uma breve exposição do direito e também do relato do perigo de risco e dano. Mas o que acontece se o autor da demanda não *aditar* a petição inicial, simplesmente quedando-se inerte neste prazo? A solução prevista foi clara no sentido de que o processo será extinto sem julgamento de mérito, pois presumiu-se que tal inércia revelaria uma falta de interesse superveniente.

Já para o réu, além de ter sido intimado e citado para a audiência de conciliação ou de mediação na forma do art. 334, ele terá o ônus perfeito de impugnar a tutela antecipada mediante recurso de agravo de instrumento, sob pena de que se não o fizer o processo será extinto gerando uma *estabilização da tutela antecipada*. Isso quer dizer que a interposição do agravo do instrumento pelo réu impede a extinção imediata do processo, ou seja, a tutela antecipada concedida em favor do autor naquele *processo sumariamente iniciado,* possui uma natureza *secundum eventum litis,* ou seja, se o réu impugná-la por recurso será uma decisão interlocutória e o processo segue o seu rumo normal, ao passo que se não for atacada por recurso terá sido uma sentença pois o efeito imediato desta inércia é a extinção do processo, inclusive com o seu trânsito em julgado. Enfim, trata-se de uma extinção do processo que estabiliza uma decisão sumária de mérito.

Destarte, algumas questões surgem desta situação de extinção do processo pela inércia recursal do réu. A primeira delas é a seguinte? O processo está extinto com trânsito em julgado, ou, por outro lado, desta extinção poderia haver recurso de apelação? O legislador expressamente respondeu a questão ao dizer que a forma pela qual réu poderá opor-se à tutela antecipada estabilizada é através de ação autônoma ao dizer que "qualquer das partes poderá demandar a outra com o intuito de rever, reformar ou invalidar a tutela antecipada estabilizada nos termos do caput" (art. 304,2). Isso significa dizer que a inação recursal do réu implica não apenas em extinção do processo como enuncia o artigo 304,1, mas também a cessação do estado de pendência da demanda (trânsito em julgado).

Capítulo 6 • O direito ao equilíbrio ecológico e seus reflexos

A segunda indagação é saber se esta *estabilidade* seria consequência de uma coisa julgada formal ou material? Em outras palavras, a estabilidade da coisa julgada poderia ser impugnada dentro do mesmo processo? Seis uma coisa julgada formal fruto de uma preclusão máxima? Projetaria também para fora do processo?

O legislador também respondeu esta indagação ao dizer que "qualquer das partes poderá demandar a outra com o intuito de rever, reformar ou invalidar a tutela antecipada estabilizada nos termos do caput". Isso significa que a estabilização é reflexo de uma coisa julgada formal, já que a decisão estabilizada é inimpugnável dentro do processo em que foi proferida. E, mais à frente no parágrafo quinto do mesmo artigo 304 o legislador afirmou que "o direito de rever, reformar ou invalidar a tutela antecipada, previsto no § 2º deste artigo, extingue-se após 2 (dois) anos, contados da ciência da decisão que extinguiu o processo, nos termos do § 1º".

Numa leitura *contrario sensu* deste dispositivo é perfeitamente possível afirmar que depois desses dois anos a estabilização fica imutável, ou seja, ainda que tenha dito que não faz coisa julgada material, como expressamente diz o parágrafo sexto, a verdade é q este dispositivo imprime sobre a tutela estabilizada um efeito idêntico ao da coisa julgada material, o que não é novidade para o legislador que por razões de segurança jurídica fez o mesmo com a decisão processual que extingue o processo pela perempção, ou nas hipóteses de extinção pelo acolhimento de da litispendência ou coisa julgada.

A técnica processual da estabilização da tutela antecipada requerida em caráter antecipado adotada pelo legislador é inegavelmente bastante engenhosa, a começar pelo fato de ter escolhido a *impugnação recursal* como ato processual que impede a estabilização. É verdade que o legislador poderia, à semelhança da ação monitória, ter adotado a *defesa* na demanda como ato processual impeditivo da estabilização da tutela antecipada, mas optou pela inércia do requerido na primeira oportunidade que teria para impugnar a tutela antecipada requerida em caráter antecipado. Ora, que mal teria o legislador se ao invés do recurso de agravo de instrumento tivesse dito simplesmente "impugnação" para admitir qualquer irresignação do réu, até porque ele pode, depois de estabilizada a tutela promover uma ação de revisão da mesma.

Em decorrência da opção do legislador algumas situações "inusitadas" podem acontecer, como por exemplo o réu ter impugnado a decisão antecipada mediante o recurso de agravo, que posteriormente venha a ser inadmitido. A pergunta é, basta impugnar para impedir a estabilização? Ou é necessário que o recurso seja admitido?

Não menos intrigante e curiosa é a situação de nem o réu impugnar a tutela antecipada concedida e nem o autor aditar a petição inicial. Ora, as duas *inações* importam em *extinção do processo,* sendo a primeira por parte do réu e a segunda por ato do autor.

Em tempo, e nas situações em que a tutela antecipada estabiliza e passam-se dois anos sem que ninguém ajuíze demanda para rever a decisão antecipada. Caberá ação rescisória contra a decisão estabilizada se presentes fundamentos desta demanda? Teria havido um *processo sumario satisfativo,* cuja decisão antecipada restou estabilizada dentro e fora do processo?

Uma situação igualmente interessante ocorre quando não é concedida a tutela antecipada.

Caso se entenda que não há elementos para a concessão de tutela antecipada, o órgão jurisdicional determinará a emenda da petição inicial em até 5 (cinco) dias, sob pena de ser indeferida e de o processo ser extinto sem resolução de mérito. Por que a dupla pena? Sendo extinto o processo, *ipso fato* terá sido indeferida a tutela.

Destarte, sendo a *tutela da evidência* uma espécie de antecipação de tutela sem a necessidade de urgência, a pergunta que não encontra resposta é porque não existe esta possibilidade de estabilização da tutela de evidência antecipada, especialmente se considerarmos que é *evidente* o direito antecipado.

Enfim, são inúmeras as dúvidas a serem enfrentadas e resolvidas pela jurisprudência.

Em se tratando de tutela provisória urgente cautelar requerida de forma antecedente (processo cautelar autônomo), a conservação da eficácia da medida cautelar obtida ficará condicionada não apenas à manutenção da situação de urgência (temporariedade) mas também ao reconhecimento do direito em favor de quem foi dada a tutela. Assim, por exemplo, se o processo cautelar antecipado foi julgado em favor do requerente e ainda estiver de pé a situação de urgência (por exemplo uma indisponibilidade do bem), ela permanecerá eficaz até que se julgue a lide principal em favor do titular do direito *referido* na tutela cautelar.

6.4.9 Tutela de urgência cautelar e a tutela de urgência antecipatória

Reconhecido o fato de que a *antecipação do provimento judicial* é uma técnica processual inserida no grupo das *técnicas de sumarização da cognição* que, por sua vez, implementam o postulado da efetividade, e visto ainda que a *antecipação do provimento judicial* é mecanismo que *também* é utilizado para debelar situações de urgência, passa-se, então, à distinção – ainda importante para o Código de Processo Civil – entre as técnicas de antecipação do provimento com *função cautelar* e as com *função satisfativa*.

A distinção ainda é importante porque, segundo o Código, há requisitos para a concessão da tutela antecipada que não se exige para a tutela cautelar (irreversibilidade dos efeitos da medida), também importante porque existe um procedimento específico para uma e outra medida quando requeridas de forma antecipada à lide principal.

A antecipação da tutela com *função cautelar* caracteriza-se pelo fato de que seu papel precípuo é impedir que o próprio processo seja atingido por uma situação de urgência ou risco de dano iminente, ou seja, que os efeitos deletérios do tempo no processo comprometam ou sacrifiquem a utilidade da própria técnica processual, tal como ocorre no caso das provas que seriam dissipadas caso se aguardasse a fase instrutória para serem colhidas (vestígios que se dissipam, testemunha que poderá falecer etc.). Nesses casos, a função é conservativa ou assecuratória apenas, sem proporcionar ao suposto titular do direito o uso ou gozo ou fruição da tutela que espera ver reconhecida ao final. Enfim, há sempre a *referibilidade* a um direito a ser acautelado o que não acontece na tutela antecipada, pois o que se antecipa é o próprio direito ou seus efeitos.

Por outro lado, a *função satisfativa* da técnica de adiantamento do provimento judicial mediante sumarização da cognição ocorre quando, para evitar que o tempo deteriore um direito reclamado em juízo, tem-se que aquilo que é antecipado é o próprio bem da vida, ou efeitos materiais dele, permitindo que o jurisdicionado usufrua uma situação que só teria ao final, caso fosse vitorioso.

É o que ocorre quando se retira o nome do demandante da lista de proteção ao crédito, na ação em que pede o reconhecimento da inexistência da dívida. Na cautelar, como já foi dito por Pontes de Miranda, *assegura-se para executar*, enquanto na função satisfativa *executa-se para assegurar*. Justamente porque o fim precípuo da antecipação cautelar é assecuratório ou conservativo – já que não permite a fruição da situação tutelanda –, o risco de prejuízos em face de quem foi concedida a medida é bem menor.

Se na teoria pode ser simples a distinção, na prática as situações de cautelaridade e satisfatividade podem não ser tão evidentes assim, e por isso o legislador fez questão de que fossem sempre interpretadas de forma mais próxima possível, inclusive porque são espécies de um mesmo gênero.

6.4.10 Momento de concessão da tutela urgente

A concessão da tutela de urgência (antecipada ou cautelar) pode ser feita desde o ajuizamento da petição inicial, quando a relação processual for ainda linear (autor-juiz), portanto, liminarmente ou após justificação prévia (art. 300, § 2º). Tratando-se de tutela provisória obtida mediante a *técnica do adiantamento da tutela com base em*

Capítulo 6 • O direito ao equilíbrio ecológico e seus reflexos

cognição não exauriente ela pode ser concedida a qualquer momento, ou seja, antes de proferida a sentença ou antes de julgado o recurso.

Todavia, quando a situação de urgência impor a necessidade de tutela provisória (antecipada ou cautelar) antes mesmo de ser reclamada a tutela principal, então a medida provisória urgente poderá ser requerida de forma *antecipada* por intermédio de uma petição inicial sumaria que seja apenas suficiente para se obter a tutela urgente, caso em que depois de deferida a medida, deverá o seu requerente aditar a petição inicial robustecendo-a com os documentos, os argumentos e fundamentos necessários à obtenção da tutela principal, respeitados os prazos dos artigos 303,§ 1º, I (15 dias para a tutela antecipada) e art. 308, *caput* (30 dias para a tutela cautelar), sob pena de extinção do processo. Assim, para a medida urgente "antecipada" o legislador estabeleceu um procedimento descrito nos artigos 303-304 e para a medida urgente cautelar "antecipada" um procedimento descrito nos artigos 305-310. Trataremos cada um em separado nos dois tópicos seguintes.

6.4.11 A tutela de urgência antecipada requerida em caráter antecedente

Segundo o artigo 303 do CPC "nas situações em que o fenômeno da urgência for contemporâneo à propositura da ação, a petição inicial pode limitar-se ao requerimento da tutela antecipada e à indicação do pedido de tutela final, com a exposição da lide, do direito que se busca realizar e do perigo de dano ou do risco ao resultado útil do processo".

Assim, por intermédio do ajuizamento de uma petição inicial o requerente da tutela antecipada dará início à propositura de uma ação cujo deslinde pode ser variado dependendo dos fatos processuais posteriores ao provimento que concede ou rejeita o pedido de tutela antecipada. Vejamos.

Caso seja concedida a tutela antecipada, liminarmente ou após a justificação prévia ou ainda após a emenda da petição inicial, então o autor da demanda deverá aditar a petição inicial nos mesmos autos, com a complementação de sua argumentação, a juntada de novos documentos e a confirmação do pedido de tutela final, em 15 (quinze) dias ou em outro prazo maior que o juiz fixar nos termos do artigo 303, I do CPC.

Se o autor não realizar o aditamento a solução é extinção do processo sem resolução do mérito (art. 303, § 2º). É claro que pode o autor não realizar em concreto nenhum aditamento se entender que a petição inicial está completa e que não há nenhum documento novo a ser juntado, todavia será preciso que confirme ou ratifique no prazo de quinze dias o pedido de tutela final sob pena de extinção do processo sem julgamento de mérito como já dito anteriormente. Certamente que com a extinção, a sentença do artigo 485 será incompatível com a tutela antes deferida que cessara imediatamente os seus efeitos.

Esse aditamento da petição inicial tem por finalidade proporcionar ao autor o aprofundamento da exposição do direito que tinha sido feita de forma sumária, carreando as provas documentais adequadas que, no momento e em razão da urgência, o autor não teve condições de fazer ao propor a demanda.

Seria como dizer que a petição inicial ajuizada seria um *processo sumário satisfativo* que, após a apreciação da liminar, pode o autor encorpá-lo para que fique apto à cognição exauriente e assim receba uma tutela final.

Por sua vez, não sendo extinto o processo nos termos do artigo 303, § 2º, então o réu será citado e intimado para a audiência de conciliação ou de mediação na forma do art. 334, que, se nela não for obtida a autocomposição, o prazo para contestação será contado na forma do art. 335.

É curioso notar que o legislador criou neste procedimento a figura da *estabilização da tutela antecipada* que nada mais é do a técnica excepcional do contraditório eventual. Na verdade diz o legislador no artigo 304 que a tutela antecipada, concedida nos termos do art. 303, torna-se estável se da decisão que a conceder não for interposto o respectivo recurso (art. 303).

Capítulo 6 • O direito ao equilíbrio ecológico e seus reflexos

Ora, o primeiro aspecto desta regra é a de que a concessão da tutela antecipada do mérito em favor do autor transfere o ônus do processo para o réu a ponto de que se este não oferecer um recurso contra a referida decisão, então considera-se estabilizada a tutela e extinto o processo. É a estabilização típica da coisa julgada formal (preclusão máxima no processo).

Observe-se que o legislador não vinculou a estabilização da tutela ao oferecimento da *contestação*, mas sim ao recurso cabível contra a referida decisão, simplesmente porque é o recurso de agravo o primeiro momento que o réu teria para falar nos autos, tendo em vista a concessão da medida. Se o réu não interpuser o recurso de agravo de instrumento para desafiar a tutela antecipada é certo que haverá a estabilização desta última com a extinção do processo pela preclusão máxima.

Percebe-se que o ônus de *impedir preclusão recursal* passa a ter um enorme importância na medida em que ela não apenas coloca em discussão no âmbito do tribunal o suposto erro ou acerto do julgador ao conceder a tutela "antecipada", mas também, e, principalmente, impede a extinção do processo, devolvendo ao beneficiário da tutela o ônus de aditar ou ratificar a petição inicial, também sob pena de extinção do processo, só que em seu desfavor.

Entretanto, esta estabilização da tutela antecipada causada pela inércia recursal não impede que qualquer das partes possa demandar a outra no mesmo juízo em que foi concedida a tutela antecipada estabilizada, com o intuito de rever, reformar ou invalidar a tutela antecipada estabilizada nos termos do *caput*, pois, frise-se é estabilização típica da coisa julgada formal. Isso significa dizer que a tutela antecipada estabilizada conservará seus efeitos enquanto não revista, reformada ou invalidada por decisão de mérito proferida na ação proposta para este fim.

Da forma como colocou o legislador a tutela antecipada estabilizada deixa de ser um título executivo judicial instável (que se submete as regras de um cumprimento provisório) e passa a ser estável, no sentido de que se submete ao regime de cumprimento definitivo, sem ter, no entanto o selo da coisa julgada material. A estabilidade do título só pode ser questionada por intermédio de ação própria a ser proposta pelo requerido no prazo de 2 anos contados da ciência da decisão que extinguiu o processo, sob pena de não poder mais rever, reformar ou invalidar a tutela antecipada, previsto no § 2º deste artigo, extingue-se após 2 (dois) anos.

Muito embora o título executivo (tutela antecipada estável) deixe de ser um título provisório e passe a ser definitivo, isso não significa que seja ele acobertado pela autoridade da coisa julgada material, pois, de fato, se a demanda foi extinta antes de se ter exercido a cognição exauriente e tão somente por causa da inércia recursal da parte, então nada mais justo que esta decisão estabilizada possa ser revista, reformada ou invalidada em ação própria no prazo de 2 anos da extinção do processo.

Por outro lado, se já tiver sido ultrapassado este prazo de dois anos, então pode-se afirmar que o legislador atribuiu a esta estabilidade a mesma que tipifica a coisa julgada material, tal como o fez, por exemplo, nas hipóteses de perempção. Não se tem coisa julgada, mas se tem a mesma situação jurídica de imutabilidade que a tipifica. Nesta hipótese, ter-se-á que admitir que um *processo sumário satisfativo* teve aptidão para eternizar uma decisão de mérito provisória que primeiro foi estabilizada pela preclusão máxima e depois pela coisa julgada material (ou fenômeno que lhes faça as vezes), e por isso mesmo, poderá ser atacada pela ação rescisória desde que as hipóteses desta demanda estejam presentes.

6.4.12 A tutela de urgência cautelar requerida em caráter antecedente

A tutela de urgência cautelar requerida em caráter antecedente será postulada por intermédio do ajuizamento de uma petição inicial que vise a obtenção de uma tutela cautelar, desde já indicando a lide e seu fundamento, com a exposição sumária do direito que se objetiva assegurar e o perigo de dano ou o risco ao resultado útil do processo.

Capítulo 6 • O direito ao equilíbrio ecológico e seus reflexos

Ao apreciar o pedido cautelar, com ou sem justificação prévia, poderá conceder ou rejeitar a medida requerida, devendo o ser o réu será citado para, no prazo de 5 (cinco) dias, contestar o pedido e indicar as provas que pretende produzir.

Dependendo do comportamento do réu o legislador admite as seguintes situações: a) caso o réu seja revel, incidir-se-á os efeitos da revelia, hipótese em que o juiz decidirá dentro de 5 (cinco) dias; b) caso seja contestado o pedido no prazo legal, observar-se-á o procedimento comum.

Por outro lado, caso seja efetivada (não simplesmente concedida) a tutela cautelar, a parte deve efetuar o aditamento do pedido principal (da lide referida da demanda cautelar) no prazo de 30 (trinta) dias, caso em que será apresentado nos mesmos autos em que deduzido o pedido de tutela cautelar, não dependendo do adiantamento de novas custas processuais.

Honestamente, poderia o legislador ter mantido a sistemática do Código anterior em relação à autonomia do processo cautelar antecedente, ao invés de ter permitido o que o pedido principal seja formulado conjuntamente com o pedido de tutela cautelar. Aliás, admite o legislador que até mesmo a causa de pedir poderá ser aditada no momento de formulação do pedido principal.

Uma vez apresentado o pedido principal, as partes serão intimadas para a audiência de conciliação ou de mediação, na forma do art. 334, por seus advogados ou pessoalmente, sem necessidade de nova citação do réu. Não havendo autocomposição, o prazo para contestação será contado na forma do art. 335.

É preciso lembrar que como a eficácia da medida cautelar é marcada pelo fenômeno da *temporariedade* e da *provisoriedade* ela cessará sua eficácia quando uma das duas situações forem afetadas. No primeiro caso, quando não mais existir a situação de urgência, e no segundo caso quando o juiz julgar improcedente o pedido principal formulado pelo autor ou extinguir o processo sem resolução de mérito.

As situações dos incisos I e II do art. 309 são presumidas pelo Código como perda do interesse na medida cautelar quando o

229

autor não deduzir o pedido principal no prazo legal ou quando não for efetivada dentro de 30 (trinta) dias.

Em prol da estabilidade da tutela cautelar julgada (lide cautelar) diz o CPC que se por qualquer motivo cessar a eficácia da tutela cautelar, é vedado à parte renovar o pedido, salvo sob novo fundamento.

Por outro lado, como a lide cautelar não se confunde com a lide principal parece-nos lógico que indeferimento da tutela cautelar não obsta a que a parte formule o pedido principal, nem influi no julgamento desse, salvo se o motivo do indeferimento for o reconhecimento de decadência ou de prescrição.

6.4.13 Técnicas mandamentais e executivas lato sensu e tutela ambiental

Toda e qualquer técnica processual de efetivação imediata dos provimentos ambientais é extremamente importante, sejam elas chamadas de *mandamentais, indutivas, coercitivas ou sub-rogatórias* para usar a dicção exemplificativa do artigo 139, IV do CPC. É que tais técnicas, além de serem intensamente importantes na efetividade da tutela urgente, também são igualmente úteis para o alcance de dois princípios do direito do ambiente: prevenção (precaução) do dano e reparação específica. Mas não é só, pois, além dos princípios mencionados, há ainda as características do bem ambiental (equilíbrio ecológico), que praticamente impõem a utilização das técnicas de tutela urgente. O meio ambiente – equilíbrio ecológico – tem três caracteres que são decisivos para o estudo e compreensão da tutela de urgência nas demandas ambientais.

As regras processuais dos arts. 12 da LACP e 84 do CDC (subsidiariamente o art. 497 e 536 do CPC) não deixam margem a dúvida quanto às imposições do direito material ambiental. Nesse passo, os dispositivos processuais citados são bastante transparentes quanto à possibilidade de utilização das técnicas mandamentais e executivas *lato sensu*.

Capítulo 6 • O direito ao equilíbrio ecológico e seus reflexos

Buscando assim uma aproximação do tema (efetividade dos provimentos) com a proteção do direito material do ambiente, verifica-se que é aqui o *habitat* natural de desenvolvimento da tutela específica. Isso porque a Constituição Federal estabelece a imposição de deveres de fazer e de não fazer, por parte da coletividade e do Poder Público, com vistas à obtenção do equilíbrio ecológico. Basta tirar como exemplo o direito de propriedade (em relação ao meio ambiente), que fica a cada dia mais limitado pelo legislador, que produz incessantes restrições legais ao uso, gozo e disposição da coisa, para que a propriedade sempre esteja predestinada a atender à sua função social (art. 5.º, XXIII, da CF/1988).

Dessa forma, considerando que a relação entre a sociedade e o entorno em que ela vive é calcada numa intermitente prestação de deveres de fazer e de não fazer,[35] reconhecido no *caput* do artigo 225 como *dever de proteção e preservação do meio ambiente,* parece ser indubitável que as crises jurídicas de descumprimento (adimplemento) dominarão a quase totalidade dos conflitos envolvendo o ambiente. Mas se isso é verdade, por que esperar a ocorrência do descumprimento dos deveres ambientais de fazer e de não fazer? Bem pelo contrário, não se deve esperar a concretização da conduta antijurídica, ainda mais porque no direito ambiental prevalece o princípio da precaução contra os riscos e da prevenção contra os danos ao ambiente. Assim, ganha relevo a tutela jurisdicional específica que consagra a obtenção do dever de fazer ou de não fazer.

Neste passo, é importante frisar que dada a urgência *in re ipsa* na manutenção do equilíbrio ecológico, e, considerando as características peculiaridades do referido direito (essencialidade, reflexibilidade, instabilidade, perenidade, indivisibilidade, incognoscibilidade, etc.) é mister que tais provimentos sejam sempre

---

35. Trata-se de prestar deveres de fazer e de não fazer. Tais deveres são expressamente previstos em normas que condensam os princípios da precaução contra os riscos ambientais, prevenção contra os danos ambientais e participação da sociedade na proteção do ambiente.

realizados com urgência e imediatidade para *preservar e proteger* o direito fundamental ao equilíbrio ecológico, que, depois de quebrado, causa enorme e insuportável prejuízo à coletividade.

6.5 Direito probatório e meio ambiente

6.5.1 Introito

Um dos temas mais sensíveis do direito processual, e, no nosso caso, do direito processual em relação à tutela do meio ambiente refere-se às questões acerca do direito probatório. Antes de qualquer coisa, para compreender as questões atinentes à prova no direito processual é preciso firmar uma premissa metodológica em relação ao direito probatório no que se pode denominar de *modelo constitucional de processo*.

Não parece ser duvidoso para ninguém, nem de hoje e nem de outrora que para identificar aquele que tem razão no âmbito do processo, e, assim proferir uma decisão que seja conectada com o ideal de justiça, a prova é um elemento fundamental desta equação.

Aspectos do direito probatório como "*a quem compete provar o quê*", "*identificação do que será objeto de prova e acesso ao meio de prova a ser utilizado*", "ônus financeiro da prova", "*participação e colaboração do juiz e das partes na apresentação e produção da prova*" são apenas alguns dos tantos itens relativos a este assunto que influenciam decisivamente na solução justa do conflito. Não adianta absolutamente nada falar (simplesmente falar) em *processo democrático, giusto processo, processo cooperativo, modelo constitucional de processo* se na realidade concreta das lides postas em juízo todos estes axiomas não se efetivarem num direito probatório justo.

Inicialmente é preciso ter como ponto de partida por todos os operadores do direito que nenhuma tutela jurisdicional justa, idônea, democrática, tempestiva etc., pode ser dada se não houver uma cultura entre os sujeitos do processo de que só é possível concretizar o que se reconhece como *devido processo legal* se os

Capítulo 6 • O direito ao equilíbrio ecológico e seus reflexos

sujeitos do processo atuarem de modo convergente na busca da paz social.

O CPC tratou insistentemente da cooperação e boa-fé processual em suas normas fundamentais para deixar claro que estes princípios se projetam em todo o processo, ou seja, é um mantra que persegue os sujeitos que dele participam. Essa cooperação e boa-fé deve ser tal que imponha a adoção por todos os sujeitos do processo de um comportamento ético no manuseio dos instrumentos processuais, e, quanto aos sujeitos denominados de imparciais, mais do que o mencionado comportamento ético, deve-se esperar de forma muito mais evidente e transparente um comportamento de lealdade e probidade. Mas também – e isso é muito importante – deve-se buscar, incessantemente, a referida paz social mediante a utilização democrática dos instrumentos processuais reconhecendo que o processo não é um jogo de *vencedor e vencido*, mas um instrumento democrático para pacificar um conflito. A prova jamais pode ser vista como uma *arma privada do litigante* que usa quando quer, mostra quando quer, etc. Essa *arma* é essencial a uma função pública que atende ao interesse social de que as tutelas jurisdicionais sejam prestadas de forma comprometida com a justiça. A prova não existe para ser manipulada, adulterada, escondida, ocultada, tal como se fosse uma tática de guerra que pode ser usada quando se quer e dependendo de como se apresenta a situação processual do litigante. A prova está acima disso, porque íntima ao ideal de verdade que permeia um modelo constitucional de justiça.

A antiga postura tímida, comedida e distante, que era a exigência típica dos postulados de um Estado liberal, que se contentava com a igualdade formal, passa a dar lugar a um comportamento ativo, envolvente e participativo e dialógico do juiz com as partes e vice-versa. Deve o magistrado atuar como um aglutinador de diálogos em contraditório, que provoca e ouve os demais sujeitos, tomando decisões sempre pautada em critérios de razoabilidade que atendam as máximas de justiça consagradas nos direitos fundamentais.

O Estado participativo garantidor dos direitos fundamentais deve impor a igualdade real como meio justo e legítimo para se alcançar a paz social. Nesse diapasão, é lógico que a mera disposição numa prateleira dos instrumentos processuais não é sinônimo de garantia de igualdade, senão porque o acesso efetivo e completo a esses instrumentos às vezes depende de uma série de fatores (para uns, obstáculos, para outros, atalhos) econômicos, sociais, culturais, históricos, psicológicos etc., que acabam sendo decisivos na busca e na entrega da ordem jurídica justa. A prova é um destes tantos institutos que são sensivelmente afetados por estes aspectos e por isso mesmo deve ser observado de perto, muito de perto pelo juiz que é o comandante deste método dialógico de solução de conflitos.

Atento a isso, não por acaso o legislador determinou no artigo 7º que é assegurada às partes paridade de tratamento em relação ao exercício de direitos e faculdades processuais, aos meios de defesa, aos ônus, aos deveres e à aplicação de sanções processuais, competindo ao juiz zelar pelo efetivo contraditório. A prova, portanto, é um desses instrumentos, decisivos no alcance da paz social. Ora, se a coisa julgada é fenômeno político de estabilidade e segurança jurídica, fruto de uma "verdade jurídica" que, muitas vezes, não corresponde à realidade dos fatos, e às vezes por isso se diz que é fenômeno criador de direitos, não se pode negar que a prova no processo tem a força capital, qual seja a de permitir que se alcance, com a convicção que dela resulta, um fenômeno que legitima a estabilização de uma decisão justa em relação ao fato de se dar razão a quem realmente a possui. É, por exemplo, uma prova pericial sincera e completa que convence não apenas o juiz de qual sujeito tem razão, mas os próprios sujeitos, ainda que no seu íntimo, se convencem de que sua pretensão é ou não infundada. Essa é uma chave inescondível para a obtenção de uma paz social mediante uma solução justa.

De fato, não é a coisa julgada que traz a paz social. Além do escopo político que pode existir, é certo que a coisa julgada só será legítima, no sentido de alcançar o escopo social do processo, se for

Capítulo 6 • O direito ao equilíbrio ecológico e seus reflexos

assentada em elementos de convicção que sejam os mais próximos da realidade histórica conflituosa que foi levada ao Estado-juiz. Quando isso ocorre há, por assim dizer, um reconhecimento da sociedade e dos próprios litigantes, independentemente de serem vencidos ou vencedores, porque sabem, à evidência das provas, que se fez justiça.

Destarte, deve ficar claro que a busca desse resultado de justiça trazido com as provas só é possível se o Estado permite aos litigantes igualdade de armas e de chances no manuseio dos instrumentos processuais, especialmente os probatórios. O direito fundamental à prova é intimo à democracia participativa no processo.

A posição a que chegamos é a de que a prova deve ser sempre regida pelo princípio inquisitivo devidamente motivado e da cooperação de todos os sujeitos do processo, e, até de terceiros que dele não participem. Trata-se de política máxima a ser implementada num Estado Democrático de Direito, que deve reconhecer a fragilidade dos litigantes e dos seus representantes e tratar a prova como algo que a todos beneficia, porque em última análise todos querem e clamam por uma solução justa. Deve-se deixar de ver a prova como algo privado, fruto de atividade particular, senão porque é a própria prova justa que legitima a imutabilidade das decisões.

Nessa concepção o Estado-juiz, deve tomar as rédeas do processo no tocante à busca da verdade, promover a cooperação e diálogo com as partes no sentido de encontrar os caminhos probatórios que permitam descobrir a verdade.

É de posse dessas premissas que se deve dar "largada" em relação à compreensão do modelo probatório democrático no direito processual civil, e, em especial quando estamos diante do direito ambiental, que tantas peculiaridades possui e impõe que a prova atue como um *fórceps*, e não um obstáculo, na busca da solução justa.

6.5.2 O ônus da prova: regras de distribuição

6.5.2.1 O ônus da prova como regra de procedimento e de julgamento

Tema decisivo no direito probatório e no direito processual civil diz respeito às regras processuais sobre a distribuição do ônus probatório.

As regras de distribuição do ônus da prova têm dupla função no processo civil, pois tanto se refere a uma *regra de procedimento* destinado, *a priori*, às *partes*, como também a uma *regra de julgamento* destinada *ao juiz*.

É uma regra de procedimento porque ao conhecer previamente a quem incumbe o ônus da prova sobre os fatos controvertidos da causa, as partes podem desenvolver a sua atuação, acusação e defesa, de forma a se desincumbir deste encargo. Mas também é uma regra de julgamento porque serve para que o juiz, no momento de julgar, e somente nos casos em que a prova tiver sido insuficiente para o seu convencimento, usar a regra de distribuição do encargo para proferir uma sentença em desfavor daquela parte cujo fato controvertido a prova foi insuficiente (*non liquet*).

Segundo Rosenberg, as regras sobre o ônus da prova comportam análise sob dois prismas: um objetivo e outro subjetivo. O ônus objetivo tem o significado de que o juiz jamais se exime de julgar, seja, aprioristicamente, apreciando as provas produzidas nos autos, seja aplicando as regras do *onus probandi* diante da incerteza dos fatos. O ônus objetivo está previsto no art. 371 do CPC[36]. No que se refere ao ônus subjetivo, este é respondido pela seguinte indagação: quem deve e o que deve ser provado?

---

36. Art. 371. O juiz apreciará a prova constante dos autos, independentemente do sujeito que a tiver promovido, e indicará na decisão as razões da formação de seu convencimento.

Capítulo 6 • O direito ao equilíbrio ecológico e seus reflexos

Enfim, liga-se ao encargo probatório de cada uma das partes em relação aos fatos da causa e vem descrito no artigo 373 do CPC[37].

6.5.2.2 Distribuição do ônus da prova no sistema brasileiro

A distribuição do ônus da prova, que tem reflexo sobre o prisma subjetivo e objetivo, é instituto processual que admite seja fixado: pela lei, pelas partes e pelo juiz. Como é a lei que fixa a regra geral de distribuição do encargo probatório (incisos I e II do artigo 373), então a distribuição por convenção das partes ou por decisão judicial são chamadas de técnicas de distribuição diversa do ônus probatório, afinal de contas nem partes e nem juiz atuariam para estabelecer algo que já está previsto pelo legislador.

A regra geral, clássica, é a prevista pelo legislador no artigo 373 do CPC e segue a máxima *onus probandi est qui dixit* (a obrigação de provar é daquele que afirma), ou seja, I – ao autor, quanto ao fato constitutivo de seu direito; II – ao réu, quanto à existência de fato impeditivo, modificativo ou extintivo do direito do autor.

Os fatos constitutivos, como o nome mesmo já diz, são aqueles que correspondem à consequência jurídica pretendida pela parte. Em outras palavras, são aqueles que, tendo ocorrido no mundo fenomênico, se encaixam perfeitamente à hipótese

---

37. Art. 373. O ônus da prova incumbe: I – ao autor, quanto ao fato constitutivo de seu direito;II – ao réu, quanto à existência de fato impeditivo, modificativo ou extintivo do direito do autor. § 1º Nos casos previstos em lei ou diante de peculiaridades da causa relacionadas à impossibilidade ou à excessiva dificuldade de cumprir o encargo nos termos do caput ou à maior facilidade de obtenção da prova do fato contrário, poderá o juiz atribuir o ônus da prova de modo diverso, desde que o faça por decisão fundamentada, caso em que deverá dar à parte a oportunidade de se desincumbir do ônus que lhe foi atribuído. § 2º A decisão prevista no § 1º deste artigo não pode gerar situação em que a desincumbência do encargo pela parte seja impossível ou excessivamente difícil. § 3º A distribuição diversa do ônus da prova também pode ocorrer por convenção das partes, salvo quando: I – recair sobre direito indisponível da parte;II – tornar excessivamente difícil a uma parte o exercício do direito. § 4º A convenção de que trata o § 3º pode ser celebrada antes ou durante o processo.

material abstrata prevista na lei. Assim, fato constitutivo do autor são os fatos por ele alegados, que, por se subsumirem nas hipóteses abstratas da lei, são capazes de gerar a consequência jurídica pretendida pela parte. A dúvida ou a insuficiência de provas quanto ao fato constitutivo do direito do autor implicará em improcedência do pedido. Já os fatos extintivos, modificativos e extintivos correspondem às hipóteses em que o réu, reconhecendo a existência do fato constitutivo do direito do autor, outro lhe opõe, de índole modificativa, extintiva ou impeditiva. Nessas situações, nada mais há que ser provado pelo autor, já que seus fatos são incontroversos pelo reconhecimento do réu. Todavia, nascerá para este o dever de provar os fatos que alegou por via das exceções substanciais. Estes fatos, e não aqueles, é que agora são controvertidos.

Como foi dito, também as partes podem convencionar sobre as regras de distribuição do ônus da prova, por intermédio de convenção sobre o ônus da prova (negócio jurídico processual), celebrada antes ou durante o processo, divergindo, se assim desejarem, das regras clássicas fixadas pelo legislador nos incisos I e II do artigo 373 do CPC. Para tanto, de acordo com o § 2º do artigo 373 do CPC esta distribuição diversa por convenção das partes tem limites, pois não pode I – recair sobre direito indisponível da parte; II – tornar excessivamente difícil a uma parte o exercício do direito.

E ainda, é possível que a regra de distribuição do ônus da prova diversa da que foi fixada pelo legislador seja fixada pelo juiz, por decisão fundamentada e em momento processual que permita à parte a oportunidade de se desincumbir do ônus que lhe foi atribuído, que o que se dará:

1) Atendendo aos requisitos específicos previstos em legislação extravagante (como no Código de Defesa do Consumidor, art. 6º, VIII), e, também;

2) Em qualquer causa que, pelas suas peculiaridades:

Capítulo 6 • O direito ao equilíbrio ecológico e seus reflexos

a. Mostrar-se impossível ou excessivamente difícil cumprir o encargo como foi previsto pela lei nos incisos I e II do art. 373;

b. Mostrar-se mais fácil a obtenção da prova do fato contrário, ou seja, ao réu seja mais fácil a prova contrária do fato constitutivo do direito do autor, ou ao autor à contraprova das exceções materiais alegadas pelo réu.

Estabelece o Código que de forma alguma poderá o juiz distribuir o ônus de forma diversa se desta decisão resultar situação em que a desincumbência do encargo pela parte seja impossível ou excessivamente difícil.

Assim, como dito, seja pela distribuição legal do ônus da prova, seja pela distribuição diversa (pelas partes ou pelo juiz) a regra que for estabelecida vinculada tanto as partes, em relação ao ônus de se desincumbir dos fatos que lhe cabe provar, bem como ao juiz em relação a eventual utilização das regras de distribuição do ônus da prova pelo *non liquet* ("o que não está claro").

Nos tópicos seguintes iremos analisar a distribuição do ônus probatório nas demandas ambientais.

6.5.2.3 Direito probatório e meio ambiente

Além da colaboração e boa-fé de todos os sujeitos do processo, deve haver um comportamento inquisitório do juiz

Nenhum juiz pode ficar infenso ou insensível à regra imposta pelo § 1.º do art. 225 da CF/1988. É que tal dispositivo impõe a responsabilidade e a incumbência primacial ao Poder Público (em suas três esferas) da efetivação da proteção e manutenção do equilíbrio ecológico, que é essencial a todas as formas de vida, presentes e futuras. Nesse dispositivo, o legislador usa expressões muito interessantes, tais como "essencialidade à vida", "bem de uso comum do povo", "futuras gerações", "coletividade", "todos têm direito", que serão muito importantes para dar sequência ao nosso raciocínio.

É que essas expressões falam por si mesmas. O direito do ambiente talvez seja o melhor exemplo do ponto de contato entre o que seja difuso e o que seja público. Ora, a tutela do ambiente interessa, direta ou indiretamente, a todos indistintamente. Não há um direito difuso mais altruísta do que esse, que, pelo reconhecimento geral, poder-se-ia denominar de *direito público* (do povo).

Quando tal direito é defendido em juízo, deve-se levar em consideração o que ele representa para a coletividade. Não se pode perder de vista esse aspecto no manejo das técnicas processuais que devem ser impregnadas por um conteúdo axiológico absolutamente publicista, levando-se em consideração que o bem tutelado é indisponível, inalienável, impenhorável, incognoscível, complexo, ubíquo, infungível, instável, indivisível, não exclusivo etc., e absolutamente sensível a danos e irreversivelmente não suscetível de reconstrução. São bens que não têm valor correspondente em pecúnia, e, por isso, nem de longe pode-se pensar em comprá-los e vendê-los, porque não admitem disposição de qualquer natureza.

Diante de tudo isso, o que esperar do juiz? Qual o comportamento em relação ao exercício de sua função no processo, e especialmente sobre os seus poderes instrutórios? Ora, a resposta é simples, qual seja: se todo e qualquer juiz deve ter uma preocupação de dar solução justa em todos os casos em que formula e cumpre a norma jurídica concreta, deve se lembrar que, quando estiver diante de um bem fundamental à vida, seu comportamento de direção e atuação no processo deve ser absolutamente participativo. Se já deve ser assim em um processo onde o que está em jogo é uma lide patrimonial e privada, mormente quando está diante de conflitos de interesses que envolvam a proteção do equilíbrio ecológico.

É que, quando se está diante de uma lide que envolve um bem fundamental à todas as formas de vida, sua participação não

Capítulo 6 • O direito ao equilíbrio ecológico e seus reflexos

pode ser falha, comedida, não se admitindo sequer essa possibilidade. Aqui o patrimônio é vital e não simplesmente pecuniário. A indisponibilidade e o caráter público do direito do ambiente não contaminam somente a técnica processual, mas também o juiz, que, com muito maior razão e justificativa, deve "correr atrás", literalmente, de uma solução mais justa e mais próxima da verdade real.

Um dos aspectos desse comportamento do magistrado, desejado pelo direito material, implica em importantes considerações no âmbito do processo e, especialmente, no campo da prova. Qualquer tomada de posição provisória desfavorável ao meio ambiente deve ser vista com extrema cautela pelo juiz, pois qualquer equívoco cometido terá repercussões na essencialidade do direito à vida e, pior ainda, numa extensão subjetiva pública e indeterminada, tudo por causa da natureza e alcance do bem ambiental. Por isso, o juiz deverá adotar uma postura naturalmente mais cautelosa quando provisoriamente decida em desfavor do meio ambiente e menos rigorosa quando avalie e decida a seu favor. Assim, em decorrência do interesse público em jogo, deve tratar com extrema segurança a tutela interinal dada contra o direito "público" do ambiente. Tudo porque a repercussão dessa decisão é de alcance público e o direito tutelado é essencial a todas as formas de vida.

Não se espera, obviamente, que o juiz seja um "segundo adversário" do réu na sua participação dentro do processo. Nada disso, posto que deve estar sempre preso à tutela justa e efetiva de quem quer que seja, mas é fato inescondível que não pode ficar imune às exigências, imposições e peculiaridades do direito material. Isso é ser justo e buscar a isonomia real! O contraditório prévio e efetivo, o processo dialógico é fundamental ponto de equilíbrio na busca desta solução justa.

O fato de o magistrado ser também titular do direito do ambiente, e por isso ser atingido pelo alcance *erga omnes* da coisa julgada imprimida numa decisão que proferir, não o torna parcial em hipótese alguma (com interesse na causa) na condução do

241

processo. Fosse assim, e nenhum juiz poderia julgar nenhuma causa ambiental porque dito direito é difuso/público por natureza. Outrossim, longe de ser regra que afasta a sua imparcialidade, o local do dano é que indica a competência funcional absoluta do juízo (art. 2.º da LACP). Contudo, poder-se-ia dizer que existiria a pecha da parcialidade somente quando a decisão proferida pelo magistrado pudesse ter reflexos em sua exclusiva esfera jurídica individual, de modo que a extensão *in utilibus* (art. 103, § 3.º, do CDC) do julgado o beneficiasse diretamente. Nesse caso é que estaria vedada a sua atuação, posto que presumida pela lei a sua parcialidade (art. 144 e ss. do CPC).

6.5.2.4 Nexo da causalidade e prova nas lides ambientais: técnicas processuais de efetividade da tutela no âmbito do processo civil

Nexo de causalidade, regra de distribuição do ônus dinâmico da prova e isonomia real

Nos termos do artigo 373 do CPC vislumbra-se dois modelos diferentes de distribuição do encargo probatório.

No *caput*, I e II está consagrado a clássica regra de distribuição estática do ônus da prova, onde compete ao autor provar o fato constitutivo de seu direito e ao réu o ônus de provar à existência de fato impeditivo, modificativo ou extintivo do direito do autor.

Já no § 1º do artigo 373 está consagrada a regra do ônus dinâmico da prova ao estabelecer que nos casos previstos em lei ou diante de peculiaridades da causa relacionadas à impossibilidade ou à excessiva dificuldade de cumprir o encargo nos termos do *caput* ou à maior facilidade de obtenção da prova do fato contrário, poderá o juiz atribuir o ônus da prova de modo diverso, desde que o faça por decisão fundamentada, caso em que deverá dar à parte a oportunidade de se desincumbir do ônus que lhe foi atribuído.

Em nosso sentir é inadmissível, sem que exista uma presunção probatória preestabelecida pelo legislador, que a regra estática do

Capítulo 6 • O direito ao equilíbrio ecológico e seus reflexos

ônus da prova. Antes o contrário, deveria ser sempre possível no saneador o magistrado, dom o dinamismo, com a isonomia real, verificando a complexidades dos fatos e da causa, distribuísse o ônus de toda a prova ou sobre algumas questões de fato de acordo com a eficiência, efetividade, economia e isonomia processual.

É estranho que a prova sirva, ao processo, para atender à finalidade de convencimento do juiz, mas que ao mesmo tempo possa ser manipulada pela prévia regra da distribuição estática da prova, estimulando posições de inércia e sonegação de provas servíveis ao processo. Isso porque, quando já se sabe que a prova dos fatos constitutivos é difícil para o postulante, o seu adversário toma uma conduta desinteressada, quase inerte, conhecedor que é da regra do art. 373, I, que faz com que seja desnecessário correr riscos trazendo provas para o processo que poderiam ser utilizadas contra ele. Acrescente-se uma pitada ardilosa no problema nos casos em que o demandado sabe que é realmente o responsável e fica como um mero espectador da dificuldade de tentativa probatória do autor. Isso porque não tem nada a perder, senão confundir o convencimento do magistrado, apenas questionando a prova trazida pelo demandante. É a máxima do menor risco possível.

Se para muitos casos saber de antemão a regra de distribuição do ônus da prova não compromete a busca da verdade real, não é menos verdade que, para tantos outros (que a cada dia se tornam maiores e mais frequentes), dada a existência de hipossuficiência técnica, científica e econômica, a exigência da prova dos fatos constitutivos (o nexo de causalidade no presente caso) pode representar uma verdadeira negação ao acesso à justiça, e, por conseguinte, um afastamento do processo (seu compromisso) com a verdade real. A solução para esses casos é, sem dúvida, tomar como regra a distribuição da carga dinâmica da prova do artigo 373, § 1º do CPC, para assim permitir um resultado mais justo do processo.

O artigo 373, § 1º do CPC cai como uma luva às lides ambientais, pois, dada as características tão peculiares do equilíbrio ecológico, que é complexo, instável, infungível, essencial, incognoscível etc., seria diabólico impor ao autor da demanda ambiental a regra dos incisos I e II do art. 373 do CPC.

Quando o legislador do § 1º do artigo 373 do CPC menciona que:

(1) nos casos previstos em lei ou;

(2) diante de peculiaridades da causa relacionadas à impossibilidade ou à excessiva dificuldade de cumprir o encargo nos termos do *caput* ou

(3) à maior facilidade de obtenção da prova do fato contrário

Poderá o juiz atribuir o ônus da prova de modo diverso, desde que o faça por decisão fundamentada, caso em que deverá dar à parte a oportunidade de se desincumbir do ônus que lhe foi atribuído, parece-nos claro que aí não há faculdade para o juiz, mas um dever. Primeiro porque se a lei prevê a hipótese deve atender ao que foi determinado pelo legislador, segundo porque se as peculiaridades da causa impõem o ônus dinâmico, não lhe é possível fugir do que determina o devido processo legal (arts. 1º e 7º do CPC e art.5º, *caput* da CF/88), e terceiro, no mínimo, pela economia processual aí incluindo a duração razoável do processo.

Embora estes 3 requisitos sejam autônomos, ou seja, qualquer um deles em separado é suficiente para impor o ônus dinâmico da prova, afirma-se categoricamente, que quando estamos diante de uma lide ambiental (tutela do equilíbrio ecológico), os 3 fundamentos para a imposição do ônus dinâmico da prova estão presentes: legal, isonomia e economia.

Os casos previstos em lei – presunções e ficções estabelecidas pelo legislador em prol do ambiente

São vários os mecanismos excogitados pelo legislador e aplicáveis ao operador do direito para facilitar a comprovação de matérias fáticas (dano e nexo de causalidade) em sede ambiental.

Uma delas é justamente a criação legal de presunções ou ficções que geram efeitos processuais sobre a prova.

É que as presunções, como o nome já diz, indicam ideias prévias acerca de um fato que se pretende descobrir. Melhor explicando, a presunção é o raciocínio que se faz acerca de uma situação a partir do conhecimento de uma outra situação que lhe é conexa. Trocando em miúdos, em relação à prova, seria a convicção adquirida pelo juiz sobre um fato a partir de elementos provados ou presumidos de outro fato conexo ao primeiro.

Na verdade, é falaciosa a ideia de que as presunções são meios de prova, como se a sua existência fosse destinada ao processo. Não é assim que se passa. As presunções são estabelecidas, regra geral, pelo direito material e tendo em vista a finalidade de regular situações da vida que, pelas regras normais de experiência, ocorrem da forma que o legislador presume. Por exemplo: de acordo com o art. 170 da CF/88, a ordem econômica, fundada na valorização do trabalho humano e na livre iniciativa, tem por fim assegurar a todos existência digna, conforme os ditames da justiça social, observado, dentre outros princípios a defesa do meio ambiente, inclusive mediante tratamento diferenciado conforme o impacto ambiental dos produtos e serviços e de seus processos de elaboração e prestação. Ora, disso decorre que o legislador estabeleceu uma presunção de que a atividade econômica impacta o meio ambiente, o que implica, no âmbito do processo, a reconhecer que numa lide ambiental envolvendo um empreendedor de uma atividade econômica e o meio ambiente há uma presunção constitucional de que a atividade econômica impacta o meio ambiente, devendo o empreendedor afastar a referida presunção em seu desfavor. Verifique que a presunção está estabelecida no texto constitucional e não cabe ao magistrado afastá-la, senão cumpri-la no processo civil ambiental. O art. 225 é rico destas presunções, inclusive ao reconhecer que o equilíbrio ecológico e seus componentes destinam-se, prioritariamente, ao uso comum (função ecológica), de forma que qualquer outra utilidade que se lhes dê, econômica, social, cultural, presume-se incomum ou invulgar. A regra do inciso V do artigo

225, § 1º também prevê que é dever do poder público controlar a produção, a comercialização e o emprego de técnicas, métodos e substâncias que comportem risco para a vida, a qualidade de vida e o meio ambiente. Está claro que o legislador estabelece que o risco e não o dano é que deve ser evitado, numa clara adoção do princípio da precaução de que as incertezas científicas militam pro ambiente e contra a atividade econômica.[38]

Como se vê, essas presunções foram estabelecidas em lei porque o legislador, tomando como parâmetro as situações da vida comum e atendendo a anseios políticos, sociais, culturais, históricos, anteviram circunstâncias que só deixam de existir se forem contrapostas e se for demonstrado que, em casos específicos, elas não se aplicam. Assim, as presunções partem da ideia de proximidade do fato presumido com a verdade, fazendo ver que uma determinada situação da vida é presumida em virtude de uma normalidade de casos enumerados pelo legislador. Alguém duvida que regra geral as atividades econômicas usam os componentes ambientais causando, em maior ou menor escala, o desequilíbrio ecológico?

A situação presumida pode ter essa condição porque o legislador assim o quis, mas também é possível que a presunção não seja prevista pelo legislador, que outorga a possibilidade de o juiz, em casos concretos, presumir certas situações da vida que independam de um conhecimento técnico (art. 375 do CPC). No primeiro caso tem-se as presunções legais e no segundo, as presunções judiciais. É da primeira que cuidamos nesta sede.

Estabelecida uma presunção legal, tal como a *in dubio* pro ambiente, existe, sob tal aspecto, uma posição de vantagem

---

38. "(...) O princípio da precaução, aplicável à hipótese, pressupõe a inversão do ônus probatório, transferindo para a concessionária o encargo de provar que sua conduta não ensejou riscos para o meio ambiente e, por consequência, para os pescadores da região. (...). AgRg no AREsp 183.202/SP, Rel. Ministro RICARDO VILLAS BÔAS CUEVA, TERCEIRA TURMA, julgado em 10/11/2015, DJe 13/11/2015.

Capítulo 6 • O direito ao equilíbrio ecológico e seus reflexos

estabelecida pelo legislador, de forma que, por disposição de lei, é desnecessária, v.g., a prova do impacto ambiental ao equilíbrio ecológico, dependendo a condenação da contraprova que fulmine a presunção legal estabelecida em favor do ambiente.

Não há aqui, como querem e dizem muitos, nenhuma técnica de "distribuição inversa de ônus" como aliás sugere o artigo 373, § 1º em sua primeira parte, simplesmente porque a situação presumida está "provada" pelo legislador, cabendo à parte contra a qual é estabelecida a presunção contraprovar a inocorrência da presunção pré-estabelecida pelo legislador.

Na técnica de inversão, prevista em duas hipóteses na segunda parte do artigo 373, § 1º, prova-se a inocorrência do fato constitutivo do adversário, ou porque é mais fácil a referida prova ou porque não se conseguirá, por insuficiência técnica, econômica, cultural etc., provar o referido fato.

Também não se confundem as presunções com as ficções, ainda que estas sejam criadas em prol de situações de direito material. Enquanto a presunção é amiga da verdade, a ficção nasce de algo ficto (fictício), que se sabe ser mentira. É o que acontece, por exemplo, com o consulado brasileiro na Argentina. É território brasileiro apenas em respeito à ficção jurídica, porque de fato estaríamos em terras platenses. O mesmo se passa com a união estável, que se equipara ao casamento por determinação constitucional (art. 226 da CF/88). A diferença substancial nessa análise é que a ficção jurídica constitui técnica legislativa que deve ser evitada, especialmente sob o ponto de vista do processo, que, repita-se, deve ser informado por um ideário jurispublicista.

Apesar de todas as críticas que se fazem às ficções jurídicas, muito se tem comentado que um salutar mecanismo para facilitar a comprovação dos fatos em matéria de responsabilidade civil ambiental é a criação de presunções legais em desfavor do lesante, partindo-se da ideia de que a própria atividade de risco faz com que exista essa presunção.

Com base nela, bastaria ao lesado a comprovação do seu dano e do tipo de atividade do suposto lesante, para que coubesse a este o encargo de demonstrar que não se confirma a presunção de que o dano tal credita-se à atividade tal. A criação de presunções legais em favor da coletividade que teve o meio ambiente lesado não é a mesma coisa que inversão do ônus da prova, embora as hipóteses estejam misturadas no artigo 373, § 1º. Na ficção jurídica ou na presunção legal, o legislador, por exemplo, reputa como existente o nexo de causalidade se provado o dano e o tipo de atividade e, nesse caso, caberá, ao lesante, a prova da não ocorrência do nexo de causalidade.

Situação diversa ocorre na técnica de inversão, onde, por razões relacionadas à complexidade da causa ou maior facilidade da produção da prova pelo réu o juiz adota a carga dinâmica da prova e inverte o ônus do *caput*, I e II do art. 373 do CPC. Na presunção legal estabelecida em favor da coletividade nas ações ambientais, não há propriamente inversão do ônus da prova, mas sim ônus à contraprova do poluidor, tendo em vista que a coletividade se desincumbiu do ônus que lhe pertenceria (art. 374, IV).

As peculiaridades da causa relacionadas à impossibilidade ou à excessiva dificuldade de cumprir o encargo nos termos do caput – maior facilidade de obtenção da prova do fato contrário – as características peculiares do equilíbrio ecológico

Eis aqui o segundo fundamento para a adoção do ônus dinâmico da prova mediante a inversão do encargo probatório em favor do meio ambiente nos termos do artigo 373, § 1º, segunda parte.

Um dos maiores pontos de estrangulamento – e por que não dizer, de insucesso – das demandas coletivas em favor do meio ambiente é a verificação in concreto do nexo de causalidade existente entre o dano ambiental e o agente imputável.

Quando se pensa em responsabilidade civil ambiental – e no vínculo que une dois ou mais segmentos (causa e efeito) – pode-se dizer que tão difícil quanto estabelecer abstratamente esse liame (descobrir qual a teoria da causalidade a ser adotada) é comprová-lo dentro do processo.

Capítulo 6 • O direito ao equilíbrio ecológico e seus reflexos

É de se dizer que, tendo o legislador adotado a teoria do risco, então a responsabilidade civil objetiva em matéria ambiental (art. 225, § 3.º, da CF/1988 e art. 14, § 1.º, da Lei 6.938/1981), exige como pressupostos do dever de indenizar apenas o evento danoso e o nexo de causalidade.

Em uma perspectiva concreta, ou seja, transferindo esses aspectos para dentro da lide ambiental, então a comprovação da responsabilidade civil ambiental deve ser feita mediante a prova em juízo do efeito (dano), do nexo (liame) e da causa (atividade da pessoa).

Se por um lado não há a necessidade da prova do elemento anímico atinente à conduta do agressor (dolo e culpa), isso não fez esquecer que ainda existe uma enorme dificuldade para a comprovação dos elementos restantes da *atividade humana*, do *nexo causal* e do *prejuízo ao ambiente*. Vejam que aqui que estamos falando apenas na prova, demonstração in concreto de que existe o dano e esse efeito liga-se a uma causa tal.

A necessidade de se fazer uma anatomia desses aspectos é muito importante para o desenvolvimento que pretendemos dar para o problema. Ora, a prova deverá recair sobre a *existência do dano* e *sobre o nexo entre o dano e a sua causa* (atividade do agente). Não raras vezes, inclusive, a prova deverá também recair sobre a própria atividade humana.

Se não se duvida de que a demonstração da ocorrência do dano é mais fácil para aquele que o sofreu, o mesmo não se diga com relação ao nexo de causalidade. Isso porque, se este elemento é a ligação de duas extremidades (causa e efeito), tem-se que devem ser demonstrados os pontos de contato ou amarração desse cordão, quais sejam as relações entre a atividade do suposto poluidor (a causa) e o dano produzido (o efeito).

Assim, para se convencer o magistrado acerca da inexistência ou existência do dever de indenizar, tanto se pode fazê-lo sob a alegação de que a suposta causa não gerou o referido efeito, quanto comprovando que o efeito não advém daquela causa, respectivamente. Trata-se de dois caminhos que podem ser percorridos para se chegar àqueles resultados: uma parte da prova positiva da causa em relação ao seu efeito, e o outro, por exclusão, de que a causa não poderia gerar aquele efeito. Enfim, em outras palavras, temos que, se a prova se destina ao processo com a finalidade de convencimento do juiz, para que este possa dar uma decisão que seja o mais próximo da verdade real, é certo que esse convencimento tanto pode advir da demonstração de que o efeito se liga àquela causa ou, por outro lado, de que aquela causa jamais poderia gerar aquele efeito.

Tentando ser mais lúcido ainda, o juiz pode ficar convencido da existência ou não da responsabilidade civil ambiental, seja porque se provou que *determinado dano x se liga àquela causa x*, ou porque *àquela causa x* jamais poderia ser atribuída àquele dano x.

Assim, se não se prova a ausência de elementos que afastam o liame de um fato antecedente e um consequente, identificados, portanto, como causa e efeito, há o dever de indenizar. Se, por outro lado, se prova a existência de elementos que permitem inferir a existência de liame entre causa e efeito, também haverá o dever de indenizar. A diferença, pois, está em quem deve se desincumbir da prova. Se é aquele que sofreu o dano, deve provar positivamente a ocorrência do liame causal. Se, por outro lado, é o suposto causador que tem o encargo de provar que não existem elementos que permitem inferir a existência do liame causal. Nos dois casos, o magistrado terá a certeza acerca da existência ou não do dever de indenizar.

Embora o resultado seja o mesmo (o convencimento do juiz acerca da existência ou não do dever de indenizar), é certo que os caminhos para se chegar a esse desiderato são bastante variados e dependem de atitudes diferentes dos protagonistas. Vejamos.

Quanto ao nexo de causalidade, já vimos que ele estabelece os pontos de contato entre causa e efeito, e, portanto, pode-se dizer que o liame possui duas extremidades. Uma ponta desse cordão liga-se à causa e a outra liga-se ao efeito. Considerando o fato de que o dano incide sobre um bem jurídico pertencente a uma pessoa ou coletividade de pessoas e que a causa deve ser

Capítulo 6 • O direito ao equilíbrio ecológico e seus reflexos

atribuída a um fato de alguém, também pode ser dito, então, que a ligação da causa e do efeito, para fins de responsabilização civil, envolve uma relação de dois sujeitos, isto é, um que deve e outro a quem se deve. Quem deve é o sujeito a quem se atribui a causa. A quem se deve é o sujeito que sofreu o efeito daquela causa. A comprovação da ligação entre ambos é tarefa difícil e, repito, pode ser obtida a partir de um convencimento extraído de uma afirmativa ou de uma negativa – neste último caso, por atitude do suposto causador, provando que aquela causa não lhe pode ser atribuída porque não guarda relação com o referido efeito (dano).

Trazendo a questão para uma situação em concreto, pergunta-se: é mais fácil para a sociedade provar que o dano ao Rio é oriundo de rejeitos da atividade de uma empresa que está instalada nas proximidades do Rio ou é mais simples para a empresa demonstrar que aqueles rejeitos não foram lançados por ela? Para qual dos dois sujeitos é mais fácil provar se existe ou não existe o liame entre a causa e o efeito? Qual será o entendimento do juiz diante dessa situação?

A pergunta acima pode ser facilmente respondida dizendo-se que a prova do liame causal é mais difícil para aquele que sofreu o dano, que, no mínimo, está sobrecarregado, tendo em vista que já possui o ônus de provar que sofreu um dano, que teve prejuízo, que sofreu uma lesão etc.

O liame dessa lesão com a causa é onde se concentra a dificuldade, e aqui não enxergamos que a regra deveria ser sempre a distribuição da carga dinâmica da prova que se encontra consagrada no artigo 373, § 1º do CPC.

Mas não é só isso, já que considerando a instabilidade, a perenidade, a essencialidade, a complexidade, a infungibilidade que são traços marcantes e inerentes do equilíbrio ecológico, fruto que é da combinação química, física e biológica dos componentes ambientais bióticos e abióticos, é evidente que a demonstração *desequilíbrio ecológico* é altíssima complexidade e também por isso incide a regra da inversão do ônus probatório pela carga dinâmica da prova do art. 373, § 1º.

251

O Art. 373, § 1º deve ser lido (complexidade da causa) pelo juiz – diante das causas ambientais – encontram-se insculpidos no artigo 225 da CF/88 e Lei da Política Nacional do Meio Ambiente. Ora é fora de dúvidas que "demandas ambientais, tendo em vista respeitarem bem público de titularidade difusa, cujo direito ao meio ambiente ecologicamente equilibrado é de natureza indisponível, com incidência de responsabilidade civil integral objetiva, implicam uma atuação jurisdicional de extrema complexidade". É incontestado que "em face da complexidade probatória que envolve demanda ambiental, como é o caso, e diante da hipossuficiência técnica e financeira do autor, entendeu pela inversão do ônus da prova".[39]

Com o CPC, não será mais necessário, embora não seja dispensável até pela densa jurisprudência que já se firmou, tratar a questão da prova do nexo de causalidade nas ações de responsabilidade civil ambiental com a aplicação subsidiária do art. 6.º, VIII, do CDC c/c art. 117 do mesmo diploma[40]. Recorde-se que quando se trata de incerteza científica da atividade supostamente poluidora, é o princípio da precaução ambiental que determina que cabe ao suposto poluidor a prova de que não há risco de poluição.

---

39. AgRg no REsp 1412664/SP, Rel. Ministro RAUL ARAÚJO, QUARTA TURMA, julgado em 11/02/2014, DJe 11/03/2014.

40. Muito embora o art. 6.º, VIII do CDC, não esteja no Título III, é fora de dúvida que todos os dispositivos ali presentes contêm regras de direito processual civil, e que o art. 117 (art. 21 da LACP) manda aplicar a qualquer direito difuso (tutela do meio ambiente) tais dispositivos, deixando nítida a intenção de que fosse criado um plexo jurídico de normas processuais civis coletivas para ser imediatamente aplicado aos direitos coletivos lato sensu. Ora, sendo o art. 6.º, VIII, uma norma de direito processual civil, é ilógico que não se entenda como contida essa regra de inversão do ônus da prova na determinação do art. 21 da LACP. Destarte, o fato de se encontrar o dispositivo fora do rol do Título III, embora ontologicamente seja também uma regra de direito processual, não afasta a premissa de que o art. 6.º, VIII, do CDC é regra principiológica do diploma que se projeta em todo o Código, inclusive sobre o referido Título que cuida do direito processual civil.

Capítulo 6 • O direito ao equilíbrio ecológico e seus reflexos

Com isso queremos dizer que é regra de direito material, vinculada ao princípio da precaução, a que determina que, em toda ação de responsabilidade civil ambiental onde a existência do dano esteja vinculada a uma incerteza científica (hipossuficiência científica), o ônus de provar que os danos advindos ao meio ambiente não são do suposto poluidor a este cabe, de modo que a dúvida é sempre em prol do meio ambiente. Não se trata de técnica processual de inversão, mas de regra principiológica do próprio direito ambiental, e como tal já é conhecida pelo suposto poluidor desde que assumiu o risco da atividade.

Por tudo isso, pensamos que, de *lege lata*, há previsibilidade de que a prova do nexo de causalidade deve ser obrigatoriamente entregue ao poluidor, seja pelas presunções constitucionais pro ambiente, decorrentes do princípio da precaução, seja pela complexidade da causa e da tutela do equilíbrio ecológico que impõem a imposição do encargo probatório ao poluidor (hipossuficiência (técnica e/ou econômica) da coletividade lesada (legitimado) na comprovação do nexo entre o dano e a atividade do lesante). Um lembrete importante é que em todos estes casos o encargo financeiro da prova acompanha o ônus probatório dos fatos, ou seja, é o empreendedor que deve arcar com os custos da prova ou da contraprova do fato presumido em favor do meio ambiente.

Risco integral – nexo causal – inexistência de excludentes

Na medida em que a atividade econômica utiliza os microbens ambientais como matéria prima da produção e consumo (art. 170, VI da CF/88), e, considerando que estes bens são ingredientes necessário para a produção do equilíbrio ecológico, essencial à todas as formas de vida, é intrínseca a existência do risco de impacto nas atividades, empreendimentos e obras em relação ao equilíbrio ecológico.

Com fundamento no artigo 225, § 3º o artigo 14, § 1º da Lei 6.938/81 o ordenamento jurídico brasileiro adotou a teoria da responsabilidade civil objetiva. Está sedimentado que o dever

253

de restaurar ou reparar os prejuízos causados ao meio ambiente deve ser imputado ao poluidor independentemente de ter atuado ou não com culpa. Porém, mais do que adotar a *responsabilidade objetiva*, sacramentou a teoria do risco integral, que se caracteriza pelo fato de não permitir as excludentes da responsabilidade (fato exclusivo da vítima, fato provocado por terceiros, caso fortuito ou força maior). Como dito acima, dado o fato de que o mesmo bem que serve à atividade econômica ser também aquele que integra os microbens ambientais, quem assume esse risco integralmente este risco de impactos ao exercer a atividade nociva em seu proveito é o agente empreendedor. Nesse sentido tem sido a jurisprudência maciça do Superior Tribunal de Justiça em reconhecer ser "o nexo de causalidade o fator aglutinante que permite que o risco se integre na unidade do ato, sendo descabida a invocação, pela empresa responsável pelo dano ambiental, de excludentes de responsabilidade civil para afastar sua obrigação de indenizar".[41]

6.5.3 Meios de prova e meio ambiente

Os *meios de prova* correspondem a um desses tantos temas bifrontes onde a presença do direito material e processual são bastante acentuadas, e, aqui, no âmbito processual é estudado porque são justamente os fatos controvertidos alegados pelas partes que serão objeto da prova no processo, e, como tal, tais fatos precisam ser levados ao Poder Judiciário por *meios de provas*, ou seja, *instrumentos* que levarão ao conhecimento do juiz e das partes as *fontes de provas* que servirão para comprovar as *alegações de fato controvertidas* no processo. Isso quer dizer que *meio de prova* e *fonte de prova* são figuras distintas.

As fontes de provas são as pessoas (pessoais) e coisas (reais) de onde provém a prova, e já os *meios de prova* são os instrumentos pelos quais as fontes de prova são transportadas para

---

41. REsp 1374284/MG, Rel. Ministro LUIS FELIPE SALOMÃO, SEGUNDA SEÇÃO, julgado em 27/08/2014, DJe 05/09/2014.

Capítulo 6 • O direito ao equilíbrio ecológico e seus reflexos

o processo. Nem toda fonte de prova é levada para o processo, mas necessariamente todo meio de prova deve ter uma prova para ser transportada. Com essas duas figuras não se confundem os *meios de obtenção da prova* que se refere a certos métodos e procedimentos legalmente previstos, processuais ou extraprocessuais, cuja finalidade é justamente identificar e obter a prova de determinados atos ou fatos jurídicos para que posteriormente possam ser levados ao processo pelos *meios de prova*. Assim, por exemplo, uma determinada *transferência bancária fraudulenta* é a fonte de prova que pode ser *obtida por meio de* procedimento de quebra de sigilo bancário de determinada pessoa e que será levada ao processo por *meio de prova documental*. A quebra de sigilo telefônico é um exemplo de *meio de obtenção de prova* que será levada ao processo por meio de prova documental mediante degravação do áudio gravado em sigilo.

No sistema probatório brasileiro os *meios de prova* são *tipicamente* previstos pelo legislador, que expressamente não exclui a possibilidade de existam outros meios (*atípicos*) exigindo apenas que sejam *moralmente legítimos*. Entende-se como moralmente legítimo o meio de prova que não seja obtida por *meio ilícito*.

Nesse passo, determina a Constituição Federal da República (art. 5º, LVI) atribuindo-lhe a condição de cláusula pétrea e garantia fundamental que são *inadmissíveis, no processo, as provas obtidas por meios ilícitos*. Isso quer dizer que ilícito é o meio de prova que pretender transportar para o processo uma prova obtida por um meio ilícito, violador do ordenamento jurídico.

Ao dizer que são *inadmissíveis no processo* as provas obtidas por meios ilícitos o legislador constitucional não só faz a distinção de *método de obtenção de prova* com o *meio de prova* e com a *prova em si mesmo considerada*, como ainda por cima deixa claro e evidente que o método ilícito de obtenção da prova contamina o meio de prova a tal ponto que *inadmite* a sua utilização no processo seja ele de qualquer natureza.

Feitos estes esclarecimentos iniciais sobre os meios de prova é preciso lembrar que o bem ambiental tutelado no art. 225 da

CF/1988 é o equilíbrio ecológico. Este bem, essencial à sadia qualidade de vida, é o *produto* da combinação *química, física e biológica* de diversos recursos ambientais que interagem entre si. Por aí, tanto pelo aspecto *ontológico* (combinação de recursos ambientais), quanto pelo aspecto teleológico (abrigo e proteção de todas as formas de vida), o equilíbrio ecológico é um bem altamente complexo. Somando-se a isso, o fato de que é *instável, ubíquo* e pertencente às *presentes e futuras gerações,* logo se vê que em relação ao *meio ambiente ecologicamente equilibrado* o melhor remédio é, sem dúvida, a tutela preventiva. Porém, como isso nem sempre é possível, torna-se imperioso, para fins de reparação (pecuniária ou específica), que se identifique o dano resultante do desequilíbrio ecológico e a sua extensão. Só assim é que se tornará possível uma tutela reparatória mais justa e próxima da situação anterior à agressão cometida pelo poluidor.

Assim, se por um lado a tutela preventiva padece da grande dificuldade em demonstrar a possibilidade de ocorrência daquilo que ainda não aconteceu, mas que tem grande chance de acontecer (ainda que com base em *probabilidade*), a dificuldade não é menor quando se está diante da verificação do dano ambiental e seus limites, após a sua ocorrência.

Como se disse, o fato de o bem ambiental não ser domado por limites políticos e geográficos; o fato de o meio ambiente absorver por muito tempo as degradações que lhe são cometidas (o ponto de saturação da poluição é variável); o fato de o dano ambiental ser sentido em local diverso de onde foi originado etc., fazem com que a verificação de seus efeitos seja uma tarefa hercúlea, e, neste particular, a perícia é, quase sempre, o meio de prova mais adequado para sua demonstração, embora não se descarte as técnicas presuntivas ou por ficção de causalidade estatística ou por amostragem[42].

---

42. A amostragem e a estatística são meios de prova (indiciários), já utilizados em outros países, para permitir que se presuma a ocorrência do fato principal a partir da demonstração dos fatos secundários (indícios), o que poderá ser feito mediante a amostragem ou a estatística.

Capítulo 6 • O direito ao equilíbrio ecológico e seus reflexos

Todavia, engana-se quem acredita que se trata de uma perícia simples. Pelo contrário, trata-se de uma perícia multidisciplinar, complexa, justamente porque todas as propriedades, instabilidade e complexidade do bem ambiental exigem uma análise completa do potencial (tutela preventiva) ou do concreto (tutela reparatória) dano ambiental. Não há um profissional habilitado que seja experto em todas as áreas do conhecimento referentes ao equilíbrio ecológico. Basta imaginar que uma contaminação de um rio possivelmente ensejará a perícia de um especialista em recursos hídricos, de um especialista em fauna aquática, de um especialista em flora, de um especialista em saúde pública, um químico etc. Ora, como o dano ao meio ambiente tem repercussões tanto no ecossistema ecológico, quanto no ecossistema social, não raramente apenas uma perícia complexa, multidisciplinar, deverá ser convocada para avaliar o dano ambiental e sua extensão.

Como já reconhecido largamente no Superior Tribunal de Justiça "a prova pericial é necessária sempre que a prova do fato depender de conhecimento técnico, o que se revela aplicável na seara ambiental ante a complexidade do bioma e da eficácia poluente dos produtos decorrentes do engenho humano".[43] Neste particular, encaixa como uma luva o artigo 373, § 1º do CPC com o artigo 475 ao prescrever que "tratando-se de perícia complexa que abranja mais de uma área de conhecimento especializado, o juiz poderá nomear mais de um perito, e a parte, indicar mais de um assistente técnico".

Apenas a título ilustrativo, basta lembrar que os estudos ambientais (plano de manejo, plano de recuperação de área degradada, estudo prévio de impacto ambiental) são sempre dotados de estudos técnicos das mais variadas áreas do conhecimento. A transdisciplinaridade do bem ambiental, e seus tentáculos sobre tudo que se refere à qualidade de vida do ser humano, faz com que a análise do dano ao meio ambiente seja sempre dependente

---

43. REsp 1060753/SP, Rel. Ministra ELIANA CALMON, SEGUNDA TURMA, julgado em 01/12/2009, DJe 14/12/2009.

de estudos técnicos e variados, feitos por equipe multidisciplinar. Basta ver o mais famoso estudo ambiental – o EIA/RIMA – para se perceber que também aí, a análise dos impactos positivos e negativos, bem como as medidas de mitigação e compensação do bem ambiental, dependem de estudo feito por equipe multidisciplinar que integrará o corpo do referido estudo. Eis a prova viva de que, em matéria ambiental, a perícia complexa e multidisciplinar é quase uma condição lógica para a verificação ou a demonstração da ocorrência do dano ambiental e seus efeitos. Tudo isso por causa das propriedades inerentes ao bem ambiental *equilíbrio ecológico*.

6.5.4 O problema da insuficiência da prova nas lides ambientais

Insuficiência da prova – representação adequada em abstrato – coisa julgada secundum eventum probationes

O instituto da prova nas demandas coletivas não ficou limitado à fase instrutória. Uma leitura do art. 16 da LACP (art. 103, I e II, do CDC) demonstra que a autoridade da coisa julgada também foi afetada pelo fenômeno da prova, no exato sentido de que a sua ocorrência também depende de eventos probatórios ocorridos no processo coletivo. É o que se depreende da leitura dos art. 16 da LACP, por sua vez decalcado no art. 103, I e II, do CDC:

> Lei 7.347/1985:
>
> "Art. 16. A sentença civil fará coisa julgada *erga omnes*, nos limites da competência territorial do órgão prolator, exceto se o pedido for julgado improcedente por insuficiência de provas, hipótese em que qualquer legitimado poderá intentar outra ação com idêntico fundamento, valendo-se de nova prova."
>
> Lei 8.078/1990:
>
> "Art. 103. Nas ações coletivas de que trata este Código, a sentença fará coisa julgada:
>
> I – *erga omnes*, exceto se o pedido for julgado improcedente por insuficiência de provas, hipótese em que qualquer legiti-

Capítulo 6 • O direito ao equilíbrio ecológico e seus reflexos

mado poderá intentar outra ação, com idêntico fundamento, valendo-se de nova prova, na hipótese do inciso I do parágrafo único do art. 81;

II – *ultra partes*, mas limitadamente ao grupo, categoria ou classe, salvo improcedência por insuficiência de provas, nos termos do inciso anterior, quando se tratar da hipótese prevista no inciso II do parágrafo único do art. 81;

(...)".

A justificativa dessa regra foi, assumidamente, copiar o sistema antes previsto no art. 18 da Lei de Ação Popular (Lei 4.717/1965) para alcançar o mesmo resultado que ali foi desejado: evitar que um eventual conluio entre o legitimado ativo (cidadão – representante adequado da coletividade) e o legitimado passivo pudesse resultar numa ofensa aos direitos dos demais cidadãos que tivessem sido representados. Portanto, a técnica desenvolvida pelo legislador teve por intuito imunizar a sociedade contra a fraude realizada no âmbito do processo.

Ratificando, pois, o foco de luz do dispositivo (art. 18 da Lei de Ação Popular) era evitar que o processo de ação popular fosse feito para legitimar um ato administrativo ilegal e lesivo ao patrimônio público. A preocupação não era a ocorrência de uma insuficiência real da prova que ensejasse uma decisão insegura do magistrado, mas sim uma manipulação ardilosa que levasse a uma insuficiência (*non liquet*) da prova na formação do convencimento do juízo. Tentando ser mais didático, o dispositivo fala em insuficiência de prova dentro do processo, sem considerar se fora dele os meios de prova ou as provas que poderiam ser trazidas aos autos seriam suficientes.

Tudo isso vem demonstrar uma reticência declarada e explícita do legislador, desde a época da ação popular, que desconfiava da idoneidade de uma regra de representação adequada verificada apenas na esfera abstrata e conceitual. Uma eventual mudança na forma de se enxergar a *representatividade adequada*, passando a ser verificada em concreto, implicará numa alteração do sistema da coisa julgada *secundum eventum pobationes*.

Todavia, conquanto o ângulo visual não tenha sido alterado pelo legislador da Lei 7.347/1985 e do CDC, que decalcaram o art. 18 da LAP para evitar o risco de um conluio entre as partes em prejuízo da sociedade, a verdade é que se pode dar um colorido diferente ou, quiçá, enxergar o dispositivo sob um matiz um pouco diverso e mais consentâneo com os princípios referentes à prova na jurisdição civil coletiva. Assim, se mudarmos o foco de luz sobre os arts. 16 da LACP, 18 da LAP e 103, I e II, do CDC, veremos um novo horizonte muito interessante para se encarar e justificar a regra da coisa julgada *secundum eventum probationes*.

Essa nova observação diz respeito à ligação da prova com a verdade buscada no processo; da verdade com a segurança que dela decorre; e da segurança com a imutabilização do julgado. Ora, diante do quadro probatório desenvolvido nos autos, o juiz pode tomar as seguintes atitudes: convencer-se de que o direito está com alguma das partes e aí formular uma norma jurídica concreta consciente, justa e segura, portanto, legítima para receber o selo da coisa julgada material; ou então permanecer em dúvida acerca de quem se encontra com a razão, caso em que as provas terão sido insuficientes para a formação do seu convencimento (*non liquet*).

Contudo, mesmo nesses casos em que o juiz permanece em dúvida ou sem estar convencido, precisa, ainda assim, dar uma decisão de mérito. Para tanto, transferirá a responsabilidade de dar uma decisão incerta e insegura para a técnica neutra, fria e distante da distribuição do ônus da prova.

Diante disso pensamos, sob um novo enfoque, que os artigos citados pretendem evitar a formação da autoridade do julgado para casos em que tenha sido reconhecida a insuficiência das provas na formação do convencimento do juiz, e justamente por isso qualquer decisão originada da utilização da regra do art. 373, I e II do CPC terá o "selo e a marca" da dúvida e da incerteza não resolvida pelo juiz e, como tal, será ilegítima para receber a imutabilização da coisa julgada. Nada mais lógico e justo, num Estado Democrático e Social de Direito. Até essa nova visão, foi influenciada pela mudança de paradigma do Estado liberal para o Estado social.

Capítulo 6 • O direito ao equilíbrio ecológico e seus reflexos

Ora, num Estado liberal, o direito de propriedade ganha relevo incensurável, e nesse caso faz sentido que se estabeleça a regra do art. 18 da LAP para se evitar o conluio. No fundo, seria para evitar que o "direito privado" da sociedade pudesse ser prejudicado pelo "substituto processual". Por outro lado, num Estado social, onde o direito de se ter justiça é correlato ao dever do Estado de prestá-la, nada mais lógico que, em situações processuais excepcionais de *non liquet*, onde exista o risco reconhecido de que a decisão seja fruto de um jogo frio e calculista de distribuição privatista da prova (de ônus), não seria lógico e legítimo que, nos casos de sua insuficiência, a referida decisão tivesse aptidão de ser imutabilizada pela coisa julgada material.

Essa mudança de enfoque é muito importante não só porque legitima o raciocínio em face do Estado social, mas também porque demonstra uma preocupação de que a coisa julgada *secundum eventum probationes* não deve ser justificada em razão da desconfiança de um *representante adequado* previsto em lei, mas sim porque nenhuma decisão oriunda de aplicação da regra de julgamento com base no art. 333 do CPC, reconhecidamente fria e neutra, pode ser apta e idônea à obtenção da coisa julgada material.

A expressão improcedência por insuficiência de provas e suas variações conceituais

O que significa a expressão "improcedência por insuficiência de provas" constante nos arts. 18 da LAP, 16 da LACP e 103, I e II, do CDC? A correta compreensão do seu significado é essencial para que se delimite quando existe e quando não existe a autoridade do julgado nessas sentenças de mérito em desfavor da coletividade. Em outros termos, saber o que exatamente significa a expressão é delimitar quando incide e quando não incide o efeito negativo da coisa julgada, que impediria ou não a repropositura da mesma demanda coletiva, só que com nova prova.

Com vistas ao estabelecimento de premissas para a nossa conclusão, devem ser deixadas assentadas algumas deduções lógicas dos dispositivos que contêm a expressão. Uma delas é a de que o fenômeno da improcedência por insuficiência de provas é impeditivo da formação da coisa julgada material *erga omnes* em desfavor do autor, pois admite que, havendo uma nova prova, da mesma demanda poderá socorrer-se o mesmo autor coletivo, sujeitando-se o mesmo demandado a rediscutir *tudo que já teria sido discutido.*

É que, se a demanda coletiva não tem o condão de adquirir a imutabilidade caracterizadora da coisa julgada, nas hipóteses em que se tenha verificado a improcedência por insuficiência do material probatório, não poderá também incidir a *eficácia preclusiva do julgado*, fenômeno este previsto no art. 504 c/c art. 508 do CPC.

Outro aspecto que precisa estar sedimentado e "esmiuçado" refere-se ao entendimento do que seja a *improcedência por insuficiência de provas*. Com efeito.

Em processos de desfecho duplo, como os cognitivos, o sistema admite duas soluções de mérito: uma de procedência do pedido do autor e outra de improcedência do pedido do réu, conquanto a respeito dessa última já seja necessário o tratamento da improcedência da demanda autoral como sendo uma vitória da pretensão do réu, porque de fato este também possui pretensão, embora não a viabilize em demanda propriamente dita.

Assim, procedência e improcedência são desígnios de uma sentença que acolhe e que rejeita, respectivamente, pelo mérito a pretensão do autor. Continuando a nossa linha de raciocínio, pode-se dizer que na batalha processual desenvolvida com amplo contraditório de todos os participantes, o resultado positivo atribuído à demanda (procedência) advém de uma série de argumentos de fato e de direito desenvolvidos pelo autor, que não foram derrubados pelo réu, e que, somados às provas que foram postuladas, admitidas e produzidas, levaram à formação do convencimento do juiz no sentido de que a razão pertence ao demandante ativo. Justamente por isso é que este declara existente a norma jurídica concreta cujo reconhecimento judicial se pedia.

Por outro lado, diz-se que houve improcedência quando, ao contrário, o mesmo autor não consegue, seja pelas provas, seja

Capítulo 6 • O direito ao equilíbrio ecológico e seus reflexos

pelos argumentos empenhados no processo, convencer o magistrado de que ele está amparado de razão. Assim, seguindo a regra do malfadado art. 333, de raiz privatista (quem alega prova), nos casos do inciso I deste dispositivo, não é o réu o vencedor da "batalha judicial" mas sim, o autor, o perdedor, porque não teria se desincumbido do "seu ônus de provar". Todavia, utilizando-se a regra do art. 333, II, em que o réu reconhece o fato do autor, mas outro lhe opõe impeditivo, modificativo ou extintivo (exceção substancial – *reus fictus actor* – confissão qualificada), a demanda será procedente se o réu (que passa a ser a parte que, a partir de então, necessita do processo para convencer o magistrado das suas razões, já que reconheceu o fato trazido pelo autor) não conseguir provar com seus argumentos e provas que irá trazer que a pretensão do autor é infundada, porque as suas alegações novas é que procedem.

Com isso vê-se que a procedência e a improcedência são fenômenos ligados, necessariamente, à falta de convencimento do magistrado das razões do autor (ou das exceções substanciais do réu – art. 373, II) quanto à argumentação e ao manejo das provas (postulação, admissão e produção) sobre as matérias de mérito, sejam elas de fato ou de direito.[44] Mas como separar a falta de convencimento derivada da argumentação insuficiente daquela outra resultante de falha no procedimento probatório (postulação, admissão e produção da prova)? A argumentação está em toda

---

44. "Note-se que se fala em falta ou insuficiência de prova, pois uma coisa e outra, para fins judiciários, são idênticas. Por falta de prova ou insuficiência de prova, a verdade não aparece: a prova, na acepção judiciária, não existe. O princípio *actore non probante, resus absolvitur* deve ser entendido no sentido de que se a prova não é fornecida a afirmação da parte deve ser repelida, não só quando nenhuma prova seja oferecida, mas também quando a parte, conquanto tenha trazido um princípio de prova – ou como que uma prova *não plena* –, não tenha, porém, conseguido produzir aquele tanto de prova que é preciso para que o juiz forme o seu convencimento; sob este ponto de vista, a total falta de prova e a prova insuficiente se equivalem" (Moacyr Amaral Santos, *Prova judiciária no cível e no comercial*, vol. 1, p. 344-345).

parte e resulta de uma atividade dialógica do próprio processo que envolve inclusive as discussões sobre a prova.[45]

Queremos dizer que a improcedência de uma demanda, voltando ao nosso tema, sempre se dará: 1) porque o autor falhou, ou seja, não conseguiu convencer o magistrado de que a razão lhe pertencia (do fato constitutivo); ou 2) porque o réu conseguiu se desincumbir da prova das exceções substanciais trazidas para o processo (art. 373, II).

Diante disso, põe-se a questão da improcedência por insuficiência nas demandas coletivas. Nos dispositivos citados não há dizeres de que a falha que resultou na insuficiência foi extra ou endoprocessual (no momento da postulação ou no momento da admissão ou produção ou até mesmo na argumentação e discussão sobre a prova produzida). Portanto, nada foi dito sobre se a insuficiência é resultante de um critério material (acesso às provas que seriam levadas para o processo) ou de um critério formal (a

---

45. Pode-se dizer que o conjunto probatório desenvolvido num processo é feito no mesmo ritmo de andamento do próprio processo. Não há como se negar que desde o ajuizamento da petição inicial já existem elementos argumentativos trazidos na exposição do pedido e da causa de pedir, normalmente embasados em doutrina ou jurisprudência, que apontam para a formação de uma convicção positiva ou negativa do que se expôs. Ao receber a petição inicial, o juiz imagina a história narrada pelo autor, e, mesmo antes de ouvir o réu, já forma uma convicção positiva ou negativa acerca do que foi afirmado, que será contrastada com as alegações trazidas pelo réu no contraditório. Aliás, é normal do ser humano agir dessa forma. Uma vez estabelecido o contraditório, e a partir das argumentações contrárias, o juiz dá um grande salto na formação do seu convencimento, aguardando a produção das provas para chancelar o raciocínio que já tem ou que esteja em formação. Não fosse necessária a motivação das decisões judiciais, bastaria a convicção íntima do juiz com base nas argumentações desenvolvidas no processo. Isso seria um risco seriíssimo de privilegiar aqueles que detêm o poder argumentativo e de convencimento. A prova, neste ponto, é fria, imparcial, e tem compromisso apenas com a verdade, e é justamente por isso que é princípio da teoria geral da prova que ela sirva ao processo, podendo ser utilizada até mesmo por quem não a carreou para os autos.

Capítulo 6 • O direito ao equilíbrio ecológico e seus reflexos

insuficiência é resultante de um defeito na argumentação e no manejo das provas dentro do processo). O que é certo e não se discute é que as duas hipóteses são geradoras de improcedência por insuficiência de provas.

Entretanto, não parece haver dúvida de que a insuficiência resultante do critério material (não se ter tido acesso a todas as provas que poderiam ser utilizadas para a formação do convencimento do magistrado) deve ser tomada como algo de índole diversa daquela oriunda do critério formal.

É que, no primeiro caso – critério material –, o juiz que teria de ser convencido, que aplicaria a lei ao caso, não teve sequer ciência da prova para que pudesse dizer que esta teria sido insuficiente para a formação do seu convencimento. Sabe-se que seu convencimento é livre, porém dentro do que foi trazido para os autos do feito (art. 371 do CPC)[46]. E se nem todos os elementos de convicção foram levados ao processo, seja por desconhecimento, por impossibilidade ou qualquer outra razão, o que é fora de discussão é que o julgamento de improcedência foi dado sem que todas as provas possíveis pudessem ajudar na formação da convicção do magistrado.

Já quando a insuficiência é pelo critério formal, bem ou mal, é sinal de que houve argumentação, de que houve chance de discussão e debate, e, não tendo ocorrido nenhuma ofensa à lei pelo magistrado, deve-se creditar tal "falha" ao representante adequado à condução dos direitos coletivos *lato sensu*, ou porque de fato a razão estava com o demandado, que demonstrou ser correta a sua postulação ao exercer o direito à contraprova.

Diante do exposto, pode-se concluir que a improcedência por insuficiência de provas que impede a formação da coisa julgada material não fica adstrita aos casos de *non liquet*, senão também abrange todos os casos em que, concomitantemente: a) tenha

---

46. Art. 371. O juiz apreciará a prova constante dos autos, independentemente do sujeito que a tiver promovido, e indicará na decisão as razões da formação de seu convencimento.

havido questão de fato discutida em juízo (porque esta é, regra geral, o objeto da prova); b) a demanda tenha sido julgada improcedente.

Credite-se a improcedência à insuficiência material da prova, ou seja, nem todas as provas existentes ou que poderiam existir foram levadas aos autos, fazendo com que o conhecimento do magistrado fosse limitado e, consequentemente, sua convicção acerca da ocorrência do fato constitutivo do autor, que também restou insuficiente.[47]

Obviamente que nesses casos de improcedência da demanda (sentença de mérito de rejeição do pedido do autor), que não sejam os de utilização do art. 333 do CPC em virtude do *non liquet*, jamais poderia ser dito na sentença que ele, juiz, rejeitou a pretensão do autor porque teria sido insuficiente a prova sob o ponto de vista material,[48] pois só quem poderia saber se outras

---

47. Nesse sentido José Marcelo Menezes Vigliar, que não vê no dispositivo apenas uma proteção contra a fraude: "Nesse sentido, mesmo aquele colegitimado que tenha visto a *demanda coletiva* julgada improcedente por insuficiência de provas pode, munido de novas provas, ajuizar nova *demanda coletiva* com os mesmos fundamentos. É possível mesmo que ele, no momento do primeiro ajuizamento, não detivesse as provas necessárias para fundamentar o seu pedido" (*Tutela jurisdicional coletiva* cit., p. 174). No mesmo sentido, vislumbrando a importância do objeto tutelado (difuso), que merece esse tipo de tratamento diferenciado, Álvaro Luiz Valery Mirra, em excelente trabalho sobre o tema, Um estudo sobre a legitimação para agir no direito processual civil – A legitimação ordinária do autor popular, *RT* 618/34. No mesmo sentido, o nosso maior mestre José Carlos Barbosa Moreira, A ação popular do direito brasileiro como instrumento de tutela jurisdicional dos chamados "interesses difusos", *Temas de direito processual* – 1.ª série, p. 123. Com absoluta propriedade, acolhemos na íntegra a posição de Antonio Gidi, que nos revela o seguinte: "É exatamente por tais motivos que adotamos um critério *substancial* para saber se a improcedência foi ocasionada por insuficiência de provas ou não. Assim, sempre que qualquer legitimado propuser a mesma ação coletiva com novo material probatório, demonstrará, *ipso facto*, que a ação coletiva anterior havia sido julgada por instrução deficiente" (*Coisa julgada e litispendência nas ações coletivas*, p. 134).

48. Fosse assim, se soubesse o magistrado da existência de outros meios de prova, tendo em vista a prevalência dos seus poderes instrutórios, deveria

Capítulo 6 • O direito ao equilíbrio ecológico e seus reflexos

provas existiriam ou poderiam vir a existir, com o condão de atestar o fato constitutivo, seria o próprio legitimado ativo.

Já que para as demandas essencialmente coletivas foi adotada a regra da *ausência de formação da coisa julgada material quando a sentença tenha sido dada por insuficiência de provas*, parece-nos, então, que se pode fazer a seguinte asserção: a) não haverá coisa julgada material quando a improcedência seja resultante da utilização da descomprometida regra de julgamento do art. 333 do CPC nos casos de reconhecido *non liquet*; e também b) em todos os casos em que a demanda essencialmente coletiva tenha sido julgada improcedente por insuficiência material da prova.[49]

No caso do parágrafo anterior previsto na letra *b*, pode ser dito que a demonstração da inocorrência da coisa julgada será feita sempre quando se repropuser a mesma demanda coletiva já julgada anteriormente, mas desde que o autor (que pode ser o mesmo) se valha de uma nova prova. A palavra *nova* foi usada no sentido de que seja *prova diversa das anteriormente produzidas e idônea para proporcionar uma melhor sorte à demanda essencialmente coletiva que teria sido repetida*. É que a *insuficiência material da prova* só pode ser constatada em outro processo, com a "repropositura da mesma demanda", com a comprovação de que, se a nova prova estivesse presente no processo anteriormente extinto, o resultado poderia ter sido diferente. Assim, fica bastante alargado o conceito de insuficiência de prova previsto no art. 103, I e II, do CDC, no art. 18 da LAP e no art. 16 da LACP.

Assim, a insuficiência formal aludida anteriormente, seja porque a argumentação e o manejo das provas produzidas pelo autor

---

deles lançar mão, dado o interesse supraindividual das demandas coletivas e, em relação ao meio ambiente (ação civil pública ambiental), o caráter indisponível do direito tutelado em juízo.

49. Nesse sentido Gidi, *Coisa julgada e litispendência...* cit., p. 174. Ver, ainda, José Marcelo Menezes Vigliar, *Tutela jurisdicional coletiva* cit., p. 174; Paulo Affonso Leme Machado, *Direito ambiental brasileiro* cit., p. 343 e ss.; Hugo Nigro Mazzilli, *A defesa dos interesses difusos em juízo*, 5. ed., p. 183 e ss.

foram inconsistentes,[50] seja porque a contraprova e a participação do demandado (mesmo não tendo o ônus de provar o fato constitutivo do autor) tenham sido determinantes para afastar a razão do autor. É fato inconteste que a coisa julgada deve ter efeito *erga omnes* e tornar preclusa a via coletiva utilizada, a menos que exista motivo para a sua rescisão ou porque exista *nova* prova que venha demonstrar que a falta de convencimento do magistrado se deu porque a insuficiência era material e não simplesmente formal.[51]

> *O que significa nova prova na demanda*
> *essencialmente coletiva reproposta*

Complementando o estudo dissecado dos dispositivos que cuidam da coisa julgada *secundum eventum probationes*, debruçamo-nos agora sobre a exigência de *nova prova* como requisito necessário para a repropositura da mesma ação coletiva (direito difuso ou coletivo) julgada improcedente por insuficiência de provas.

Mas o que vem a ser nova prova? Ela é nova porque superveniente ao processo findo? É a prova que já existia, mas não foi

---

50. Se o problema é de argumentação e falha na condução do processo, não pode ser o réu penalizado com a ausência de coisa julgada. Afinal de contas, do outro lado, na condição de legitimado ativo está alguém que a lei diz ter sido um representante adequado, hábil, capaz, e tão ou mais forte que o réu para "brigar" em juízo pelos direitos da coletividade. A coletividade pode não ter razão, e nestes casos deve reconhecer que perdeu, não podendo repropor a mesma demanda apenas porque houve falha na argumentação ou porque as provas foram mal conduzidas pelo legitimado ativo. Ora, além de se permitir o litisconsórcio nessas demandas, quando o *Parquet* não é parte atua como fiscal da lei. Se não é caso de nulidade absoluta que enseja ação rescisória, deve resignar-se com o resultado desfavorável.

51. Até que se prove o contrário, com uma nova prova, a insuficiência da prova na improcedência da demanda coletiva é formal e material. Esta é a presunção não só porque em tese todos se utilizam da totalidade dos meios de prova de que dispõem, mas também porque a "nova prova" que embasa a repropositura da demanda coletiva e afasta a presunção de que a insuficiência foi material precisa ser revelada de plano, como um dos requisitos específicos do interesse de agir.

Capítulo 6 • O direito ao equilíbrio ecológico e seus reflexos

usada? Se a prova nova for um documento novo, a repropositura tem a mesma finalidade da demanda rescisória (art. 966, VII)? Como deve ser vista a "prova nova" na repropositura da demanda?

Pelas indagações, percebe-se que o tema é farto de dúvidas que precisam ser esclarecidas, e aqui aponta-se uma diretriz. Certamente, tomando de análise o conceito substancial de insuficiência de provas que adotamos no tópico anterior, vê-se que a repropositura da mesma demanda essencialmente coletiva só poderá ser feita se baseada em nova prova. A "nova prova" não é necessariamente a que surge após o trânsito em julgado do processo anterior.

Como bem disse Arruda Alvim, é a prova "não produzida na ação anterior",[52] o que leva a crer que já poderia existir desde a época da demanda anterior.[53] Mais que isso, a prova pode ter sido até mesmo postulada e não admitida a sua produção no processo anterior. Se assim é, nada mais lógico que admitir que o conceito englobe também as provas que não existiam à época do processo ou aquelas que, embora existentes, eram desconhecidas ou tinham o seu uso impossibilitado.

Em matéria ambiental, nas ações de responsabilidade civil por danos causados ao meio ambiente, é comum que apenas depois de muito tempo seja possível obter comprovações de danos ocorridos ou que venham a ocorrer em momento posterior ao trâmite da demanda. É que os danos ambientais variam no tempo e no espaço, e às vezes não existe desenvolvimento científico e técnico que consiga provar a existência do dano. Caso isso venha a ser obtido depois, não seria justo negar o uso dessa prova nova para se obter o convencimento de que houve o dano ambiental e que este precisa ser ressarcido.

---

52. Arruda Alvim et al, *CDC comentado...* cit., p. 234.

53. Aliás, essa é uma conclusão lógica para a justificativa da regra do art. 16 da LACP em razão do conluio. Quando ocorre, certamente foi sonegada prova que poderia ter sido utilizada no processo.

Outra indagação diz respeito à necessidade de a nova prova ser, sozinha, responsável por proporcionar melhor sorte à mesma demanda coletiva. Obviamente que não: se se trata da mesma demanda que será repetida, não há por que negar a utilização da prova anteriormente produzida. Nem se trata aqui de prova emprestada, porque se trata de utilizar as provas já produzidas sobre fatos relativos à mesma lide.

Dessa forma, não há como desprezar toda a prova colhida anteriormente e que foi objeto de discussão, até porque certos elementos de prova, depois de tanto tempo, não poderão mais ser obtidos com a mesma flagrância dos que foram obtidos na demanda anterior. A insuficiência da prova está atrelada à falta de convencimento do magistrado, e, portanto, não há razão para que todo o material anteriormente produzido seja desprezado.[54]

Outro aspecto importante acerca do conceito de "nova prova" diz respeito à suposta superposição de campo entre a demanda essencialmente coletiva reproposta com base em nova prova e a ação rescisória com base em prova nova (art. 966, VII, do CPC). Em outros termos, fica a pergunta sobre se a "ação posterior baseada em nova prova tem natureza rescisória ou não, já que nas ações individuais até documento novo pode dar ensejo a ação desta natureza".[55]

Segundo pensamos, não há aqui uma superposição de campos entre a demanda rescisória e a demanda que se repropõe, e podem ser apontadas semelhanças e dessemelhanças entre as figuras. Quanto às dessemelhanças, não só em aspectos de competência e procedimento diferem uma da outra, mas também, especialmente, pelo fato de a ação coletiva ser reproposta (a mesma) com base em nova prova e a demanda rescisória ser *outra* demanda com cúmulo de pedido, sendo que o primeiro pedido é o de que seja deferida a

---

54. Nesse sentido Paulo Affonso Leme Machado, *Ação civil pública (ambiente, consumidor, patrimônio cultural) e tombamento*, p. 46.

55. Observação de Mafra Leal, *Ações coletivas...* cit., p. 206, que não deixou de ser também salientada por Arruda Alvim, *CDC comentado...* cit., p. 461.

Capítulo 6 • O direito ao equilíbrio ecológico e seus reflexos

rescisão da coisa julgada. Ora, o pressuposto da demanda coletiva reproposta é não ter ocorrido a coisa julgada material, motivo pelo qual não se poderia falar em ação rescisória.

Quanto às semelhanças, pode-se dizer, que em ambos os casos, é comum o fato de que servem de embasamento à pretensão de revisão do julgado, embora não se possa dizer que o juiz tenha errado nos seus julgamentos, já que, num ou noutro caso, não teve acesso à prova nova ou ao documento novo que será utilizado na nova demanda. Ainda em comum é o fato de que as novas provas podem, pelo menos num juízo de probabilidade, ser tidos como idôneos ou capazes de assegurar uma melhor sorte na reanálise da lide.

Não pode ser olvidado que não haverá necessidade concreta em se propor a demanda rescisória coletiva em tal hipótese, justamente porque será possível obter, com menos custo e tempo, a repropositura da demanda coletiva utilizando-se da nova prova, sabendo-se que adotamos o critério substancial da insuficiência de provas.

Para finalizar os aspectos relativos à "nova prova", é importante deixar claro qual o seu papel na demanda que será reproposta. Ao que parece, a "nova prova" deve ser explicitada no corpo da petição inicial. Concordamos com Gidi[56] quando diz que haverá falta de interesse processual caso não seja identificada a nova prova na petição inicial.

Segundo afirma o autor: "A apresentação da nova prova é critério de admissibilidade para a propositura da ação coletiva. Por isso, o autor coletivo deve manifestar, logo na petição inicial, a prova nova que pretende produzir. Deverá, então, o magistrado, *in limine litis*, convencer-se de que a nova prova é efetivamente nova e poderá ensejar, ao menos potencialmente, uma decisão diversa".[57] É de se notar que não se poderia exigir do autor da

---

56. *Coisa julgada e litispendência...* cit., p. 135.

57. No mesmo sentido, Arruda Alvim, *CDC comentado...* cit., p. 461; Vicente Greco Filho, *Comentários ao Código de Proteção e Defesa do Consumidor*, p. 363 e ss.

demanda coletiva outra coisa que não fosse uma demonstração razoável de que a nova prova tenha o condão de modificar o resultado, ainda que isso se dê pela adição das provas anteriores. Quanto ao juiz, deve fazer um juízo provável, pois a certeza desse aspecto só virá com a produção da prova propriamente dita, cujo momento é preso à fase instrutória, salvo se se tratar de prova documental que deva estar instruída na petição inicial.

6.6. Liquidação do dano ambiental

6.6.1 A importância da dimensão subjetiva e objetiva na liquidação do dano ambiental

A tutela preventiva do equilíbrio ecológico é prioridade máxima do direito processual ambiental. Seria verdadeiro truísmo e utopia inconsequente imaginar que a proteção do meio ambiente seria, sempre, preventiva. Ocorre que nem sempre isso é possível, e o processo deve estar pronto e adequado para debelar crises jurídicas que envolvam danos ao meio ambiente. A tutela, neste caso, será repressiva, no sentido de reparar de forma específica e/ou pecuniariamente o dano ambiental.

O dano ao meio ambiente ecologicamente equilibrado – ou simplesmente o prejuízo ao equilíbrio ecológico – deve ser pensado sob uma ótica subjetiva e outra objetiva, justamente para atender às peculiaridades que envolvem os titulares e o objeto do direito subjetivo público constitucional do meio ambiente ecologicamente equilibrado.

No que concerne ao subjetivo, é de se recordar que o equilíbrio ecológico é um bem jurídico que pertence às presentes e futuras gerações, ou seja, de titularidade indeterminável, que deve ser "sopesada" para fins de reparação sob a perspectiva atual e futura, pois as gerações vindouras têm direito a ter o meio ambiente e os recursos ambientais em qualidade e quantidade idênticas àquelas anteriores ao dano causado ao meio ambiente. Enfim, a dimensão subjetiva do direito ao meio ambiente ecologicamente equilibrado é extremamente larga e impossível de

Capítulo 6 • O direito ao equilíbrio ecológico e seus reflexos

ser precisamente delimitada, porque, repita-se, pertence ao povo atual e futuro, e tudo isso deve ser levado em consideração na fixação do próprio dano ao meio ambiente.

Do ponto de vista objetivo, devem-se levar em apreciação, para mensurar qualitativamente o prejuízo causado pelo desequilíbrio ecológico, as características de essencialidade à vida do bem tutelado, a sua privação (e repercussão na qualidade de vida) pelas presentes e futuras gerações, o tempo de recuperação e restauração do equilíbrio ecológico, enfim, aspectos que serão decisivos para se encontrar a extensão qualitativa e quantitativa do prejuízo causado.

6.6.2 A reparação integral e a delimitação do marco temporal e espacial do dano ambiental

É importante observar que, em razão da alta capacidade de absorção e contenção da poluição, os danos ocasionados ao meio ambiente não se apresentam de forma imediata. Às vezes, serão necessários anos até que se possa perceber o dano ambiental. Assim, seja por causa dos fenômenos temporais ou espaciais, o dano ambiental muitas vezes só é percebido fora do tempo e do local onde ele foi gerado. Nesta hipótese, é muito importante a investigação pericial para identificar o marco inicial temporal e espacial do dano ao meio ambiente, justamente para que se possa buscar a reparação integral do dano gerado ao meio ambiente.

6.6.3 Dano ambiental (coletivo) e danos individuais reflexos

Tendo em vista que o dano é uma lesão a um bem jurídico, podemos dizer que existe o dano ambiental quando há lesão ao equilíbrio ecológico decorrente de afetação adversa dos *componentes ambientais*. Essa lesão pode gerar um desequilíbrio ao ecossistema social ou natural, mas sempre a partir da lesão ao *equilíbrio ecológico*, que é o bem jurídico tutelado pelo direito ambiental. Exatamente porque o meio ambiente (e seus componentes e fatores) constitui um bem jurídico autônomo, imaterial, difuso, incindível, de uso comum de todos, a lesão que o atinge

273

será, *ipso facto*, uma lesão difusa e indivisível, cuja reparação será, igualmente, *erga omnes*.

Ao adotarmos esse conceito, estamos entendendo que os danos ao meio ambiente são autônomos e diversos dos danos sofridos pelas pessoas. Obviamente que o fato causador da lesão ao bem ambiental e seus componentes poderá gerar, além desta (difusamente considerada), outros prejuízos sofridos individualmente por particulares, cuja reparação só trará benefícios a pessoas determinadas. É o caso, por exemplo, do derramamento de óleo ocorrido na baía de Guanabara: sem dúvida o meio ambiente (as praias, a fauna ictiológica e o próprio equilíbrio ecológico) foi lesionado e precisa ser reparado. Essa reparação, consistente em recuperação da área degradada, medidas de prevenção futuras, educação ambiental etc., é difusa, porque os titulares desse bem também são difusos (*uso comum do povo*).

Esse dano é ontologicamente diverso do dano que cada indivíduo ou grupo de indivíduos possa ter sofrido em virtude do mesmo acontecimento. Certamente os pescadores poderão cobrar as perdas e danos e lucros cessantes pelas redes estragadas, pelo pescado perdido e pelo que deixarão de ganhar; os donos de imóveis ribeirinhos, os prejuízos que podem ter daí advindo; as fábricas que se utilizam daquela água para irrigação, os prejuízos causados; as pessoas que se contaminaram por ter ingerido os peixes; os prejuízos das empresas de turismo marítimo da região etc. Esses danos são danos particulares e, embora tenham em comum com o dano ambiental a mesma causa de pedir (poluição), possuem natureza diversa do dano causado ao equilíbrio ecológico.

No nosso sentir, portanto, o dano ambiental é um só: o dano ao meio ambiente como bem jurídico autônomo, independentemente de ter "ricocheteado"[58] ou não para as esferas particulares dos indivíduos.[59] Os danos pessoais, particulares, sofridos pelo

---

58. A expressão é de Michel Prieur, *Droit de l'environnement*, p. 1036 e ss.

59. Nesse sentido ver Antonio Herman de V. e Benjamin, Responsabilidade civil... cit., *RDA* 9/49; Manuela Flores, Responsabilidade civil ambiental

mesmo fato que degradou o meio ambiente, ou *que foram consequência da agressão ao meio ambiente*, são ontológica e teleologicamente diversos daqueles sofridos pelo meio ambiente. A eventual e perdoável confusão decorre do fato de que um mesmo fato permite a incidência de várias normas de direito material: uma que concretiza um direito difuso e outra que concretiza um direito individual. Uma refere-se ao *equilíbrio ecológico, outra refere-se aos microbens que o compõem.* Isso permitirá que se deduzam pretensões para a tutela de direitos difusos e outras para a tutela de direitos individuais. Nesse caso, o processo deverá impor a solução dada por cada uma das normas de direito material violadas.

Exatamente por isso, preferimos não conceituar o dano ambiental como gênero do qual sairiam as espécies de: a) danos pessoais (patrimoniais e extrapatrimoniais); e b) danos ecológicos.[60]

---

em Portugal: legislação e jurisprudência, *Tex- tos – Ambiente e consumo,* vol. 2, p. 375; Michel Prieur, *Droit de l'environnement* cit., p. 1036 e ss.; Francisco José Marques Sampaio, *Responsabilidade civil e reparação de danos ao meio ambiente,* p. 101 e ss.; José Rubens Morato Leite, *Dano ambiental: do individual ao coletivo extrapatrimonial,* p. 101.

60. No mesmo sentido do texto ver: Guido Alpa, La natura giuridica del danno ambientale, *Il danno ambientale con riferimento alla responsabilità civile,* p. 93 e ss.; L. V. Moscarini, Responsabilità aquiliana e tutela ambientale, *RDC,* p. 495-500; L. Barbiera, Qualificazione del danno ambientale nella sistematica general del danno, *Il danno ambientale con riferimento alla responsabilità civile,* p. 120; Franco Giampietro, *La responsabilità per danno all'ambiente,* p. 344; M. Comporti, Tutela dell'ambiente e tutela della salute, *RGA* 2/207; Paolo Maddalena, Il danno ambientale cit., p. 183 e ss.; Lucio Fran- cario, *Danni ambientali...* cit., p. 80 e ss.; Francisco José Marques Sampaio, *Responsabilidade civil...* cit., p. 101 e ss.; Michel Prieur, *Droit de l'environnement* cit., p. 1036 e ss; Patrick Girod, *La réparation du dommage écologique,* p. 19; Francis Caballero, *Essai sur la notion juridique de nuisance,* p. 293 e ss. Em sentido contrário ver José Rubens Morato Leite, *Danoambiental...* cit., p. 101 e ss.; Antonio Herman V. e Benjamin, Responsabilidade civil... cit., *RDA* 9/51; J. J. Gomes Canotilho, A responsabilidade por danos ambientais: aproximação juspublicística, *Direito do ambiente,* p. 404. O apoio de grande número de juristas italianos ao que dissemos no texto justifica-se pelo art. 18 da lei italiana de 1986, que, muito embora seja bastante retrógrada em matéria de responsabilidade civil por

O eventual dano ambiental (*stricto sensu*) será reparado por ação civil pública que vise à tutela desse interesse difuso, e a medida jurisdicional pleiteada não poderá ir além da proteção difusa do referido bem. Isso não elide, é óbvio, a propositura de ações individuais, até concomitantemente, relativamente ao mesmo fato ensejador da agressão individual, e até mesmo, dependendo do caso, ações coletivas para a defesa de interesses individuais que guardem homogeneidade na sua origem (causa de pedir).[61]

Pelo contrário, pela regra da coisa julgada *in utilibus* (art. 103, § 3.º, do CDC), os particulares poderão se aproveitar do resultado da ação coletiva (difusa ou individual homogênea) para liquidar os danos individualmente sofridos. A regra processual vem afirmar que o dano ao meio ambiente e o dano ao indivíduo resultante da lesão ao meio ambiente são figuras afins, ligadas pela mesma origem, porém distintas, sendo diverso seu tratamento processual.

---

dano ambiental, deixou claro que o dano ambiental é um dano público e não um dano individual. Tudo isso, é claro, sem elidir a possibilidade de que seja reclamada a reparação pelos danos individuais causados pela agressão ao meio ambiente.

61. Não se nega que o mesmo fato possa gerar o dano ao indivíduo e ao meio ambiente. Acreditamos que o problema esteja na adequada compreensão dos denominados *interesses difusos*. Sendo o meio ambiente um interesse difuso, é, ao mesmo tempo, um bem público, mas de um portador individual. É partindo dessa ótica, de que o meio ambiente é um bem de uso comum, que se fala em direitos ambientais como direitos humanos fundamentais (essencial à vida). Todavia, essa face individual, particular, não se confunde com a face coletiva, única, indivisível e social que caracteriza o meio ambiente. Mais uma coisa: o dano ambiental *stricto sensu* continuará sendo ambiental puro, ainda que recaia sobre o meio ambiente artificial, muito embora possa ser tutelado por regras jurídicas materiais do direito urbanístico. Se houve destruição de um dos equipamentos públicos do espaço urbano aberto, uma praça, por exemplo, certamente haverá um dano ambiental difuso, de caráter social, e que não se confunde com o prejuízo de dimensões privadas (ainda que coletivas propriamente ditas), como de um ambulante ou de uma associação de feirantes.

6.6.4 Efeitos do dano ambiental

Quanto aos seus efeitos, o dano ambiental (ao bem ambiental difuso, imaterial, indivisível e altruísta) pode gerar consequências patrimoniais e extrapatrimoniais. As primeiras caracterizam-se pelas perdas e danos decorrentes da lesão (por exemplo, o custo da reparação, da educação ambiental, da informação, da recuperação da vegetação, da limpeza do bem público, da retirada do óleo, da restauração do bem cultural, o que se deixou de arrecadar com a exploração turística do bem etc.). As últimas pelo que denominaríamos *dano social*,[62] para o qual é impossível encontrar uma correspondência biunívoca com um valor em pecúnia, mas que também deve ser objeto da indenização, e que não se confunde com os interesses privados ou de grupos em decorrência da lesão ao meio ambiente. O dano social é a face extrapatrimonial da lesão ao meio ambiente. Seu ressarcimento é altruísta e não é a mera soma de interesses individuais. Quando a Lei 7.347/1985 fala em *responsabilidade civil por danos, materiais e morais, causados ao consumidor, meio ambiente etc.*, é óbvio que o termo *moral* aí empregado está como contraface do *dano material*. Trata-se de efeito do dano, que melhor seria denominado de extrapatrimonial. Aqui se trata de danos ambientais (ao meio ambiente, bem difusamente considerado porque é para esse desiderato essa modalidade de demanda) e não de danos pessoais resultantes da agressão ao meio ambiente.

O termo moral ali empregado refere-se, sim, ao caráter extrapatrimonial dos danos difusos, que, no caso do meio ambiente, encontra perfeita simetria com o que temos denominado de *dano social*, portanto, de índole supraindividual (metaindividual). Um exemplo pode ilustrar o nosso pensamento. Uma empresa siderúrgica que polua o ar atmosférico de toda a cidade – certamente

---

62. A expressão é de Michel Prieur, *Droit de l'environnement* cit., p. 1036 e ss., e foi adotada por Francisco José Marques Sampaio em excelente trabalho sobre o assunto (*Responsabilidade civil...* cit., p. 106-107).

haverá uma ação civil pública para responsabilizar civilmente o poluidor pelo dano ambiental que tem efeitos patrimoniais e extrapatrimoniais. Os patrimoniais vão desde a recuperação dos equipamentos públicos manchados, a recuperação das praias impróprias para banho, o restabelecimento da qualidade do ar atmosférico etc., até as medidas de educação e controle da poluição para evitar novos danos. Os extrapatrimoniais correspondem à privação que a coletividade tem, e terá, da sensação de bem-estar, a diminuição de qualidade e da expectativa de vida etc. A repercussão disso na vida particular das pessoas – casas manchadas pelo pó de minério, pessoas com problemas alérgicos etc. – são danos particulares que também terão repercussão patrimonial e extrapatrimonial. Sendo o direito ao meio ambiente sadio e ecologicamente equilibrado um direito que se antepõe aos demais, dada a sua índole de direito fundamental à vida, é óbvio que a agressão a ele irá repercutir em diversos aspectos individuais, como lazer, saúde, segurança, propriedade etc. Essas repercussões não são tuteladas como se fossem danos ambientais, justamente para que seja evitada a confusão com o "verdadeiro" dano ao bem jurídico próprio: o meio ambiente ecologicamente equilibrado, que tanto demorou para ser reconhecido como objeto autônomo de direito.[63]

---

63. Nesse sentido ver Francisco José Marques Sampaio, *Responsabilidade civil... cit.*, p. 106-107; Vladimir Passos de Freitas, *A Constituição Federal e a efetividade das normas ambientais*, onde o autor aponta premissas objetivas para a quantificação do dano ambiental. Toda-via, quanto ao exemplo de dano moral ambiental, do pescador que sofre um dano espiritual quando se vê impossibilitado de exercer o lazer em virtude de poluição num rio, não o tratamos como *dano ambiental* senão porque, como afirma o autor, é um dano de *reparação específica*, portanto, egoístico, individual. Como temos afirmado, e de forma contrária à maior parte da doutrina, pensamos que, a partir do momento em que se deu a independência do meio ambiente como bem jurídico autônomo, o direito que temos ao *equilíbrio ecológico* não é o mesmo que os interesses legítimos (e até fundamentais) decorrentes da agressão ao bem difuso. Nesse dano, o que se tutela não é o ambiente, mas a esfera patrimonial privada dos indivíduos.

Muito embora, sob o ponto de vista processual, o tratamento da reparação civil dos danos ambientais (patrimoniais e extra-patrimoniais) seja diverso da reparação individual dos danos sofridos em razão da agressão ao meio ambiente,[64] porquanto no primeiro caso se faz por ação civil pública e com coisa julgada *erga omnes* e no segundo se faz por ação individual, usando as regras tradicionais do Código de Processo Civil (fazendo uso também da coisa julgada *in utilibus* – art. 103, § 3.º, do CDC), não houve diferença de tratamento quanto ao aspecto material (direito material) relativamente ao tipo de responsabilidade civil adotada. É o que determina o art. 14, § 1.º, da Lei 6.938/1981. "Art. 14. (...) § 1.º Sem obstar a aplicação das penalidades previstas neste artigo, é o poluidor obrigado, independentemente da existência de culpa, a indenizar ou reparar os danos causados ao meio ambiente e a terceiros, afetados por sua atividade. O Ministério Público da União e dos Estados terá legitimidade para propor ação de responsabilidade civil e criminal, por danos causados ao meio ambiente. (...)."

O próprio texto da Lei 6.938/1981 tratou como figuras distintas os danos causados ao meio ambiente e os danos causados a *terceiros* resultantes da agressão ao meio ambiente. Tivessem eles a mesma natureza, certamente não teria havido a distinção tal como fez o dispositivo. Tendo em vista o exposto, é perfeitamente possível que qualquer pessoa que tenha tido a sua esfera individual afetada por uma lesão ao meio ambiente tenha a seu favor a regra da responsabilidade objetiva, já que o citado art. 14 foi expresso e coerente ao dizer que não só a reparação do direito difuso ao meio ambiente será tutelada pela regra da responsabilidade civil, mas também os direitos individuais resultantes dessa lesão ambiental.

---

64. Exceção feita quando tratados de forma coletiva por intermédio de *class action for damages* (art. 91 e ss. do CDC).

6.6.5 O procedimento liquidatório

O procedimento adequado para liquidar o dano ambiental será "por artigos" ou "por arbitramento", segundo se tratar de apurar a ocorrência ou a extensão do fato danoso reconhecido na demanda cognitiva que teria fixado o *an debeatur*, caso em que se fará a liquidação por artigos, nos termos do art. 509 e ss. do CPC. A liquidação será por arbitramento quando o fato danoso já tenha sido discutido e debatido na demanda cognitiva e o procedimento liquidatório se concentre em arbitrar um valor para ele. Em qualquer caso, dependerá de prova pericial, porque as máximas de experiência, quando dependem de análise técnica, não dispensam a prova pericial. Mais do que uma perícia qualquer, o dano ambiental enseja uma perícia complexa, dadas as nuanças e a horizontalidade do bem ambiental (multidisciplinaridade). Apenas a perícia permitirá uma mensuração quantitativa e qualitativa mais próxima da realidade danosa ao meio ambiente.

Não custa lembrar que uma eventual reparação pecuniária tem como destino o fundo federal para a defesa dos direitos difusos, do art. 13 da Lei 7.347/1985, que, por sua vez, foi regulamentado pela Lei 9.008/1995. Tratando-se de condenação pecuniária resultante da declaração de invalidade de ato do Poder Público na ação popular, tal verba será destinada aos cofres públicos da pessoa jurídica de direito público lesada pelo ato reconhecido como inválido. Ainda que tal ente tenha permanecido na condição de réu da demanda popular, a ele cabe o direito de promover a execução quando procedente a demanda popular.

Um outro registro sobre o procedimento liquidatório advém do art. 20 da Lei 9.605/1998. É que a Lei de Crimes Ambientais previu que as sentenças penais condenatórias, que têm como efeito secundário o reconhecimento do dever de indenizar, tanto podem ser títulos executivos judiciais prontos para aparelhar uma execução, quando na própria sentença se fixe o valor da indenização pelos prejuízos causados ao meio ambiente (art. 387, IV, do CPP), como títulos liquidatórios, passíveis de processo autônomo de

Capítulo 6 • O direito ao equilíbrio ecológico e seus reflexos

liquidação, quando na sentença condenatória não se tenha fixado no todo o valor da indenização devida pelos prejuízos ambientais.

Observe-se que nem sempre um crime ou uma infração ambiental acarretará o *dever de indenizar* ou pagar qualquer quantia a título de indenização, ainda que o crime seja reconhecido como tal em sentença penal condenatória transitada em julgado. Isso porque há casos em que do ilícito – tipificado como crime ou infração – pode não advir qualquer dano ao meio ambiente, como, por exemplo, o descumprimento de uma condicionante que previa o dever de enviar relatórios ambientais ao órgão competente. Nem sempre o ilícito e o dano estão de mãos dadas, de forma que pode haver ilícitos sem dano e danos sem ilícitos. Por isso, há casos em que a sentença penal condenatória não gera o *dever de indenizar*, porque nenhum dano resultou da infração cometida. De outra parte, como o direito ambiental adotou a regra da responsabilidade civil objetiva, pouco importa que o dano tenha advindo de uma conduta lícita ou ilícita, pois o dano, isoladamente, gera o dever de indenizar pelos prejuízos causados ao meio ambiente.

De lege ferenda, sugere-se que o legislador ambiental renove o conteúdo do art. 1.º da Lei 9.605/1998, porque por tal dispositivo permitia-se a sanção de multa civil quando as infrações e crimes da referida lei tivessem ocorrido. Isso não deixaria em branco diversas situações em que ilícitos e infrações são cometidos dos quais não resultam danos propriamente ditos. Para estes casos, seria importante a possibilidade de aplicação das multas civis.[65]

---

65. As *astreintes* são multas processuais aplicadas como técnica de coerção no cumprimento dos provimentos judiciais, como, por exemplo, no art. 461, § 4.º, do CPC. São civis, as multas previstas nos compromissos de ajustamento de conduta – art. 5.º, § 6.º, da Lei 7.347/1985 –, e por isso são cumuláveis com as multas processuais e com as eventuais perdas e danos, caso impossível a prestação da tutela específica ou a reparação específica. Já as multas do art. 14, V, do CPC são sanções previstas pelo processo contra o comportamento indevido do litigante, por exemplo, que desrespeita o cumprimento de decisões judiciais. Neste caso, o destinatário é o Estado, e podem ser perfeitamente cumuladas com as demais multas mencionadas retro.

6.7 EFETIVAÇÃO DOS PROVIMENTOS AMBIENTAIS

6.7.1. Considerações iniciais

Como foi visto em outro tópico, a maior parte das lides ambientais refere-se às crises de cooperação ou adimplemento, e, dentre estas, aquelas que estejam relacionadas com o cumprimento de deveres de fazer e de não fazer.

Assim, considerando o fato acima, e reconhecendo que a urgência na efetivação da tutela ambiental é *in re ipsa* (é ínsita ao cumprimento do fazer e do não fazer a urgência da sua efetivação), que por sua vez resulta do fato de que os bens ambientais são altamente sensíveis, instáveis e essenciais à vida de todos os seres, tem-se que toda proteção jurisdicional que se pretenda fazer ao equilíbrio ecológico, seja para mantê-lo prevenido de impactos negativos, seja para recuperá-lo de impactos já cometidos, deve ser feita com a maior lepidez possível. Nesse passo, o processo deverá ofertar técnicas que sejam adequadas a esse desiderato.

Contudo, embora as crises jurídicas mais comuns sejam as de cooperação ou adimplemento de um dever de fazer ou de não fazer, bem sabemos que muitas vezes é reclamada a reparação pecuniária pelo prejuízo resultante do desequilíbrio ecológico, especialmente quando impossível a obtenção de uma tutela ou reparação específica, e, também para estes casos, o processo deve excogitar técnicas que efetivem o direito de forma mais célere (art. 5.º, LVIII, da CF/1988).

6.7.2 Norma jurídica concreta ambiental

A crise referente à efetivação dos provimentos ambientais situa-se, precisamente, após a revelação da norma jurídica concreta, tratando-se, pois, de *crise de atuação* do direito reconhecido no título executivo judicial ou extrajudicial.

Assim, porque fundada em título judicial provisório ou definitivo, ou porque fundada em título extrajudicial, é possível que a obrigação não seja cumprida espontaneamente, e para esses

Capítulo 6 • O direito ao equilíbrio ecológico e seus reflexos

casos deverá o titular do direito exequendo requerer, ao poder jurisdicional, a atuação do direito reconhecido no título executivo.

6.7.3 Efetivação dos títulos executivos extrajudiciais

Exemplo clássico de título executivo extrajudicial ambiental é o *compromisso de ajustamento de conduta às exigências legais*, previsto no art. 5.º, § 6.º, da LACP. Por seu intermédio, os órgãos públicos podem tomar o compromisso de ajuste com o poluidor – comumente denominado de TAC – com eficácia de título executivo extrajudicial. Normalmente, os termos de ajuste de condutas abrigam obrigações de fazer e de não fazer e também de pagar quantia, estas representadas pelas multas civis impostas, no compromisso, com o papel de cláusula penal condenatória.

Como se disse, tais compromissos são títulos extrajudiciais, salvo quando levados à homologação pelo Poder Judiciário, caso em que assumem a natureza de título judicial, com todos os benefícios que daí resultam, nos termos do art. 515, III, do CPC.

6.7.4 Termo de ajuste de conduta e obrigações de fazer ilíquidas

Como todo título executivo extrajudicial, ele deve representar obrigações líquidas, certas e exigíveis, e o órgão público tomador do compromisso deve ter a máxima cautela quanto a esse aspecto, porque não raramente, em tais compromissos, verifica-se a iliquidez da conduta nela contida, ou seja, não há especificação sobre o modo de realização do dever de fazer contido no título. O que se observa na prática é que a conduta é prevista mas não especificada no compromisso, porque dependeria de realização de projeto que não estaria contido no próprio compromisso. Tal fato desnatura a natureza executiva do título ou de parte dele se contiver obrigações líquidas e ilíquidas[66], porque não existem títulos executivos

---

66. Um compromisso de ajustamento de conduta pode conter – e normalmente contém – inúmeros deveres ambientais que podem ser individualizados ou que ainda precisam ser individualizados (líquidos ou ilíquidos). Obvia-

extrajudiciais ilíquidos, ou seja, o órgão público deve ter o cuidado de colocar no TAC a obrigação com todas as suas especificações, de forma que a sua efetivação não dependa de nenhum ato posterior ou existente fora do corpo do termo de ajuste. Atente-se que a disciplina dos títulos executivos extrajudiciais está no CPC, e lá se exige que a obrigação seja líquida, certa e exigível no momento da formação do título executivo. Portanto, não basta dar o nome de TAC para se ter aí um título executivo extrajudicial. É imprescindível que tal documento represente uma obrigação líquida, certa e exigível, e, como se sabe, v.g., não basta o reconhecimento da obrigação de fazer o reflorestamento da área, mas é necessário que estejam especificados a quantidade de árvores, a área de confrontações, o tipo de vegetação, como se dará a adubação ao longo do tempo etc., ou, ainda, não adianta prever a instalação de filtro na fábrica, mas é necessário especificar como se dará a instalação, qual o tipo de filtro etc.

6.7.5 Cumulação de obrigações contidas no título e execução

É de se dizer que o título executivo extrajudicial – e neste particular o TAC – pode conter mais de uma obrigação, inclusive de naturezas diversas. É muito comum que o termo de ajuste de conduta contenha diversas obrigações de fazer e de não fazer, além, é claro, da obrigação de pagar multas previstas no próprio compromisso, para o caso de descumprimento das obrigações principais. Nesses casos, é perfeitamente possível a execução de uma ou de várias obrigações que possuam a mesma natureza, não sendo possível, por razões ligadas à incompatibilidade procedimental, o cúmulo de obrigações de naturezas diversas.

---

mente que a parte *líquida, certa e exigível* pode ensejar a execução imediata do título executivo, inclusive com reforço das medidas previstas no artigo 139, IV e 297 do CPC, afinal o título executivo é técnica de evidência do direito. Já os deveres ilíquidos ensejarão liquidação judicial prévia, que formará um título executivo misto (parte extrajudicial e parte judicial). Muitos negócios jurídicos processuais relativos à prova, competência territorial, ônus da prova etc., podem ser firmados neste compromissos.

Capítulo 6 • O direito ao equilíbrio ecológico e seus reflexos

6.7.6 A multa nos termos de ajustamento de conduta

Os compromissos de ajustamento de conduta com eficácia de título extrajudicial concentram, além das obrigações principais, normalmente vinculadas à realização de condutas de fazer e de não fazer, as multas para o caso de inadimplemento espontâneo do próprio TAC. Servem essas multas como cláusula penal no respectivo ajuste. São obrigações acessórias porque incidem no caso de descumprimento total ou parcial do ajuste principal. São absolutamente diversas das multas processuais impostas pelo juiz com a finalidade de estimular o réu a efetivar o provimento judicial, e, portanto, podem ser cumuladas. A execução dessas multas contidas no TAC não tem urgência, e por isso se submete a um regime de execução por expropriação normal contra devedor solvente, nos termos do art. 824 e ss. do CPC.

6.7.7 Execução de obrigação de não fazer contida em título extrajudicial

O Código de Processo Civil não contempla a execução de obrigações de *não fazer* fundadas em título executivo extrajudicial, muito embora se saiba que é perfeitamente possível que elas existam como conteúdo de *termos de ajustamento de conduta*, como, por exemplo, não operar o funcionamento de usinas enquanto não realizadas condicionantes fixadas no próprio TAC. Ora, havendo uma situação que demonstre o potencial descumprimento de uma obrigação de não fazer (abstenção), como deve proceder o exequente se essa obrigação, contida em título extrajudicial, não encontra técnica executiva típica no art. 814 e ss. do CPC? Verifique-se que o art. 822 apenas contempla a execução de *desfazer*, que na verdade é a prática de um *fazer*. Ora, diante de situação como esta, deve o Estado oferecer solução que atenda ao devido processo legal e ao direito de obtenção de uma tutela jurisdicional justa, e, caso exista lacuna na norma, deve-se recorrer à interpretação contextual do Código e permitir, no mínimo, que o juiz receba a ação executiva e utilize, sempre que possível, as técnicas do art. 536, importando-as com fulcro no art. 771 e art. 513 do CPC, bem como do artigo 139, IV, e aplicando-as de modo a fornecer a tutela do dever de abstenção. Não proceder dessa forma seria negar vigência de forma imediata ao direito constitucional de ação e ao devido processo legal, como dito antes.

6.7.8 Execução de título extrajudicial e tutela de urgência

Sendo a urgência um fenômeno típico e inerente à prestação da tutela ambiental, não será incomum, antes o contrário, a necessidade de que a própria tutela executiva seja prestada de forma urgente. Reconhecendo a possibilidade de que, durante o curso da execução, ocorram situações de urgência que comprometam a prestação da tutela ou a tutela a ser prestada, prevê o Código a possibilidade de concessão de medidas cautelares (leia-se urgentes) no curso da tutela executiva. Neste particular, é possível que seja concedida a tutela antecipada da própria execução, no curso do processo executivo, quando esta se fundar em título executivo extrajudicial. É que, entre a propositura da ação executiva e a efetiva realização do direito declarado, medeia um espaço de tempo que pode ser decisivo para o insucesso da tutela jurisdicional. Tal fato, no direito ambiental, é imensamente comum, em razão da importância de se manter ou recuperar o equilíbrio ecológico, e por isso não vemos como absurda a possibilidade de obtenção da satisfação imediata do direito contido no título executivo extrajudicial, antes mesmo de ser triangularizada a relação processual executiva. Some-se a isso o fato de que os embargos do executado não têm efeito suspensivo, e, assim, a sua simples interposição não tem o condão de paralisar o curso da execução. Certamente, para se antecipar a tutela, dever-se-á recorrer às técnicas dos arts. 799, VIII combinado com o 294 e ss. e art. 139, IV inclusive no que se refere à sua efetivação.

6.7.9 Execução de títulos executivos judiciais

A efetivação dos títulos executivos judiciais é feita na mesma relação jurídica processual onde ele foi formado, por intermédio do que se denomina de *cumprimento de sentença*. Numa só demanda, presta-se a tutela cognitiva e a executiva, dispensando a abertura de uma relação processual autônoma. É o que se tem denominado de *processo sincrético*. Todavia, mesmo entre os *processos sincréticos* há distinções em relação à efetivação do título judicial, tal como prescreve o art. 513 e ss do CPC. Assim, se se tratar de execução de obrigações específicas (fazer e não fazer e entrega de coisa), o regime jurídico executivo está reservado para os arts. 536 e 538 do CPC. Tratando-se de obrigação de pagar quantia, provisório ou definitivo, a disciplina executiva encontra-se no art. 520 e 523 do CPC, não sem antes abrir a possibilidade de saber se a quantia possui um fim específico. Explica-se.

Se por um lado afirmou-se categoricamente que título executivo judicial ou extrajudicial que impõe um dever de fazer ou não fazer tem em si (*in re ipsa*) a urgência da tutela, de outro lado isso não quer dizer que os deveres de pagar quantia não possam ser dotados de igual urgência na sua efetivação. É importante notar que o legislador brasileiro estabeleceu um procedimento padrão para o pagamento de quantia sem a preocupação de saber qual o direito subjacente envolvido, ou seja, a origem e o fim do dinheiro que se pretende obter, exceção feita aos créditos alimentares e em favor do fisco que receberam tratamento diferenciado. Isso quer dizer que é perfeitamente possível trazer para os autos o que há por trás daquele dinheiro pretendido e assim demonstrar a urgência na sua efetivação. Tome-se, por exemplo, a hipótese do dever de pagar quantia para implantação de Unidade de Conservação de Proteção Integral previsto no artigo 36 da Lei n.º 9985/00.

> Art. 36. Nos casos de licenciamento ambiental de empreendimentos de significativo impacto ambiental, assim considerado pelo órgão ambiental competente, com fundamento em estudo de impacto ambiental e respectivo relatório – EIA/RIMA, o empreendedor é obrigado a apoiar a implantação e manutenção de unidade de conservação do Grupo de Proteção Integral, de acordo com o disposto neste artigo e no regulamento desta Lei. (Regulamento)

§ 1º O montante de recursos a ser destinado pelo empreendedor para esta finalidade não pode ser inferior a meio por cento dos custos totais previstos para a implantação do empreendimento, sendo o percentual fixado pelo órgão ambiental licenciador, de acordo com o grau de impacto ambiental causado pelo empreendimento. (Vide ADIN nº 3.378-6, de 2008)

§ 2º Ao órgão ambiental licenciador compete definir as unidades de conservação a serem beneficiadas, considerando as propostas apresentadas no EIA/RIMA e ouvido o empreendedor, podendo inclusive ser contemplada a criação de novas unidades de conservação.

§ 3º Quando o empreendimento afetar unidade de conservação específica ou sua zona de amortecimento, o licenciamento a que se refere o caput deste artigo só poderá ser concedido mediante autorização do órgão responsável por sua administração, e a unidade afetada, mesmo que não pertence ao Grupo de Proteção Integral, deverá ser uma das beneficiárias da compensação definida neste artigo.

§ 4º A obrigação de que trata o caput deste artigo poderá, em virtude do interesse público, ser cumprida em unidades de conservação de posse e domínio públicos do grupo de Uso Sustentável, especialmente as localizadas na Amazônia Legal. (Incluído pela Lei nº 13.668, de 2018)

Ora, imaginando uma hipótese de ação civil pública (ou de um termo de ajustamento de conduta com eficácia de título extrajudicial) onde um dos comandos seja uma prestação de quantia cuja finalidade seja a obtenção do dinheiro para custeio do desiderato previsto neste dispositivo parece-nos claro que deve-se pensar na efetivação da tutela pecuniária com a mesma imediatidade que se pensa na tutela dos deveres de fazer e não fazer, uma vez que os espaços ambientais especialmente protegidos, – e *especialmente os do grupo de proteção integral* – são instrumentos constitucionais (art. 225, §1º, III) importantíssimos na proteção e preservação dos processos ecológicos essenciais (art. 225, §1º, I da CF/88).

Portanto, é perfeitamente possível que também a *tutela pecuniária ambiental* siga o roteiro da atipicidade dos meios executivos

Capítulo 6 • O direito ao equilíbrio ecológico e seus reflexos

previsto no artigo 297 e 139, IV do CPC, ou seja, é a *urgência do dever de proteger e preservar o meio ambiente que está por trás do dinheiro* que motiva a prestação imediata da tutela pecuniária. Enfim, é preciso saber a origem e o fim da tutela pecuniária para poder a partir daí saber qual o regime jurídico executivo que se deve adotar.

Outrossim, frise-se, não é necessário de forma alguma que se siga o procedimento executivo típico para pagamento de quantia previsto nos art. 523 e art. 827 do CPC para só depois, em caso de ser infrutífero, seguir o regime de atipicidade do artigo 139, IV como tem decidido o Superior Tribunal de Justiça[67]. Aqui, se a finalidade do dinheiro não é o destino do fundo federal para a defesa dos direitos difusos, mas sim a sua aplicação imediata na proteção e preservação do meio ambiente, tal aspecto deve ser descortinado desde o início para que a efetivação da tutela pecuniária seja feita também por meio de execução imediata nos termos do artigo 297 e 139, IV do CPC.

Retomando o pensamento, e não sendo o caso de imprimir urgência na execução dos provimentos que impõe dever de pagar quantia, há que se observar que, em se tratando de *execução de provimentos provisórios*, será preciso distinguir o regime executivo descrito no art. 520 e ss. do regime de execução descrito no art. 297: o primeiro se destina aos provimentos provisórios desprovidos de urgência e o segundo, aos provimentos provisórios

---

67. Não comungamos, mas compreendemos e respeitamos, a opção do Superior Tribunal de Justiça de considerar a regra da subsidiariedade da atipicidade de meios para a tutela executiva pecuniária, ou seja, apenas depois de falhar os meios típicos é que se deveria seguir o regime do artigo 139, IV do CPC. Neste sentido o Recurso especial nº 1.782.418 – RJ de Relatoria da Ministra Nancy Andrighi "(...) 6. A adoção de meios executivos atípicos é cabível desde que, verificando-se a existência de indícios de que o devedor possua patrimônio expropriável, tais medidas sejam adotadas de modo subsidiário, por meio de decisão que contenha fundamentação adequada às especificidades da hipótese concreta, com observância do contraditório substancial e do postulado da proporcionalidade (...)".

afetados pelo fenômeno da urgência, como é o caso da tutela do equilíbrio ecológico.[68]

Observe-se que a situação de urgência não escolhe hora ou momento para estar presente. Pode surgir desde o início da demanda, ou no curso dela. Por isso, é perfeitamente possível que existam provimentos provisórios de cognição sumária (liminares) ou de cognição exauriente (acórdãos). Em ambos os casos, pensamos, deve ser aplicado o regime jurídico da efetivação imediata (expedição de ordens e mandados de cumprimento), com atipicidade dos meios executivos, de forma a permitir que o magistrado escolha, para cada situação em concreto, o melhor e mais apropriado meio executivo valendo-se da cláusula geral da execução do artigo 139, IV do CPC. De outra parte, pensamos que o regime jurídico do art. 520 e ss., com formação de carta de sentença e tipicidade do meio executivo, deve servir, prefacialmente, para os provimentos provisórios não urgentes. Ora, quando estamos diante da efetivação de provimentos judiciais ambientais, onde a urgência é *in re ipsa*, o regime executivo mais apropriado é o do art. 297 do CPC com o império do artigo 139, IV do mesmo diploma.

6.8 Responsabilidade patrimonial e desconsideração da personalidade jurídica

6.8.1 Considerações preliminares

Durante muito tempo a coletividade conviveu com os ilícitos promovidos por sócios ou representantes de pessoas jurídicas, que as usavam como uma espécie de "cortina" para a prática de seus interesses, pois se sabia da impossibilidade de se misturar o patrimônio da empresa com o patrimônio dos sócios. O contra-ataque

---

68. O art. 520 engloba dispositivos que regulam o procedimento e os princípios do cumprimento provisório. Os princípios se aplicam a qualquer cumprimento provisório, seja ela fundada em títulos executivos sumários ou exaurientes. Já o procedimento do art. 521, aplica-se apenas aos provimentos judiciais provisórios não urgentes.

Capítulo 6 • O direito ao equilíbrio ecológico e seus reflexos

do ordenamento jurídico, representando a já indignada sociedade, veio à altura dos ilícitos que eram praticados. O que já era permitido no direito fiscal (para proteção do fisco), no direito do trabalho (para proteger o trabalhador) e nas lides de consumo (para proteger o consumidor) passou a ser regra também para o direito ambiental.

Assim, o art. 4.º da Lei 9.605/1998 enuncia:

> Art. 4.º Poderá ser desconsiderada a pessoa jurídica sempre que sua personalidade for obstáculo ao ressarcimento de prejuízos causados à qualidade do meio ambiente.

O presente dispositivo guarda uma peculiaridade que faz distanciar o modelo de desconsideração da personalidade jurídica tradicional do que foi adotado pelo legislador ambiental.

É que a técnica da desconsideração da personalidade jurídica, ao contrário do que muitos pensam, não é afronta ao tratamento das pessoas jurídicas, mas, ao contrário, é instrumento de sua preservação e defesa. Não é forma de não reconhecê-la como algo diverso de seus sócios, mas, pelo contrário, ratifica essa condição, na medida em que "salva" a entidade de um uso nefasto e desvirtuado por parte daqueles que deveriam impulsioná-la à perseguição de suas finalidades. Enfim, é medida que, por reconhecer a existência da pessoa jurídica, pretende salvá-la de maus administradores, que dela se utilizam para beneficiar a si mesmos.

Portanto, a técnica da desconsideração pressupõe o reconhecimento da existência independente da pessoa jurídica da pessoa dos seus sócios, adotando-se assim a teoria da realidade. Mais que isso, só poderia haver a quebra da personalidade jurídica caso ocorresse má administração ou ilícito por parte dos seus administradores, de modo a fazer com que a empresa, e não os seus diretores, viesse a suportar os prejuízos daí decorrentes.

Contudo, o dispositivo previsto na lei de crimes ambientais limita-se a dizer que é possível desconsiderar a personalidade jurídica sempre que ela for obstáculo ao ressarcimento de prejuízos causados à qualidade do meio ambiente. Assim, não se exige que os diretores ou administradores tenham agido com dolo, má-fé, culpa ou até licitamente no prejuízo causado ao meio ambiente. Tendo ocorrido o prejuízo causado pela pessoa jurídica, pouco importarão as motivações do ato causador, já que os bens de seus sócios ou diretores poderão ser responsáveis pelo ressarcimento dos prejuízos causados ao meio ambiente.

No texto, a desconsideração não se mostra tão preocupada com a tutela da pessoa jurídica, senão porque a sua finalidade é *não deixar o meio ambiente sem ressarcimento*, mostrando-se muitos mais como uma técnica legislativa que resolve os problemas de solvabilidade do poluidor/empresa do que propriamente como proteção da empresa contra os maus administradores. Trata-se, portanto, de técnica para efetivar os créditos ambientais sempre que a pessoa jurídica de direito privado causar dano ao ambiente, mas não tiver condições para solver o prejuízo.

Não importa a que título causou o dano, se com atos lícitos ou ilícitos. Para ser concedida a desconsideração da personalidade é lógico que deveremos estar diante de uma lide, sendo ilógico pensarmos em quebra espontânea da personalidade jurídica. Tal medida poderá ser deferida pelo juiz em tutela de urgência se demonstrado o risco de ineficácia do provimento final de mérito e a probabilidade de que real e concretamente haja prejuízos ao meio ambiente, além, é claro, que a pessoa jurídica não terá solvabilidade para suportar o prejuízo causado. Obviamente que o prejuízo não precisa estar demonstrado em toda a sua extensão, mas devem existir provas do risco de que o seu montante não possa ser suportado pela empresa.

É técnica excepcional, mas, se necessário, deve ser utilizada.

Parece-nos que, em relação ao dispositivo, e quanto ao eventual confronto entre os dois valores que se encontram em rota de colisão (princípio do respeito à personalidade das pessoas jurídicas e a proteção do meio ambiente), o legislador fez a opção clara e induvidosa pelo meio ambiente, aplicando o princípio da proporcionalidade em sede legislativa.

Capítulo 6 • O direito ao equilíbrio ecológico e seus reflexos

A operacionalização da desconsideração da personalidade jurídica no âmbito do processo deve ser feita por intermédio do incidente de desconsideração da personalidade jurídica prevista no artigo 133 do CPC.

É importante observar que os artigos 133-137 do CPC regulam apenas a técnica processual de desconsideração da personalidade jurídica (inclusive a desconsideração inversa), mas nele não estão contidos os *requisitos materiais* para que tal desconsideração aconteça[69]. Isso quer dizer que ao julgar o incidente devem estar presentes e provados os requisitos de direito material – *e que não são os mesmos nas leis substantivas* – que ensejam o ingresso do terceiro na lide e a ampliação da responsabilidade patrimonial sujeita à futura expropriação. Observe-se que nas lides ambientais o requisito material para a desconsideração da personalidade jurídica é apenas o fato objetivo de o ativo do poluidor ser menor do que o seu passivo. O risco de inadimplência é motivo suficiente para a desconsideração da personalidade jurídica em favor do ambiente.

Exemplificando: se o poluidor (pessoa jurídica) não tem patrimônio para arcar com o ressarcimento do meio ambiente, passa-se imediatamente ao patrimônio das pessoas físicas sócias e diretamente por ela responsáveis. A regra criada pelo legislador não poderá ter seu uso descartado em eventual tutela de urgência (cautelar ou satisfativa), quando se demonstre, ainda no processo de cognição, que o patrimônio da empresa poluidora será insuficiente para cobrir o custo de reparação do meio ambiente. Assim, possibilita-se tanto *assegurar para executar*, como *executar para assegurar*, tudo dependendo de o caso concreto exigir que seja dado um provimento assecuratório (cautelar) ou satisfativo (antecipatório da execução).

Todas as vezes que o dever jurídico não for prestado e for convertido em perdas e danos, bem como quando a reparação pecuniária for estabelecida desde o início, será preciso sujeitar

---

69. É neste sentido a redação do artigo 133, § 1º e 134, § 4º do CPC.

o patrimônio do poluidor (todos os poluidores são solidários) à execução por expropriação que lhe é imposta. A solvabilidade do poluidor – ou dos poluidores que ocupem o polo passivo da execução – é essencial para o êxito da execução por expropriação, e por aí se vê, ou ao menos se pode imaginar, que, na prática, será bastante comum a ocorrência de execuções dessa natureza que sejam infrutíferas, porque bem se sabe que os danos ambientais normalmente acarretam custos ambientais elevados e a maior parte dos poluidores não tem patrimônio suficiente para arcar com os referidos custos. Por isso, deve-se usar, sempre que o poluidor for uma pessoa jurídica de direito privado, a *desconsideração da personalidade jurídica* (art. 50 do CC/2002) para incluir no rol de legitimados passivos os sócios, gerentes ou diretores que sejam responsáveis pela conduta danosa ao meio ambiente. A técnica processual da desconsideração da personalidade jurídica da empresa vem descrita no art. 4.º da Lei 9.605/1998, e para a sua incidência basta que o patrimônio do poluidor seja insuficiente para arcar com os custos da reparação ambiental. Portanto, o critério é objetivo e, nesse particular, visa a facilitar a reparação integral e efetiva do meio ambiente.

Por isso, tratando-se de demanda cognitiva ambiental, é recomendável que o autor da demanda coletiva inclua (pela citação) no polo passivo, em litisconsórcio sucessivo (eventual), os diretores, sócios e responsáveis diretos ou indiretos pelo ato imputável à pessoa jurídica, desde que exista uma mera probabilidade de que o ativo da empresa seja menor que o possível passivo a ser suportado na referida demanda. Diante do risco e da probabilidade, deve o magistrado deferir a quebra e determinar a citação das pessoas físicas para que exerçam o contraditório. A sentença, nesse caso, valerá como título executivo judicial contra todos os réus.

Por outro lado, tratando-se de título executivo extrajudicial, o pedido de desconsideração dependerá da verificação da incapacidade patrimonial do executado, o que pode ser verificado pela falta de bens penhoráveis (inexpropriáveis). Tão logo isso seja verificado, e considerando que o processo de execução ficaria

Capítulo 6 • O direito ao equilíbrio ecológico e seus reflexos

suspenso pela falta de bens penhoráveis, recomenda-se que seja aberto o incidente de desconsideração (art. 133 do CPC) no procedimento executivo que funciona como se fosse uma "bolha" de atividade cognitiva (incidente cognitivo) onde se determine a desconsideração da personalidade jurídica da empresa para que sejam incluídos no polo passivo, os sócios, diretores e pessoas físicas que administrem a empresa. É claro que poderá (deverá) ser aplicado esse procedimento quando, seja em que momento for existir o risco concreto de que será infrutífero o cumprimento de sentença (título judicial) ou o processo de execução (título extrajudicial) em decorrência da insolvabilidade do poluidor.

6.9 Coisa julgada e meio ambiente

6.9.1 Características do meio ambiente

O direito ambiental se ocupa da proteção do *equilíbrio ecológico*. Este é o *bem de uso comum do povo* a que alude o texto do art. 225 da CF/1988. Este é o bem jurídico (imaterial) que é essencial à vida de todos nós e que tem um regime jurídico de *uso comum ou vulgar*. Porém, o *equilíbrio ecológico* só existe porque ele é, na verdade, um produto da combinação (química, física e biológica) de diversos fatores bióticos (fauna, flora e diversidade biológica) e abióticos (ar, água, terra, clima etc.) que, interagindo entre si, resultam no tal *equilíbrio ecológico*. Portanto, embora o objeto de proteção do direito ambiental seja o *equilíbrio ecológico* (macrobem), ele também cuida, inexoravelmente, da função ecológica exercida pelos fatores ambientais bióticos e abióticos (microbens).

Assim, tanto o macrobem, quanto os microbens ambientais são naturalmente indivisíveis, ou seja, esses bens ambientais não se repartem, sem que isso represente uma alteração das suas propriedades ecológicas. São bens que foram *disponibilizados* ao ser humano e que já existiam no Planeta antes mesmo de sua existência. Esses bens – e o resultado de sua combinação (o equilíbrio ecológico) – são indivisíveis, e, por mais que o homem tenha alcançado níveis tecnológicos incríveis, ainda não conseguiu reproduzir as mesmas funções ecológicas que *naturalmente* os bens ambientais produzem.

Mas não é só. Além de indivisível pela sua própria *natureza*, o bem ambiental é também *ubíquo*. A ubiquidade significa que o bem ambiental não encontra fronteiras espaciais e territoriais. Em razão da interligação química, física e biológica dos bens ambientais, não é possível ao ser humano estabelecer limites ou paredes que isolem os fatores ambientais. Ora, quem nunca ouviu dizer que a poluição é transfronteiriça? Isso decorre da ubiquidade do bem ambiental, da sua onipresença.

Além de indivisível e ubíquo, o *equilíbrio ecológico* é altamente instável, ou seja, é um objeto extremamente sensível. Isso mesmo. Tão sensível que qualquer variação de algum de seus componentes bióticos ou abióticos, ou uma simples variação de tempo ou espaço, pode lhe causar um sério desequilíbrio. Por isso, mesmo aquelas atividades ou obras que normalmente apresentam mínimo ou quase nenhum impacto no meio ambiente podem – dependendo das circunstâncias de tempo e espaço – afetar o equilíbrio ecológico. Muitas vezes a mesma atividade, de mínimo potencial lesivo ao meio ambiente, que é exercida no início de uma microbacia não poderá ser exercida a poucos quilômetros dali. Tempo, espaço e variações dos fatores ambientais propiciam, por menores que sejam, alterações e desequilíbrios ecológicos.

Além de instáveis, os bens ambientais não são totalmente conhecidos pelo ser humano, que dia após dia descobre novas potencialidades e características dos mesmos. É o que poderíamos chamar de desconhecimento científico, pela coletividade, das funções exercidas pelos bens ambientais.

Outro aspecto importante para o desenvolvimento da nossa exposição é saber que os bens ambientais pertencem a *todos*, ou seja, a titularidade do "equilíbrio ecológico" (equilíbrio este que resulta da combinação química, física e biológica dos componentes ambientais bióticos e abióticos), segundo a determinação constitucional (art. 225, *caput*), é do *povo*, e por isso mesmo trata-se um direito metaindividual, em que as pessoas são indetermináveis e

Capítulo 6 • O direito ao equilíbrio ecológico e seus reflexos

estão ligadas entre si pela circunstância de fato de serem, obviamente, titulares do meio ambiente ecologicamente equilibrado.

Por fim, a última consideração de ordem material importante para se refletir sobre o instituto da coisa julgada nas demandas ambientais, diz respeito ao fato de que, embora o bem ambiental seja indivisível e a sua titularidade seja do povo, o regime jurídico de fruição desse bem (macro ou microbem) é de uso comum, por ser essencial à sadia qualidade de vida. Exatamente porque esses bens ambientais são essenciais à vida de todos os seres vivos, e também porque esses mesmos bens são matéria-prima para tantas atividades (econômicas, sociais e culturais), é que não será incomum ocorrer que a lesão ao equilíbrio ecológico cause, reflexamente, lesão a outros direitos privados.

6.9.2 Os reflexos na coisa julgada ambiental

Expostas algumas peculiaridades tipificadoras do bem ambiental (indivisibilidade, ubiquidade, instabilidade, desconhecimento científico de todas as suas funções, indeterminabilidade dos seus titulares e efeitos reflexos sobre outros direitos), passemos então à análise de seus reflexos sobre o tradicional instituto da coisa julgada.

Como se disse, a indivisibilidade e a ubiquidade do bem ambiental obrigam a que os *limites objetivos da coisa julgada* (sobre *o que* recai a autoridade da coisa julgada) recaiam sobre todo o bem ambiental e o atinjam até onde ele estenda seus efeitos. Como se sabe, considerando que os bens ambientais são indivisíveis pela sua própria natureza e que não respeitam nenhuma limitação espacial, é absolutamente inócua, senão ridícula, a limitação territorial da coisa julgada a que alude o art. 16 da LACP.

Dizer que a coisa julgada fica restrita "aos limites da competência territorial do órgão prolator" é algo absolutamente insano em matéria ambiental, porque os bens ambientais não podem, jamais, ser limitados pelo ser humano. Não há como "limitar" o desequilíbrio ecológico nesta ou naquela área, assim como não há como limitar o reequilíbrio ecológico neste ou naquele limite espacial. Seria como dizer, por exemplo, para o peixe que nada no rio o seguinte: "Olha, você não passe daqui, porque a decisão judicial só vale daqui para trás". Por isso, tratando-se de proteção jurisdicional do meio ambiente, além das críticas que são feitas ao art. 16 da Lei de Ação Civil Pública, insta dizer que, no presente caso, o fato de os bens ambientais serem ubíquos e indivisíveis, a decisão judicial – independentemente da competência territorial do órgão prolator – afetará, inexoravelmente, toda a extensão do objeto tutelado, esteja onde ele estiver, e, quanto a isso, nada poderá fazer o ser humano porque, como se disse, o bem ambiental não encontra limites ou fronteiras.

Também a questão da *instabilidade* do bem ambiental influencia diretamente o regime jurídico da coisa julgada. Bem se sabe que tal autoridade recai sobre a parte dispositiva da sentença, mas também que, por intermédio da eficácia preclusiva panprocessual (art. 508 do CPC c/c art. 504), todas as questões que poderiam ser oferecidas (ou que o foram) ao acolhimento ou rejeição do pedido reputam-se rejeitadas e, por isso, estarão preclusas. Trata-se de uma espécie de imunização de todas as questões deduzidas ou dedutíveis em prol da preservação daquela pretensão julgada e carimbada pelo selo da coisa julgada. Assim, considerando que os bens ambientais são instáveis e sujeitos a alterações e variações no tempo e no espaço, deve-se ficar atento, porque o fato de se ter sacramentado com a coisa julgada determinada situação jurídica que envolva a tutela ambiental – por exemplo, o reconhecimento judicial de que determinada atividade não é impactante – não quer dizer que essa atividade nunca será impactante naquele meio ambiente no qual está inserida. A cláusula *rebus sic stantibus*, contida em toda e qualquer sentença, ganha extremo relevo em matéria ambiental, tudo por causa da instabilidade dos bens ambientais (art. 505, I do CPC). Imagine-se que hoje determinada atividade econômica não seja considerada poluente, mas amanhã, em razão de variações climáticas, ou de pressão, ou de umidade, a atividade passe a ser

Capítulo 6 • O direito ao equilíbrio ecológico e seus reflexos

considerada poluente. E se já houver a autoridade da coisa julgada sobre a situação jurídica que antes era favorável, mas que agora é desfavorável ao meio ambiente?

Ora, se os fatos são outros, e supervenientes ao julgado, automaticamente, não há falar em autoridade da coisa julgada, e toda questão que envolve a impactação da atividade poderá ser discutida pelo Poder Judiciário. Incide aí a cláusula *rebus sic stantibus*, e, tal como acontece nas relações jurídicas continuativas, há a coisa julgada material e a eficácia preclusiva da coisa julgada sobre o pedido e sobre os fatos deduzidos ou dedutíveis, respectivamente, mas não sobre aqueles que surgiram após o julgado em razão da instabilidade conatural dos bens ambientais. Enfim, o que se quer dizer é que os bens ambientais são extremamente sensíveis, e muitas vezes o objeto e a causa de pedir fixados em juízo numa demanda ambiental não raras vezes poderão, no curso dela, ser modificados ou alterados, pela só instabilidade desses bens. Se isso ocorrer no curso da demanda, aplica-se o art. 493 do CPC. Se posterior, então não há falar em coisa julgada sobre a situação jurídica nova, resultante da instabilidade dos bens ambientais.

Desde a sua existência, o ser humano vem tentando dominar o meio ambiente. Diante disso, é evidente que o ser humano desconhece quais os papéis, as virtudes, as potencialidades de todas as funções ecológicas desenvolvidas pelos componentes ambientais. Nesse passo, também esse aspecto exerce influência no regime jurídico da coisa julgada em matéria ambiental. Por exemplo, admita-se uma hipótese em que o juiz profira uma sentença considerando que determinada atividade não é impactante ou que não teria causado o impacto ambiental X. Todas as provas são trazidas aos autos, e o juiz, convencido, julga improcedente a ação civil pública. O que fazer se meses ou anos depois, com o desenvolvimento científico, descobre-se que aquela atividade, mais bem estudada, causou impacto no meio ambiente?

Veja-se que não se trata do mesmo caso comentado no tópico anterior. Aqui não houve uma modificação da situação de fato em razão da instabilidade do bem ambiental. O que teria havido é que aquela mesma situação de fato, provada nos autos, agora se apresenta diversa diante de novos dados científicos. O que fazer se houve – e de fato houve – a coisa julgada material sobre o pedido formulado? Nesse particular, é de se questionar se teria havido a eficácia preclusiva da coisa julgada sobre essas questões, que já existiam à sua época, mas que, pelo desconhecimento científico, não foram sequer alegadas. Tome-se de exemplo um determinado alimento transgênico que é liberado judicialmente, e sobre a decisão recai a autoridade da coisa julgada, mas anos depois (portanto, depois do prazo de uma ação rescisória) descobre-se, com novos e recentes estudos científicos, que o tal alimento transgênico degrada a qualidade do meio ambiente. Nesse caso, será possível rediscutir o que foi decidido, com o auxílio de nova prova, se a coisa julgada foi obtida num caso de improcedência com suficiência de provas? A questão, nos parece, pode ser solucionada com base na correta leitura da eficácia preclusiva da coisa julgada. É que tal figura (eficácia preclusiva da coisa julgada) só imuniza o julgado das alegações (argumentos e fundamentos) que foram deduzidas ou que poderiam ser dedutíveis, tomando-se, por ficção, que todas teriam sido rejeitadas quando a sentença passasse em julgado. Entretanto, observe-se que, naquele momento, ninguém poderia supor – em razão do desconhecimento ou da incerteza científica – que tal atividade transgênica fosse poluente e por isso mesmo não poderia incidir a regra do deduzido e do dedutível contida no art. 508 do CPC. Nesse caso, permite-se que, com base na mesma causa de pedir e no mesmo pedido, porém com fundamento em nova prova, não se aplique a regra do art. 508 e assim, seja retomada a discussão da causa, valendo-se dessa prova que, por razões científicas, se desconhecia.

Ainda, com relação à coisa julgada ambiental, merece ser dito que o fato de o bem ambiental – objeto de tutela – pertencer ao povo (segundo a dicção do art. 225, *caput*, da CF/1988) implica, inexoravelmente, em ser inócua a tentativa do legislador de dizer que a coisa julgada ficaria limitada à competência territorial do órgão prolator. Sendo um bem indivisível, e pertencendo ao povo,

Capítulo 6 • O direito ao equilíbrio ecológico e seus reflexos

não há, definitivamente, como se pretender que a tutela do meio ambiente ecologicamente equilibrado só atinja o povo que esteja situado nos limites da competência territorial do órgão prolator da decisão sobre a qual recairá a autoridade da coisa julgada. É ridícula e inócua a limitação territorial pretendida pelo legislador. Nem o objeto nem os sujeitos titulares deixarão de ser atingidos, ainda que estejam fora dos lindes da competência territorial do órgão prolator.

Por fim, outro aspecto do direito material influencia no regime jurídico do instituto da coisa julgada em matéria ambiental. É que, como se disse, em razão do fato de os microbens ambientais (recursos ambientais) terem, ao lado de uma função ecológica, outras funções – que chamamos de artificiais (econômicas, sociais e culturais) –, é claro que a ofensa à função ecológica desses bens normalmente acarretará, por via reflexa, uma agressão às suas funções antropocêntricas. É o que acontece, por exemplo, quando os rejeitos de uma barragem de uma mineradora se rompem e atingem o leito de um rio; além de degradar o meio ambiente, causa danos à atividade econômica dos pescadores, dos fazendeiros ribeirinhos, das pessoas que consomem a água do rio e dela dependem para viver.

Assim, considerando o aspecto reflexo que o dano ambiental pode acarretar às funções econômicas e sociais, o legislador criou a *coisa julgada in utilibus*, que nada mais é do que um efeito secundário da decisão que transitou em julgado. Esse efeito secundário permite que qualquer pessoa lesada, (individual ou coletivamente) reflexamente, pela mesma agressão ambiental já decidida possa ajuizar uma demanda sem a necessidade de provar aquele fato (poluição e nexo com o poluente) que deu origem e foi suporte da demanda coletiva ambiental, seguindo aliás o que determina o artigo 14, § 1º da Lei 6938/81. É também o que consta do art. 103, § 3.º, segunda parte, do CDC, que, como se sabe, aplica-se à Lei de Ação Civil Pública por determinação do art. 21 desse mesmo diploma.

BIBLIOGRAFIA

ABELHA RODRIGUES, Marcelo. A suspensão de segurança. In: BUENO, Cassio Scarpinella; SUNDFELD, Carlos Ari (coord.). Direito processual público. São Paulo: Malheiros, 2000.

_____. Elementos de direito processual civil. São Paulo: Ed. RT, 1997.

_____. Mandado de segurança coletivo e política urbana. São Paulo, 1995. Tese de mestrado da Faculdade de Direito da PUC-SP (inédita).

_____. O recurso de agravo no incidente de suspensão de segurança requerido ao presidente do tribunal. Aspectos polêmicos e atuais dos recursos. São Paulo: RT, 2000.

_____. Princípios do processo civil à luz do título III do Código de Defesa do Consumidor. Revista Direito do Consumidor, n. 15, São Paulo: Ed. RT.

_____; FIORILLO, Celso Antonio Pacheco. Manual de direito ambiental. 2. ed. São Paulo: Max Limonad, 1997.

_____; NERY, Rosa Maria Andrade; FIORILLO, Celso A. P. Direito processual ambiental brasileiro. Belo Horizonte: Del Rey, 1996.

_____. Apresentação e crítica de alguns aspectos que tornam a suspensão de segurança um remédio judicial execrável. Interesse Público, 45, 39-56.

_____. Manual de direito processual civil. Rio de Janeiro: Grupo gen. 2016.

ACKEL FILHO, Diomar. Writs constitucionais. São Paulo: Saraiva, 1988.

ALESSI, Renato. Sistema instituzionale del diritto administrativo italiano. 3. ed. Milano: Giuffrè, 1953.

ALLORIO, Enrico. Problemas de derecho procesal. Buenos Aires: EJEA, 1963. vol. I e II.

_____. Esecuzione forzata (diritto processuale civile). Nuovissimo digesto italiano, VI, Turim: UTET, 1960.

ALSINA, Hugo. Tratado teorico y practico de derecho procesal civil y comercial. Buenos Aires: Companhia Argentina, 1941. vol. II.

ARRUDA ALVIM, Eduardo. Antecipação da tutela. Curitiba: Juruá, 2007.

_____. Mandado de Segurança no Direito Tributário, São Paulo: RT, 1997.

AMARAL FILHO, Adilson Paulo Prudente do. A remessa oficial e o princípio da igualdade. RePro 80, São Paulo: Ed. RT.

ANDOLINA, Italo. Contributo alla dottrina del titolo esecutivo. Milano: Giuffrè, 1982.

ANICHINI, Ugolino. "Incidenti" (verbete). Nuovo digesto italiano, Turim: UTET. vol. 6.

ATALIBA, Geraldo. Ato Coator. In: FERRAZ, Sérgio (org.).Cinqüenta anos de mandado de segurança. Porto Alegre: Fabris, 1986.

ARAUJO, José Henrique Mouta. Mandado de Segurança. 2 ed. Juspodivm, 2010.

ARIETA, Giovanni. I provvedimenti d'urgenza ex art. 700 CPC. 2. ed. Padova: Cedam, 1985.

ARMELIN, Donaldo. Acesso à justiça. Revista da Procuradoria do Estado de São Paulo, n. 31.

_____. Legitimidade para agir no direito processual civil brasileiro. São Paulo: Ed. RT, 1979.

_____. Responsabilidade objetiva no Código de Processo Civil. In: CRUZ E TUCCI, José Rogério (coord.). Processo civil – Evolução – 20 anos de vigência. São Paulo: Saraiva, 1995.

_____. Tutela jurisdicional diferenciada. Processo civil contemporâneo. Curitiba: Juruá, 1994.

ARRUDA ALVIM NETTO, José Manoel de. Anotações sobre a medida liminar em mandado de segurança. RePro 39.

_____. Anotações sobre as perplexidades e os caminhos do processo civil contemporâneo – Sua evolução ao lado do direito material. Revista Direito do Consumidor, n. 2, São Paulo: Ed. RT, 1992.

_____. Código do Consumidor comentado e legislação correlata. 2. ed. São Paulo: Ed. RT, 1995.

_____. Mandado de segurança contra decisão que nega ou concede liminar em outro mandado de segurança. RePro 80, São Paulo: Ed. RT.

Bibliografia

_____. Manual de direito processual civil. São Paulo: Ed. RT, 1994. vol. I e II.

_____. Revogação da medida liminar em mandado de segurança. RePro 11, São Paulo: Ed. RT, 1978.

_____. Tratado de direito processual civil. São Paulo: Ed. RT, 1994. vol. I.

_____. et alii. Anotações sobre a medida liminar em mandado de segurança. RePro 39, São Paulo: Ed. RT.

_____; WAMBIER, Teresa Arruda Alvim. Assistência e litisconsórcio. São Paulo: Ed. RT, 1986.

ASSIS, Araken de. Manual do processo de execução. 4. ed. São Paulo: Ed. RT, 1998.

ATHENIENSE, Aristóteles. A suspensão liminar no mandado de segurança. Mandado de segurança e mandado de injunção. In: TEIXEIRA, Sálvio de Figueiredo (coord.). São Paulo: Saraiva, 1990.

BANDEIRA DE MELLO, Celso Antônio. Análise das principais inovações do sistema e da estrutura do Código de Processo Civil. RePro 3. São Paulo: Ed. RT, 1976.

_____. Curso de direito administrativo. 6. ed. São Paulo: Malheiros, 1995.

_____. Discricionariedade e controle jurisdicional. São Paulo: Malheiros, 1992.

_____. Elementos de direito administrativo. São Paulo: Ed. RT, 1981.

BARBI, Celso Agrícola. Ação declaratória principal e incidente. 4. ed. Rio de Janeiro: Forense, 1976.

_____. Comentários ao CPC. 10. ed. Rio de Janeiro: Forense, 1998. vol. I.

_____. Do mandado de segurança. 7. ed. Rio de Janeiro: Forense, 1993.

BARBOSA MOREIRA, José Carlos. A ação popular como instrumento de tutela dos chamados interesses difusos. Temas de direito processual. São Paulo: Saraiva, 1977.

_____. A motivação das decisões judiciais como garantia inerente ao Estado de Direito. Temas de direito processual civil, 2. série. São Paulo: Saraiva, 1983.

_____. Apontamentos para um estudo sistemático da legitimação extraordinária. Direito processual civil – Ensaio e pareceres. Rio de Janeiro, Borsói, 1971.

_____. Comentários ao Código de Processo Civil. 6. e 7. ed. Rio de Janeiro: Forense, 1993 e 1997. vol. V.

_____. Dimensiones sociales del proceso civil. RePro 45, São Paulo: Ed. RT, 1987.

_____. O juízo de admissibilidade no sistema dos recursos cíveis. Rio de Janeiro: Borsói, 1986.

_____. O novo processo civil brasileiro. 20. ed. Rio de Janeiro: Forense. 1998.

_____. O que significa não conhecer de um recurso. Temas de direito processual, 6. série. São Paulo: Saraiva, 1998.

_____. Os poderes do juiz. Processo civil contemporâneo. Curitiba: Juruá, 1994.

_____. Questões prejudiciais e coisa julgada. Rio de Janeiro, 1967. Tese de concurso para docência livre de Direito Judiciário Civil apresentada à Congregação da Faculdade de Direito da Universidade Federal do Rio de Janeiro.

_____. Regras de experiência e conceitos jurídicos indeterminados. Temas de direito processual, 2. série. São Paulo: Saraiva, 1988.

_____. Sobre a "participação" do juiz no processo. Participação e processo. São Paulo: Ed. RT, 1988.

_____. Tendências na execução de sentenças e ordens judiciais. Temas de direito processual, 4. série. São Paulo: Saraiva, 1984.

BARCELOS, Pedro dos Santos. Medidas liminares em mandado de segurança. Suspensão de execução de medida liminar. Suspensão de execução de sentença. Medidas cautelares. RT 663. São Paulo: Ed. RT, 1981.

BARROS, Romeu Pires de Campos. Dos procedimentos incidentais no direito processual penal. RePro 40, São Paulo: Ed. RT, 1985.

BARROSO, Luís Roberto. Interpretação e aplicação da Constituição. São Paulo: Saraiva, 1996.

BASTOS, Celso Ribeiro. Do mandado de segurança. 2. ed. São Paulo: Saraiva, 1982.

BEDAQUE, José Roberto dos Santos. Direito e processo. 2. ed. São Paulo: Malheiros, 1995.

_____. Tutela cautelar e tutela antecipada – Tutelas sumárias de urgência (tentativa de sistematização). São Paulo: Malheiros, 1988.

BERMAN, Harold J. Origens filosóficas do direito americano. Aspectos do direito americano. Trad. Janine Ivone Ramos Péres e Arlette Pastor Centurion. Rio de Janeiro: Forense, 1963.

BERMUDES, Sérgio. A reforma do Código de Processo Civil. 2. ed. São Paulo: Saraiva, 1996.

_____. Comentários ao Código de Processo Civil. 2. ed., 1977. vol. I.

BOBBIO, Norberto. A era dos direitos. Trad. Carlos Nelson Coutinho. Rio de Janeiro: Campus, 1992.

_____. Teoria de la norma giuridica. Torino: Giappichelli, 1958.

BORGES, Marcos Afonso. Embargos infringentes. Goiás: Cejup, 1983.

BRAIBANT, G. Le droit administratif français. Paris: Daloz, 1988.

BUARQUE DE HOLANDA, Aurélio. Novo dicionário da língua portuguesa. 2. ed. Rio de Janeiro: Nova Fronteira, 1986.

BUENO, Cassio Scarpinella. As novas regras da suspensão de liminar. Aspectos polêmicos e atuais do mandado de segurança. 2002.

_____. Liminar em mandado de segurança. São Paulo: Ed. RT, 1998.

_____. O poder público em juízo. 1. ed. São Paulo: Max Limonad, 2000; 2. ed., Saraiva, 2004; 5. ed., Saraiva, 2009.

_____. Tutela antecipada e execução provisória. São Paulo: Saraiva, 1999.

_____. A Nova Lei do Mandado de Segurança: Comentários Sistemáticos à Lei n. 12.016, de 7-8-2009. São Paulo: Saraiva, 2009.

_____. Novo Código de Processo Civil Anotado. São Paulo: Saraiva. 2015.

BUZAID, Alfredo. Da ação declaratória no direito brasileiro. São Paulo: Saraiva, 1943.

_____. Estudos de direito. São Paulo: Saraiva, 1972. vol. I.

_____. Mandado de segurança. São Paulo: Saraiva, 1989. vol. I.

CAETANO, Marcello. As raízes luso-brasileiras do mandado de segurança. RF 252, Rio de Janeiro: Forense.

CALAMANDREI, Piero. Instituciones de derecho procesal civil. Buenos Aires: Librería el Foro, 1996.

_____. Introducción al studio sistemático de las providencias cautelares. Buenos Aires: Librería el Foro, 1996.

CALMON DE PASSOS, J. J. Comentários ao Código de Processo Civil. 7. ed. Rio de Janeiro: Forense, 1994. vol. III.

_____. Mandado de segurança coletivo, mandado de injunção e habeas data – Constituição e processo. Rio de Janeiro: Forense, 1989.

CÂMARA, Alexandre Freitas. Lições de direito processual civil. Rio de Janeiro: Lumen Juris, 1998. vol. I.

_____. O novo processo civil brasileiro. São Paulo: Atlas. 2015.

CANOTILHO, J. J. Gomes; VITAL MOREIRA. Constituição da República Portuguesa anotada. 3. ed. Coimbra: Coimbra Editora, 1993.

_____. Fundamentos da Constituição. Coimbra: Coimbra Editora, 1991.

CAPPELLETTI, Mauro. Acesso à justiça. Porto Alegre: Sergio Antonio Fabris, 1988.

_____. El proceso como fenómeno social de masa. Proceso, ideologias, sociedad. Buenos Aires: EJEA, 1974.

_____. Formações sociais e interesses coletivos diante da justiça civil. RePro 5, São Paulo: Ed. RT, 1977.

CARNEIRO, Athos Gusmão. Audiência de instrução e julgamento e audiências preliminares. 7. ed. Rio de Janeiro: Forense, 1995.

CARNEIRO, Paulo Cezar Pinheiro Carneiro e Humberto Dalla Bernardina de Pinho (Coord.). Novo Código de Processo Civil Anotado e Comparado. Rio de Janeiro: Forense. 2015.

CARNELUTTI, Francesco. Instituciones de derecho procesal civil. Buenos Aires: Librería el Foro, 1997. vol. I e II.

_____. Sistema de diritto processuale civile. Padova: Cedam, 1939. vol. III.

CARREIRA ALVIM, José Eduardo. O novo agravo. Belo Horizonte: Del Rey, 1996.

CASTORO, Pasquale. Il processo di esecuzione nel suo aspetto pratico (ristampa della quarta edizione con appendice di aggiornamento). Milano: Giuffrè, 1970.

Bibliografia

CASTRO NUNES. Do mandado de segurança e de outros meios de defesa contra atos do poder público. Rio de Janeiro: Forense Jurídica, 1956.

CAVALCANTI, Themístocles Brandão. Do mandado de segurança. 4. ed. Rio de Janeiro, 1957.

CHEIM JORGE, Flávio. Apelação cível: teoria geral e admissibilidade. São Paulo: Ed. RT, 1999.

_____. Teoria geral dos recursos cíveis. 2. ed. Rio de Janeiro: Forense, 2004.

CHIAPINI, Julio. El proceso incidental. Buenos Aires: Editorial Universidad, 1984.

CHIOVENDA. Giuseppe. Azioni e sentenze di mero accertamento. Rivista di Diritto Processuale Civile, vol. I, 1993.

_____. Instituições de direito processual civil. São Paulo: Bookseller, 1998. vol. I, II e III.

_____. Principii di diritto processuale civile. Napoles: Casa Editrice Dott Eugenio/Jovene, 1980.

COUTINHO, Ana Luísa Celino. Mandado de segurança: suspensão de segurança no direito brasileiro. Curitiba: Juruá, 1998.

COUTURE, Eduardo. Fundamentos de derecho procesal civil. 3. ed. (póstuma) Buenos Aires: Depalma, 1993.

_____. Interpretação das leis processuais. 4. ed. Rio de Janeiro: Forense, 1994.

_____. Introducción al estudio del proceso civil. Buenos Aires: Depalma, 1988.

_____. Vocabulário jurídico. Buenos Aires: Depalma, 1960.

CRETELLA JÚNIOR, José. Curso de direito romano. Rio de Janeiro: Forense, 1990.

_____. Os writs constitucionais na Constituição de 1988. São Paulo: Forense, 1989.

CUENCA, Humberto; COSTA, Emilio. Proceso civil romano. Buenos Aires: EJEA, 1957.

CUNHA, Gisele Heloisa. Embargos infringentes. São Paulo: Ed. RT, 1993.

CUNHA, Leonardo José Carneiro da. A Fazenda Pública em juízo. 4. ed. Dialética: São Paulo, 2006.

DANTAS, Marcelo Navarro Ribeiro. Reclamação constitucional no direito brasileiro. Porto Alegre: Sergio Antonio Fabris Editora, 2000.

DE PLÁCIDO E SILVA. Vocabulário jurídico. 12. ed. Rio de Janeiro: Forense, 1996. vol. I e II.

DIAS, Carlos Alberto. Liminares: poder discricionário ou vinculado. RePro 79, São Paulo: Ed. RT, 1995.

DIDIER Jr., Fredie e CUNHA, Leonardo José Carneiro da. (2006). Curso de Direito Processual Civil. Salvador: Juspodivm.

DINAMARCO, Cândido Rangel. A instrumentalidade do processo. 4. ed. São Paulo: Malheiros, 1994.

_____. A reforma do CPC brasileiro. São Paulo: Malheiros, 1995.

_____. Execução civil. 5. ed. São Paulo: Malheiros, 1997.

_____. Fundamentos do processo civil moderno. São Paulo: Ed. RT, 1986.

_____. Litisconsórcio. 3. ed. São Paulo: Malheiros, 1994.

_____. Suspensão do mandado de segurança pelo presidente do tribunal. Fundamentos do processo civil moderno. 3. ed. São Paulo: Malheiros, 2000.

ECO, Humberto. Como se faz uma tese. São Paulo: Perspectiva, 1989.

ENGISCH, Karl. Introdução ao pensamento jurídico. 5. ed. Lisboa: Fundação Calouste Gulbenkian.

ENTERRÍA, Garcia de. Curso de derecho administrativo. Madrid: Civitas, 1977. vol. II.

ESTELITA, Guilherme. O ministério público e o processo civil. Rio de Janeiro: Freitas Bastos, 1956.

FABRÍCIO, Adroaldo Furtado. Ação declaratória incidental. Rio de Janeiro: Forense, 1995.

_____. As novas necessidades do processo civil e os poderes do juiz. Revista Direito do Consumidor, n. 3, São Paulo: Ed. RT, 1992.

FADEL, Sérgio Sahione. Código de Processo Civil comentado. 4. ed. Rio de Janeiro: Forense, 1981. vol. I e II.

FAGUNDES, Seabra. A nova lei do mandado de segurança. RF, n. 144, Rio de Janeiro: Forense, 1958.

_____. O controle dos atos administrativos pelo Poder Judiciário. 6. ed. São Paulo: Saraiva, 1984.

Bibliografia

FERNANDES, Antonio Scarance. Incidente processual. São Paulo: Ed. RT, 1991.

FERRARA, Rosario. Contributto allo studio della tutela del consumatore. Milano: Giuffrè, 1983.

FERRAZ, Manuel Carlos de Figueiredo. Notas sobre a competência por conexão. São Paulo: Saraiva, 1937.

FERRAZ, Sérgio. Do mandado de segurança individual e coletivo (aspectos polêmicos). São Paulo: Malheiros. 1992.

_____. Provimentos antecipatórios na ação civil pública. In: MILARÉ, Édis (coord.). Ação civil pública. São Paulo: Ed. RT, 1995.

_____. et alii. Da liminar em mandado de segurança. Mandado de segurança. Porto Alegre: Fabris.

FEU ROSA, Marcos Vals. Prazos dilatórios e prazos peremptórios. Porto Alegre: Fabris, 1995.

FIGUEIREDO, Lúcia Valle. Ação civil pública – Considerações sobre a discricionariedade na outorga e no pedido de suspensão de liminar na concessão de efeito suspensivo aos recursos e na tutela antecipada. In: MILARÉ, Édis (coord.). Ação civil pública. São Paulo: Ed. RT, 1995.

_____. Do mandado de segurança. 2. ed. São Paulo: Malheiros, 1997.

FIORILLO, Celso Antonio Pacheco; ABELHA RODRIGUES, Marcelo. Manual de direito ambiental. 2. ed. São Paulo: Max Limonad, 1999.

FONSECA, Antonio Cezar Lima da. Liminar no mandado de segurança. Revista de Direito Público 96.

FORNACIARI JUNIOR, Clito. Da reconvenção no direito processual civil brasileiro. 2. ed. São Paulo: Saraiva, 1983.

FRAGA, Affonso. Theoria e pratica na execução das sentenças. São Paulo: C. Teixeira e C. Editores, 1922.

FREUND, Paul A. A corte suprema. Aspectos do direito americano. Trad. Janine Ivone Ramos Péres e Arlette Pastor Centurion. Rio de Janeiro: Forense, 1963.

GIANNINI, Massimo Severo. Diritto amministrativo. Milano, 1992. vol. 1.

_____. La tutela degli interessi collettivi nei procedimenti amministrativi. Le azioni a tutela del interesse collettivi. Padova: Cedam, 1976.

GIANZI, Giuseppe. "Incidenti" (verbete). Enciclopedia del diritto. Milano: Giuffrè, 1971. vol. 21.

GIDI, Antonio. Coisa julgada e litispendência nas ações coletivas. São Paulo: Saraiva, 1995.

GOLDSCHMIDT, James. Derecho procesal civil. Buenos Aires: Labor, 1936.

_____. Teoría general del proceso. Buenos Aires: Labor, 1936.

GOMES, Orlando. Contratos. 17. ed. Rio de Janeiro: Forense, 1996.

GOMES JR., Luiz Manoel; CRUZ, Luana Pedrosa de Figueiredo; CERQUEIRA, Luís Otávio Sequeira de; FAVRETO, Rogerio; PALHARINI JR., Sidney. Comentários à nova Lei do Mandado de Segurança: Lei 12.016, de 7 de agosto de 2009. São Paulo: Ed. RT, 2009.

GOZAÍNI, Osvaldo A. El derecho de amparo. Buenos Aires: Depalma, 1995.

GRECO FILHO, Vicente. Direito processual civil. 6. ed. São Paulo: Saraiva, 1993. vol. I, II e III.

GRINOVER, Ada Pellegrini. Ação declaratória incidental. São Paulo: Ed. RT, 1972.

_____. Código Brasileiro de Defesa do Consumidor comentado pelos autores do anteprojeto. 4. ed. São Paulo: Forense Universitária, 1995.

_____. Direito processual civil. 2. ed. São Paulo: Bushatsky, 1975.

_____. O processo em evolução. São Paulo: Forense Universitária, 1996.

_____. Os princípios constitucionais e o Código de Processo Civil. São Paulo: Bushatsky, 1975.

_____. CINTRA; DINAMARCO. Teoria geral do processo. 8. ed. São Paulo: Ed. RT, 1991.

GUASP, Jaime. Derecho procesal civil. 3. ed. Madrid: Instituto de Estudos Políticos, 1977. vol. I.

GUERRA, Marcelo Lima. Execução forçada. São Paulo: Ed. RT, 1995.

_____. Execução indireta. São Paulo: Ed. RT, 1998.

GUERRA FILHO, Willis Santiago. Processo constitucional e direitos fundamentais. São Paulo: Celso Bastos, 1998.

KELSEN, Hans. Teoria pura do direito. Trad. João Baptista Machado. São Paulo: Martins Fontes, 1995.

Bibliografia

KLIPPEL, Rodrigo e NEFFA Jr., José Antônio. Comentários à Lei de Mandado de Segurança (Lei nº 12.016/09). Rio de Janeiro: Lumen Juris. 2010.

LARA, Betina Rizzato. Liminares no processo civil. 2. ed. São Paulo: Ed. RT, 1994.

LARENZ, Karl. Metodologia da ciência do direito. 2. ed. Lisboa: Calouste Gulbenkian, 1989.

LAZZARINI, José Luis. El juicio de amparo. Buenos Aires: Editorial La Ley, 1988.

LIEBMAN. Enrico Tullio. Do arbítrio à razão – Reflexões sobre a motivação das sentenças. RePro 30, São Paulo: Ed. RT, 1983.

_____. Eficácia e autoridade da coisa julgada. São Paulo: Forense, 1984.

_____. Embargos do executado. Trad. J. Guimarães Menegale. São Paulo: Saraiva, 1952.

_____. Estudos sobre o processo civil brasileiro. 2. ed. São Paulo: Bushatsky, 1976.

_____. Manual de direito processual civil. Trad. e coment. Cândido Rangel Dinamarco. Rio de Janeiro: Forense, 1984. vol. I.

_____. Manuale di diritto processuale civile. 4. ed. Milano: Giuffrè, 1980. vol. I.

_____. O despacho saneador e o julgamento do mérito. Estudos sobre o processo civil brasileiro. 2. ed. São Paulo: Bushatsky, 1976.

_____. Processo de execução. São Paulo: Saraiva, 1946.

LIMA, Alcides de Mendonça. A eficácia temporal da medida liminar em mandado de segurança. RF 178, Rio de Janeiro: Forense, 1958.

_____. Recursos cíveis – Sistema de normas gerais. São Paulo: Freitas Bastos, 1963.

LOPES, João Baptista. Ação declaratória. 3. ed. São Paulo: Ed. RT, 1991.

LOPES DA COSTA, Alfredo de Araújo. Administração pública e a ordem jurídica privada (jurisdição voluntária). Belo Horizonte: Bernardo Álvares, 1961.

_____. Direito processual civil brasileiro. 2. ed. Rio de Janeiro: Forense, 1959. 4 vols.

MANCUSO, Rodolfo de Camargo. Ação civil pública em defesa do meio ambiente, patrimônio cultural e dos consumidores. 2. ed. São Paulo, 1991.

_____. Ação popular. São Paulo: Ed. RT, 1994.

_____. Provimentos antecipatórios na ação civil pública. In: MILARÉ, Édis (coord.). Ação civil pública: 15 anos. São Paulo: Ed. RT, 2000.

MANDRIOLI, Crisanto. Corso di diritto processuale civile. Torino: Giappichelli, 1981. vol. III.

_____. L'azione esecutiva. Milano: Giuffrè, 1955.

_____. Per una nozione strutturale dei provvedimenti anticipatori o interinali. Rivista di Diritto Processuale, 1964. vol. XIX.

MANRESA Y NAVARRO. Comentarios a la Ley de Enjuiciamiento Civil. Madrid: Reus, 1919. t. III.

MARCATO, Antonio Carlos. Da extinção anormal do processo. RePro 18, São Paulo: Ed. RT, 1980.

MARINONI, Luiz Guilherme. Novas linhas do processo civil: o acesso à justiça e os institutos fundamentais do direito processual. São Paulo: Ed. RT, 1993.

_____. Tutela antecipatória, julgamento antecipado e execução imediata da sentença. São Paulo: Ed. RT, 1998.

_____. e Sérgio Cruz Arenhart. Processo de Conhecimento. São Paulo: Revista dos Tribunais. 2010.

MARINONI, Tereza Cristina. Sobre o pedido de reconsideração. RePro 62, São Paulo: Ed. RT, 1991.

MARQUES, José Frederico. Instituições de direito processual civil. 4. ed. Rio de Janeiro: Forense, 1971. vol. I, II, III, IV e V.

_____. Manual de direito processual civil. 13. ed. São Paulo: Saraiva, 1990. vol. I e III.

_____. Procedimentos especiais. 7. ed. São Paulo: Malheiros, 1995.

MAXIMILIANO, Carlos. Hermenêutica e aplicação do direito. 2. ed. Rio de Janeiro: Forense, 1992.

MAZZILLI, Hugo Nigro. A defesa dos interesses difusos em juízo. 5. ed. São Paulo: Ed. RT, 1993.

MEDINA, José Miguel Garcia; ARAÚJO, Fábio Caldas de. Mandado de segurança individual e coletivo: comentários à Lei 12.016, de 7 de agosto de 2009. São Paulo: Ed. RT, 2009.

MEIRELLES, Hely Lopes. Direito administrativo brasileiro. 19. ed. São Paulo: Malheiros, 1994.

_____. Mandado de segurança, ação popular, ação civil pública, mandado de injunção, habeas data. 14. ed. São Paulo: Malheiros, 1992.

MENDES JÚNIOR, João. Direito judiciário brasileiro. 2. ed. Rio de Janeiro, 1918.

MENESTRINA, Francesco. La pregiudiciale nel processo civile. Milano: Giuffrè, 1963.

MESQUITA, José Ignacio Botelho de. Uniformização de jurisprudência. São Paulo: Ed. RT, 1986.

MICHELI, Gian Antonio Derecho procesal civil. Buenos Aires: EJEA, 1970. vol. I, II e IV.

MIGUEL Y ALONSO, D. Carlos. "Incidentes" (verbete). Nueva enciclopedia jurídica. Barcelona: Francisco Seix, 1965. vol. XII.

MONACCIANI, Luigi. Azione e legitimazione. Milano: Giuffrè, 1951.

MONIZ DE ARAGÃO, Egas Dirceu. Comentários ao Código de Processo Civil. Rio de Janeiro: Forense, 1991. vol. 2.

_____. Conexão e tríplice identidade. RePro 29, São Paulo: Ed. RT, 1983.

MONTEIRO, João. Processo civil e commercial. 3. ed. São Paulo: Duprat & Comp., 1912.

MONTELEONE, Girolamo. Recenti sviluppi nella dottrina dell'esecuzione forzata. Studi in onere de Tito Carnacini. Milano: Giuffrè, 1984. vol. III, t. 2.

MOREIRA ALVES, José Carlos. Direito romano. 10. ed. Rio de Janeiro: Forense, 1996. vol. I.

NEGRÃO, Theotonio. Código de Processo Civil e legislação em vigor. São Paulo: Saraiva, 1998.

NERY JUNIOR, Nelson. Ação civil pública e tutela jurisdicional dos interesses difusos. São Paulo: Saraiva, 1984.

_____. Ação declaratória incidental. RePro 11, São Paulo: Ed. RT, 1978.

_____. Aspectos da responsabilidade civil do fornecedor no Código de Defesa do Consumidor (Lei 8.078/90). Revista do Advogado, São Paulo, AASP, 1990.

_____. Aspectos do processo civil no Código de Defesa do Consumidor. Revista Direito do Consumidor, n. 1, São Paulo: Ed. RT, 1992.

_____. Atualidades sobre o processo civil. 2. ed. São Paulo: Ed. RT, 1996.

_____. Código Brasileiro de Defesa do Consumidor comentado pelos autores do anteprojeto. 4. ed. São Paulo: Forense Universitária, 1995.

_____. Compromisso de ajustamento de conduta: solução para o problema da queima da palha da cana-de-açúcar. RT 692, São Paulo: Ed. RT, 1993.

_____. Condições da ação. RePro 64, São Paulo: Ed. RT, 1991.

_____. Mandado de segurança coletivo – Instituto que não alterou a natureza do mandado de segurança já constante das Constituições anteriores – Partidos políticos – Legitimidade ad causam. RePro 57, São Paulo: Ed. RT, 1990.

_____. Mandado judicial. Inexistência. Decadência. Ocorrência. Litigante de má-fé. Alteração da verdade dos fatos. RePro 34, São Paulo: Ed. RT, 1984.

_____. Princípios do processo civil na Constituição Federal. 4. ed. São Paulo: Ed. RT, 1998.

_____. Princípios fundamentais – Teoria geral dos recursos. 4. ed. São Paulo: Ed. RT, 1998.

_____. Princípios gerais do Código Brasileiro de Defesa do Consumidor. Revista Direito do Consumidor, n. 3, São Paulo: Ed. RT, 1992.

_____. Responsabilidade civil e meio ambiente. Revista do Advogado 37, AASP, 1992.

_____. Vícios do ato jurídico e reserva mental. São Paulo: Ed. RT, 1983.

_____. NERY, Rosa Maria Andrade. Código de Processo Civil Comentado e legislação processual civil em vigor. 3. ed. São Paulo: Ed. RT, 1997.

_____. Comentários ao Código de Processo Civil. São Paulo: RT. 2015.

NEVES, Celso. Coisa julgada civil. São Paulo: Ed. RT, 1971.

NORTHFLEET, Ellen Gracie. Suspensão de sentença e de liminar. Revista do Instituto dos Advogados de São Paulo. Ano 1, n. 2, São Paulo: Ed. RT, 1998.

OLIVEIRA JÚNIOR, Waldemar Mariz de. Substituição processual. Tese. São Paulo, 1969.

_____. Teoria geral do processo civil. São Paulo: Ed. RT, 1973. vol. I.

OLIVIERI, Angelo. "Incidenti" (verbete). Digesto italiano: enciclopedia metodica e alfabetica di legislazione, dottrina e giurisprudenza. Turim: UTET. vol. 26, t. 1.

ORTEGA y GASSET. La rebelión de las masas. 30. ed. Madrid, 1956.

PACHECO, José da Silva. Incidente processual. Repertório enciclopédico do direito brasileiro. Rio de Janeiro: Borsói. vol. 26.

_____. Incidentes da execução. Rio de Janeiro: Borsói, 1957.

PARÁ FILHO, Tomás. Estudos sobre a sentença constitutiva. Dissertação de concurso à cátedra de direito judiciário civil da Faculdade de Direito da Universidade de São Paulo. São Paulo, 1973.

PAULA BAPTISTA, Francisco de. Compendio de theoria e pratica do processo civil comparado com o commercial e de hermeneutica juridica. 4. ed. Rio de Janeiro: Garnier Livreiro-Editor, 1890.

PINTO FERREIRA. Princípios gerais do processo civil moderno. 6. ed. São Paulo: Saraiva, 1983. 2 vols.

PISANI, Proto. Appunti sulla tutela cautelare. Rivista di Diritto Civile, 1987. vol. I.

PODETTI, J. Ramiro. Teoría y técnica del proceso civil. Buenos Aires: Ideas, 1942.

_____. Tratado de la competencia. 2. ed. Buenos Aires, 1973.

PONTES DE MIRANDA, Francisco Cavalcanti. Comentários ao CPC/39. Rio de Janeiro: Forense, 1949. vol. I e V.

_____. Tratado das ações. São Paulo: Bookseller, 1998. vol. I.

PORTO, Odyr. Quais as condições e limites do pedido de suspensão dos efeitos da liminar ou da sentença concessiva do mandado de segurança. Boletim ILC 28/96.

PREVITALLI, Cleide Perero. Ação mandamental. RePro 19, São Paulo: Ed. RT.

RAMALHO, Barão de. Practica civil e commercial. São Paulo, 1861.

REDENTI, Enrico. Il giudizio civile com pluralità di parte. Milano: Giuffrè, 1962.

ROCCO, Ugo. L'autorità della cosa giudicata e i suoi limitti soggetivi. Roma, 1917.

ROCHA, C. Pedido de Suspensão de decisões contra o Poder Público. São Paulo: Saraiva, 2012.

ROCHA, Cármen Lúcia Antunes. ―A liminar no mandado de segurança‖. In: TEIXEIRA, Sálvio de Figueiredo (coord.). Mandados de segurança e de injunção. São Paulo: Saraiva, 1990.

ROCHA, José de Moura. Atualização do CPC. Fortaleza: JM Editora, 1995.

ROSA, Eliézer. Leituras de processo civil. Rio de Janeiro: Guanabara, 1970.

ROSEMBERG, Leo. Tratado de derecho procesal civil. Trad. Angela Romera Vera. Buenos Aires: EJEA, 1955.

SÁ, Djanira Radamés. Súmula vinculante. Belo Horizonte: Del Rey, 1996.

SABATINI, Giuseppe. Tratatto dei procedimenti incidentali nel processo penale, n. 4. Turim: UTET, 1953.

SAGÜÉS, Néstor Pedro. Acción de amparo. Derecho procesal constitucional. 3. ed. Buenos Aires: Astrea, 1991. vol. III.

SANCHEZ, Carlos Sanchez Viamonte. Juicio de Amparo. Enciclopedia Jurídica Omeba. t. XVII. 1963.

SANTOS, Boaventura de Sousa. Introdução à sociologia da administração da justiça. RePro 37, São Paulo: Ed. RT, 1985.

SANTOS, Moacyr Amaral. Primeiras linhas de direito processual civil. São Paulo: Saraiva, 1992. vol. 3.

SATTA, Salvatore. Manual de derecho procesal civil. Buenos Aires: EJEA, 1971. vol. I e II.

SCHONKE, Adolfo. Derecho procesal civil. Trad. espanhola da 5. ed. alemã. Barcelona: Bosch, 1950.

SCIALOJA, Vittorio. Procedimiento civil romano. Trad. Santiago Santís Melendo e Marino Ayerra Redin. Buenos Aires: EJEA, 1954.

SENTÍS MELENDO, Santiago. La prueba. Buenos Aires: EJEA, 1979.

SIDOU, J. M. Othon. Do mandado de segurança. 2. ed. Rio de Janeiro: Freitas Bastos, 1959.

SILVA, João Calvão da. Responsabilidade civil do produtor. Coimbra: Almedina, 1990. (Coleção Teses.)

SILVA, José Afonso da. Curso de direito constitucional positivo. 13. ed. São Paulo: Malheiros, 1997.

SILVA, Ovídio A. Baptista da. Curso de processo civil. 3. ed. São Paulo: Ed. RT, 1998. vol. I e II.

_____. Jurisdição e execução na tradição romano-canônica. São Paulo: Ed. RT, 1996.

SIQUEIRA, Cleanto Guimarães. A defesa no processo civil. 2. ed. Belo Horizonte: Del Rey, 1997.

Bibliografia

_____. As novíssimas alterações no código de processo civil. Rio de Janeiro: Forense. 2003.

SUNDFELD, Carlos Ari. Fundamentos de direito público. 2. ed. São Paulo: Malheiros, 1994.

TARUFFO, Michele. Il significado costituzionale dell'obbligo di motivazione. Participação e processo. São Paulo: Ed. RT, 1995.

TEIXEIRA, Sálvio de Figueiredo. Código de Processo Civil anotado. 6. ed. São Paulo: Saraiva, 1996.

THEODORO JÚNIOR, Humberto. Curso de direito processual civil. Rio de Janeiro: Forense, 1996. vol. I, II e III.

_____. Princípios gerais do direito processual civil. RePro 23, São Paulo: Ed. RT, 1981.

_____. Curso de Direito Processual Civil, v.1. Rio de Janeiro: Forense. 2015.

TORNAGHI, Helio. Comentários ao Código de Processo Civil. São Paulo: Ed. RT, 1975. vol. I e II.

_____. Curso de processo penal. São Paulo: Saraiva, 1991. vol. 1.

_____. Instituições de processo penal. 2. ed. São Paulo: Saraiva, 1977. vol. 2.

_____. Relação processual penal. São Paulo: Saraiva, 1987.

TOURINHO FILHO, Fernando da Costa. Processo penal. 12. ed. São Paulo: Saraiva, 1991. vol. 1.

TUCCI, Rogério Lauria. Devido processo legal e tutela jurisdicional. São Paulo: Ed. RT, 1993.

_____. Do julgamento conforme o estado do processo. 2. ed. São Paulo: Saraiva, 1982.

_____. TUCCI, José Rogério Cruz e. Constituição e processo. São Paulo: Saraiva, 1997.

TOMBINI, Carla Fernanda Barcellos. Suspensão de segurança na visão dos tribunais superiores. Belo Horizonte: Editora Fórum, 2009.

VASCONCELLOS, Antonio Vital Ramos de. Aspectos controvertidos da suspensão de segurança. Repertório IOB de Jurisprudência 16/93. s/ed., 2. quinzena de agosto de 1993.

VENTURI, Elton. Suspensão de liminares e sentenças contra o poder público. São Paulo: Ed. RT, 2005.

VESCOVI, Enrique. Derecho procesal civil. Montevideo: Idea, 1974. t. I e II.

VIDIGAL, Luis Eulálio Bueno. Comentários ao Código de Processo Civil. São Paulo: Ed. RT, 1974.

_____. Direito processual civil. São Paulo: Saraiva, 1965.

VIVALDI, Julio E. Salas. Los incidentes. 5. ed. Santiago: Editorial Juridica de Chile, 1982.

VON BULOW, Oskar. La teoría de las excepciones procesales y los presupuestos procesales. Buenos Aires, 1964.

WALD, Arnoldo. Do mandado de segurança na prática judiciária. Rio de Janeiro: Forense, 1958.

WAMBIER, Teresa Arruda Alvim. O novo regime do agravo. São Paulo: Ed. RT, 1996.

_____. Medida cautelar, mandado de segurança e ato judicial. 3. ed. São Paulo: Ed. RT, 1994.

_____. Noções gerais sobre o processo civil no Código do Consumidor. Revista Direito do Consumidor, n. 10, São Paulo: Ed. RT.

_____. Nulidades da sentença. 3. ed. São Paulo: Ed. RT, 1993.

WAMBIER, Teresa Arruda Alvim e Fredie Didier, Eduardo Talamini e Bruno Dantas. Breves comentários ao Novo Código de Processo Civil. São Paulo: RT. 2015.

WATANABE, Kazuo. Da cognição no processo civil. São Paulo: Ed. RT, 1987.

YARSHELL, Flávio Luiz. Antecipação de tutela específica nas obrigações de declaração de vontade, no sistema do CPC. Aspectos polêmicos da antecipação da tutela. In: WAMBIER, Teresa Arruda Alvim (coord.). São Paulo: Ed. RT, 1997.

_____. Tutela jurisdicional. São Paulo: Atlas, 1999.

_____. Tutela jurisdicional específica nas obrigações de declaração de vontade. São Paulo: Malheiros, 1993.

_____. Tutela jurisdicional e tipicidade. Tese de doutoramento da Universidade de São Paulo – Faculdade de Direito. São Paulo, 1996.

ZANZUCHI, Marco Tullio. Diritto processuale civile. 4. ed. Milão, 1947. vol. I.